EUROPA /DE/

GEMEINSAM WOHNEN

/EN/ # EUROPE

CO-OPERATIVE HOUSING

IMPRESSUM
IMPRINT

Herausgeber
Editor
wohnbund e.V.
Aberlestraße 16 / RGB
81371 München
Telefon 089 / 74 68 96 11
Fax 089 / 72 55 07 4
E-Mail info@wohnbund.de
www.wohnbund.de

Vorstand
Board
Constanze Cremer
Micha Fedrowitz
Klaus Habermann-Nieße
Ulrike Hausmann
Conny Müller
Birgit Schmidt
Reiner Schendel †

Umschlagmotiv
Cover
Titel Title
→ La Salière, Grenoble, Frankreich
– Bruno Parasote
← Bofællesskab Hesselløkke, Sønderborg, Dänemark
– Britta Tornow
↓ Wohnprojekt Gemeinsam statt einsam. Generationenwohnen Arnstadt-Ost, Deutschland
Cohousing project Together instead of alone. Multigenerational living in Arnstadt, Germany
– Stadt*Strategen*, Weimar
Rückseite Back
↖ Diwan, Montreuil, Frankreich
– Bruno Parasote
→ Bofællesskab Hesselløkke, Sønderborg, Dänemark
– Britta Tornow
↙ Kraftwerk1, Zürich, Schweiz
– Katrin Simonett

Konzept, Bildrecherche und redaktionelle Bearbeitung
Conception, picture research and editing
Britta Tornow, Heike Skok, Micha Fedrowitz

Übersetzung
Translation
Übersetzungsbüro Dettmers u. Weps, Berlin; Heike Skok; Britta Tornow

Gestaltung und Satz
Design and setting
designagenten – Visuelle Kommunikation, Hannover

Druck und Bindung
Printing and binding
graspo CZ a.s., Zlín

Bibliografische Information der Deutschen Nationalbibliothek
Die Deutsche Nationalbibliothek verzeichnet diese Publikation in der Deutschen Nationalbibliografie; detaillierte bibliografische Daten sind im Internet über http://dnb.d-nb.de abrufbar.
Bibliographic information published by the Deutsche Nationalbibliothek
The Deutsche Nationalbibliothek lists this publication in the Deutsche Nationalbibliografie; detailed bibliographic data are available on the Internet at http://dnb.d-nb.de

jovis Verlag GmbH
Kurfürstenstraße 15/16
10785 Berlin
www.jovis.de

jovis-Bücher sind weltweit im ausgewählten Buchhandel erhältlich. Informationen zu unserem internationalen Vertrieb erhalten Sie von Ihrem Buchhändler oder unter www.jovis.de.
jovis books are available worldwide in selected bookstores. Please contact your nearest bookseller or visit www.jovis.de for information concerning your local distribution.

ISBN 978-3-86859-406-5

/ Anmerkung des Herausgebers /

Der Gebrauch einer gendergerechten Sprache wurde von den AutorInnen und Übersetzerinnen unterschiedlich gehandhabt. Um nicht zu stark in die Manuskripte der einzelnen AutorInnen einzugreifen, haben wir nicht alle Beiträge an eine gendergerechte Sprache angepasst. Dort, wo aus Gründen der Lesbarkeit nur die männliche Form verwendet wird, sind Frauen selbstverständlich inbegriffen.

EUROPA /DE/

GEMEINSAM WOHNEN

/EN/ EUROPE

CO-OPERATIVE HOUSING

wohnbund e.V. (Hg./ed.)

EDITORIAL /DE/

/EN/ EDITORIAL

1989 organisierte der wohnbund e.V. in Hamburg einen internationalen Kongress zum Thema neue Wohnformen in Europa. Der dazugehörige Tagungsbericht enthielt zum einen Beiträge aus Ländern, in denen es bereits eine Wohnprojektebewegung und eine größere Anzahl realisierter Vorhaben gab: Österreich, Schweden, Dänemark, die Schweiz und die Niederlande. In anderen Länderberichten wie aus Großbritannien lag der Fokus eher auf den Mieterbewegungen und Initiativen für mehr Mitbestimmung im sozialen Wohnungsbau.

25 Jahre später möchten wir nun erneut einen Blick auf aktuelle Entwicklungen in unseren Nachbarländern lenken. Wie hat sich die dortige Wohnprojektebewegung weiterentwickelt? Wo haben sich inzwischen gemeinschaftliche Wohnformen neu etablieren können? Angesichts der gesellschaftlichen Veränderungen – demografischer Wandel, sich verändernde Familienstrukturen, wachsendes Umweltbewusstsein und veränderte Bedingungen der Erwerbsarbeit – haben sich in fast allen europäischen Ländern neue Wohnformen entwickelt.

Konzeption, Verbreitung und Ausgestaltung der Projekte unterscheiden sich jedoch je nach Land. Unsere Publikation richtet den Blick auf die Vielfalt gemeinschaftlichen Wohnens in Europa. Dabei ist nicht die Präsentation möglichst vieler Projekte das vorrangige Ziel, sondern die Darstellung und Untersuchung der jeweiligen Rahmenbedingungen.

Die Leitfragen für die Artikel richteten sich dementsprechend auf den Stellenwert des gemeinschaftlichen Wohnens in dem betreffenden Land, auf gesellschaftliche Traditionen und politische Rahmenbedingungen und den zugrunde liegenden Wohnungsmarkt. Weitere Fragen bezogen sich auf die Umsetzungsbedingungen der Projekte, wichtige AkteurInnen, bauliche und soziale Konzepte sowie die Menschen, die solche Projekte initiieren und realisieren.

Wir konnten AutorInnen aus zehn europäischen Ländern gewinnen: Österreich, die Schweiz, die Niederlande, Frankreich, Großbritannien, Tschechien, Finnland, Norwegen, Schweden und Dänemark. Dazu kommt ein Beitrag aus Deutschland. Damit sind sowohl Länder vertreten, die als „Pionierländer“ für neue Wohnformen gelten, als auch Länder, in denen diese Entwicklung erst später eingesetzt hat. Der Zugang der AutorInnen zum Thema „Cohousing“ ist unterschiedlich, und so hat jeder Artikel eine spezifische Sichtweise und seine eigenen thematischen Schwerpunkte, die sich aus den Erfahrungen und verschiedenen Professionen der AutorInnen speisen.

Die deutsche „Wohnprojektelandschaft“ zeichnet sich durch eine große Anzahl und Bandbreite an Projekten aus. Der Beitrag von Micha Fedrowitz gibt einen kurzen Überblick über die verschiedenen Ansätze in den letzten 40 Jahren, von Wohngemeinschaften über Kommunen und Ökosiedlungen bis zu Seniorenwohnprojekten und dem „Mehrgenerationenwohnen“ heute. Angesichts des demografischen Wandels und veränderter Haushalts- und Familienstrukturen nimmt in Deutschland das Interesse an gemeinschaftlichen Wohnformen stetig zu; immer mehr Menschen sehen

In 1989, wohnbund e.V. in Hamburg organised an international congress on the subject of new forms of living in Europe. The associated congress report contains articles from countries in which there already was a Cohousing movement and where a large number of projects had already been completed, namely, Austria, Sweden, Denmark, Switzerland and the Netherlands. In other country reports, like the one from Britain, the focus was placed more on tenants' movements and initiatives attempting to give people a greater say in public housing construction.

And now, 25 years later, in the wohnbund-informationen we want once again take a look at contemporary movements in our neighbouring countries. In what way has the Cohousing movement developed in each country? And where have collaborative forms of living been able to establish themselves since then? Taking into consideration what has been happening in society – demographic change, changing family structures, a growing awareness of ecological matters and altered working conditions – new forms of living have emerged in nearly all countries of Europe.

The concepts, distribution and design of the projects differ however from country to country. Our publication focuses on the diverse nature of Cohousing in Europe. Our main aim here is not to present as many projects as possible, but to illustrate and examine the respective framework conditions surrounding such projects.

The main questions examined in the articles therefore concerned the position occupied by Cohousing in the respective country, traditions in society there, and the political framework and the underlying residential housing market. Other questions looked at were related to the conditions under which a project was realised, important actors in the process, construction and social concepts as well as the people who initiate and complete such projects.

We were able to engage authors from 10 European countries: Austria, Switzerland, the Netherlands, France, Britain, the Czech Republic, Finland, Norway, Sweden and Denmark. There is also one article from Germany. As such, all of the countries that are seen to be 'pioneer countries' for new forms of living have been included, as well as countries in which this development did not happen until later. The approach taken by the different authors to the subject of Cohousing differs, meaning that every article has its own specific view and its own thematic focuses, taken from the experiences and different professions of the authors.

The German Cohousing landscape is marked by a large number and broad range of projects. The article by Micha Fedrowitz provides a brief overview of the various approaches from the last 40 years, from shared apartments to commune projects and ecological living arrangements, right up to residential projects for senior citizens and today's 'multi-generation living'. In the face of demographic change and changes to household and family structures, Germany is seeing a continuous increase in collaborative forms of living. More and more people also see Cohousing as attractive alternatives for their later years in life. In addition, the municipalities regard Cohousing as an opportunity to pro-

/ Definition Cohousing /

Der Begriff „Cohousing“ geht auf die Amerikaner Kathryn McCamant und Charles Durrett zurück. Diese hatten in den 1980er Jahren die bereits damals existierenden dänischen Gemeinschaftswohnprojekte untersucht und die Idee nach Amerika exportiert (vgl. Tornow in dieser Publikation).

Inzwischen wird der Begriff in Europa für verschiedene Ausprägungen des gemeinschaftsorientierten Wohnens verwendet. „Cohousing“ stellt danach eine bewusst gestaltete Form des Wohnens dar, die sich durch drei Charakteristika auszeichnet: gemeinsame Aktivitäten der BewohnerInnen, gemeinschaftlich genutzte Flächen und Räume sowie eine gemeinschaftsorientierte Form der Organisation. Meist handelt es sich um separate Wohnungen, ergänzt um Gemeinschaftseinrichtungen. Die Gemeinschaft setzt sich Ziele und gibt sich Organisationsstrukturen, mit denen Verantwortung und Verpflichtungen für die BewohnerInnen verbunden sind. Sowohl Inhalt, Art und Häufigkeit von Gemeinschaftsaktivitäten als auch die architektonische Umsetzung und die Trägerform der Projekte unterscheiden sich (vgl. Helamaa, Urban Vestbro und Fedrowitz in dieser Publikation).

/ Anmerkung zur Vereinheitlichung und Übersetzung der Begriffe /

In dieser Publikation wird der deutsche Begriff Wohnprojekt in der englischen Fassung als Cohousing project übersetzt. Cohousing ist in vielen Ländern Europas geläufig, wird aber oft unterschiedlich geschrieben. In den in englischer Sprache abgefassten Beiträgen haben wir die von den AutorInnen gewählte, unterschiedliche Schreibweise von Cohousing beibehalten. In der deutschen Übersetzung haben wir dafür den Terminus Cohousing-Projekt oder Gemeinschaftswohnprojekt verwendet. Einige Beiträge nennen den Begriff Cohousing nicht explizit oder beschreiben weitere Formen gemeinschaftlichen Wohnens. Deshalb sprechen wir auf der Titelseite und im Editorial übergreifend von neuen, gemeinschaftsorientierten Wohnformen und im Englischen von new forms of community-oriented living, collaborative living und co-operative housing.

Wohnprojekte auch als attraktive Alternative für das Wohnen im Alter. Die Kommunen betrachten Wohnprojekte zudem als Chance, die Nachbarschaft in neuen Quartieren zu fördern. Inzwischen haben sich umfangreiche Netzwerke von Wohnprojekten, Vereinen und Fachleuten etabliert, die sich für die Weiterentwicklung neuer Wohnformen einsetzen.

Dabei wird der Entwicklung geeigneter Träger- und Organisationsstrukturen große Bedeutung zugemessen. Wurden die ersten Wohnprojekte überwiegend im Eigentum realisiert, geht es heute darum, verschiedene Einkommensgruppen und vor allem auch Haushalte mit geringen Einkommen zu berücksichtigen. So entscheiden sich viele Wohngruppen für die Gründung einer Genossenschaft. Die Bedingungen hierfür haben sich seit der Revitalisierung des Genossenschaftsgedankens in den 1980er Jahren verbessert. Zunehmend werden Wohnprojekte aber auch im Mietwohnungsbau realisiert. Das „Investorenmodell“ ist besonders für bestimmte Zielgruppen wie SeniorInnen interessant.

In Österreich haben gemeinschaftliche Wohnformen ihre Wurzeln in der historischen Genossenschaftsbewegung Anfang des 20. Jahrhunderts. Wie in Deutschland gab es in den 1980er Jahren eine Renaissance des Genossenschaftsgedankens. So wurde 1986 der österreichische wohnbund gegründet, der das Thema gemeinschaftliches Wohnen verbreitete – gemeinsam mit dem wohnbund e.V. in Deutschland. Heute werden neue Wohnformen von der „Initiative für gemeinschaftliches Bauen und Wohnen“ gefördert. Ihr Obmann Ernst Gruber hat den österreichischen Beitrag verfasst. Bereits in den 1980er Jahren existierten mehr als 100 Gemeinschaftswohnprojekte, initiiert von Familien aus der Mittelschicht, die gemeinsam planen und bauen wollten. Damals machte Österreich auch mit Wohnexperimenten im sozialen Wohnungsbau auf sich aufmerksam: Mietermitbestimmung, Wohnen mit Kindern und Selbsthilfe. Auch architektonisch wurde experimentiert, unter anderem bildete sich mit dem Atriumhaus des Architekten Fritz Matzinger in der Nähe von Linz eine eigenständige Bautypologie für gemeinschaftliches Wohnen heraus. Die Umsetzung der sozialen Experimente blieb jedoch auf Einzelprojekte beschränkt und konnte nicht in die Förderpraxis einfließen. Angesichts der quantitativen Ausrichtung der Förderpolitik rückte das gemeinschaftliche Wohnen Ende der 1980er Jahre eine Zeitlang mehr in den Hintergrund. Heute lässt sich eine „Renaissance“ gemeinschaftlichen Wohnens feststellen. Im suburbanen Raum steht diese im Kontext ökologisch orientierter Cohousing-Projekte. In Wien dagegen finden Baugemeinschaften durch Kooperationen mit professionellen Trägern zunehmend Zugang zu Stadtentwicklungsprojekten. In den letzten Jahren ist vor allem das Wohnprojekt Sargfabrik in Wien über die Grenzen hinaus bekannt geworden, in seiner Größe und Nutzungsvielfalt ein Vorzeigeprojekt.

Auch der Beitrag aus der Schweiz (Andreas Courvoisier, Andreas Hofer, Ulrich Kriese) stellt zunächst einen historischen Bezug her: In der Schweiz sind sozialorientierte und gemeinschaftliche Wohnkonzepte traditionell mit Genossenschaften, Stiftungen und Pensionskassen verbunden. In den 1990er Jahren wurde angesichts von Zuwanderung, Wohnungsnot und Spekulation der genossenschaftliche Wohnungsbau, vor allem in Zürich, neu belebt. Dies äußerte sich in neuer Bautätigkeit der Traditionsgenossenschaften, aber auch in der Gründung neuer Genossenschaften. Bereits 1981 hatte sich die Wogeno gegründet, die Häuser durch Kauf der Spekulation entzieht und selbstverwalteten Hausgemeinschaften als Dach dient. In den 1990ern entstanden mehrere neue große, genossenschaftliche Wohnprojekte, deren Strahlkraft ins Quartier hineinwirkt (Karthago, Dreieck, Kraftwerk). Diese Wohnprojekte realisieren weit mehr als gemeinschaftliches Wohnen: Sie sind sozial integrativ und ökologisch quartiersbezogen. Einige verbinden das Wohnen auch mit Gewerbe, sozialen Einrichtungen und Gastronomie. Oft sind sie auf ehemaligen Industrieflächen oder Problemgrundstücken angesiedelt. Baugemeinschaften, die Wohnprojekte im Eigentum realisieren, spielen im Mieterland Schweiz dagegen bisher nur eine untergeordnete Rolle.

Die Niederlande, ein weiteres „Pionierland gemeinschaftlichen Wohnens“, sind mit drei Beiträgen repräsentiert. Bereits in den 1970er Jahren machten die Niederlande mit vielfältigen sozialen Wohnexperimenten auf sich aufmerksam. Peter Bakker vom niederländischen Verband gemeinschaftlicher Wohnprojekte liefert eine Definition von Cohousing und nennt 90 Cohousing-Projekte und 300 Seniorenwohnprojekte. Lidewij Tummers geht von einem breiteren Begriff gemeinschaftlichen Wohnens aus. Sie bietet eine Übersicht über verschiedene Typologien von Wohnprojekten und skizziert die Entwicklung von Hausbesetzungen, über das Cohousing-Modell und ökologische Pilotprojekte zu Baugruppen (CPO „Collectief Particulier Opdrachtgever“), die heute in Konkurrenz zu anderen Investoren auftreten. Die Autorin zeigt auf, wie sich die Bedingungen für die Realisierung von selbstorganisierten Wohnprojekten verändert haben. Das wachsende bürgerschaftliche Engagement in allen gesellschaftlichen Bereichen spiegelt sich im Trend zu gemeinschaftlichen Wohnprojekten wider. Bauprojekte in Eigenregie von BürgerInnen werden nun mehr vom Staat unterstützt. Eine breite Umsetzung von selbstorganisierten Wohnprojekten ist jedoch aufgrund fehlender geeigneter Baugrundstücke und komplizierter Planungsverfahren bisher nicht erfolgt. Die Autorin sieht weitere Ursachen darin, dass sich die verschiedenen PartnerInnen – wie Bauträger, Banken und ArchitektInnen – noch

mote neighbourliness in new districts. In the meantime, an extensive network of Cohousing projects, associations and experts have emerged who work actively to promote the further development of new forms of living. Here, a great deal of importance is allotted to developing suitable funding and organisational structures. While the first Cohousing projects were mainly realised with an individual ownership structure, nowadays it is all about taking into consideration different income groups and, above all, low-income households. As such, many Cohousing groups decide to set up a cooperative association. The conditions for this have improved once again since the cooperative idea was revived in the 1980s. However, Cohousing projects are also being realised in the area of rental housing construction. This 'investment model' is particularly interesting for certain target groups such as senior citizens.

In Austria collaborative forms of living have their roots in the historical cooperative movement from the beginning of the 20th century. As in Germany, Austria saw in the 1980s a renaissance of the cooperative idea. As such, the Austrian wohnbund was founded in 1986 and it spread the idea of community living, together with wohnbund e.V. in Germany. Today, new forms of collaborative housing and living are sponsored by the 'Initiative für gemeinschaftliches Bauen und Wohnen'. The organisation's chairman Ernst Gruber wrote the Austrian article. There were already more than a hundred Cohousing projects in the 1980s initiated by middle-class families who wanted to plan and build together. Back then, Austria also drew attention with living experiments in the area of public housing involving tenants' co-determination, living with children and self-help. Architectural experiments were also made and, among others, an independent building typology for Cohousing emerged with the 'Atriumhaus' by architect Fritz Matzinger near Linz. However, the realisation of these social projects remained limited to individual projects and did not manage to flow into funding practices. In view of the quantitative alignment of funding policy, Cohousing took a back seat for a while at the end of the 1980s. Today we are witnessing a revival of Cohousing. In the suburban space, we have ecologically oriented Cohousing projects in this context. In Vienna, by comparison, building communities are finding increasing access to urban development projects by cooperating with professional funding bodies. In the last years, the Sargfabrik project in Vienna in particular has become known far beyond the city limits and acts as a showcase project in its size and diversity of utilisations.

The article from Switzerland (Andreas Courvoisier, Andreas Hofer, Ulrich Kriese) first provides a historical perspective by looking at Switzerland's tradition of socially oriented and Cohousing concepts working with cooperatives, foundations and pension funds. In the 1990s, faced with immigration, a shortage of residential living space and speculation, cooperative housing experienced a new lease of life, particularly in Zurich. This expressed itself in new construction activities among the traditional cooperatives, but also in the setting up of new cooperatives.

Wogeno already established itself in 1981. It removes residential properties from speculation by buying them and then operating as an umbrella for self-managed housing communities. In the 1990s, several large new Cohousing projects run by cooperatives emerged and they made their mark in the districts where they were built (Karthago, Dreieck, Kraftwerk). These Cohousing projects realise a great deal more than Cohousing: they are socially integrative and have a neighbourhood-based ecological approach. Some of them also link residential purposes with commercial units, social facilities and catering. They are often located on former industrial sites or problematic plots. Building collectives that realise Cohousing projects as property owners, however, only play a subordinate role in Switzerland, which is dominated by rental rather than purchasing.

We have three articles from the Netherlands, another 'pioneer country in terms of Cohousing'. The Netherlands already drew attention in the 1970s due to the various social living experiments taking place there. Peter Bakker from the Dutch organisation Centraal Wonen gives a definition of Cohousing projects and mentions 90 Cohousing projects and 300 senior citizensprojects.

Lidewij Tummers understands collaborative or collective initiatives as Cohousing in a wider sense. She provides an overview of different typologies among Cohousing projects and outlines the development of squats, Cohousing models and ecological pilot projects into 'Collective Private Clients' (building collectives) who operate today in competition with other investors. The author shows how the conditions for the realisation of self-managed Cohousing projects have changed. The growing involvement of citizens in all areas of social life is influencing the Cohousing trend. The government now promotes more citizen involvement and self-management in housing production. However,

/ Definition of Cohousing /

The term 'Cohousing' goes back to the Americans Kathryn McCamant and Charles Durrett. In the 1980s they researched into the already existing Danish Cohousing projects and exported the idea to the US (see Tornow in this publication).

Since then, the term has been used in Europe to refer to different variants of community-oriented living. 'Cohousing' is seen to represent a consciously designed form of living that is marked by three characteristics: shared activities by the residents, commonly used areas and rooms, as well as a community-oriented form of organisation. Such set-ups mostly have separate apartments as well as shared facilities. The community sets itself goals and gives itself organisational structures that are linked to responsibilities and obligations for the residents. The type and frequency of shared activities as well as the architectural realisation and funding forms of the projects differ (see Helamaa, Urban Vestbro and Fedrowitz in this publication).

/ Note on the conformity and translation of terms /

In this publication, the term Wohnprojekt used in the German texts has been translated as Cohousing project in the English. Cohousing is commonly used in many European countries, but is often spelled differently. In the English version we maintained the different spelling of Cohousing chosen by the authors. In the German translation we used the term Cohousing-Projekt or Gemeinschaftswohnprojekt. Some articles do not explicitly use the term Cohousing or they describe other forms of living together. On the title page and in the editorial we therefore generally speak of neue, gemeinschaftsorientierte Wohnformen in German and of new forms of community-oriented living, collaborative living and co-operative housing in English.

nicht genügend auf Gruppen als Bauherren eingestellt haben. In neuerer Zeit sind die Kommunen jedoch bestrebt, Wohnprojekte und Baugruppen mehr zu unterstützen. So fördert die Stadt Amsterdam Wohnprojekte als wichtigen Motor bei der Nachbarschaftsentwicklung in großen Neubaugebieten wie Ijburg, einer neu aufgeschütteten Insel in der Amstel.

Eine niederländische Besonderheit stellen die Seniorenwohnprojekte für MigrantInnen dar. Els de Jong schildert die besondere Situation älterer ImmigrantInnen. Für diese bietet das gemeinschaftliche Wohnen bessere Möglichkeiten, soziale Kontakte und gemeinsame kulturelle Gewohnheiten zu pflegen. Die Autorin stellt verschiedene realisierte bauliche Konzepte mit ihren Vor- und Nachteilen vor. Es gibt heute 50 solcher Wohnanlagen in den Niederlanden.

Auch in Frankreich sind gemeinschaftliche Wohnformen im Trend. Vor dem Hintergrund der ökologischen Bewegung in Frankreich kam es um die Jahrtausendwende zu einer Gründungswelle neuer Wohnprojekte. Der Autor, Bruno Parasote, zeigt an mehreren Wohnprojekten auf, wie sich ökologische und soziale Ziele in den baulichen Lösungen spiegeln. Neben Gemeinschaftsräumen, Gästewohnungen und grünen Innenhöfen haben auch bauökologische und energetische Maßnahmen einen hohen Stellenwert. Die vorgestellten Wohnprojekte wurden überwiegend von Baugruppen initiiert und als Eigentumswohnungen realisiert. Die meisten Projekte streben dennoch einen sozialen Ausgleich an, indem sich zum Beispiel die Verteilung der Gemeinschaftskosten nicht an der Wohnfläche, sondern an der Einkommenssituation der Familien orientiert. Zurzeit findet in Frankreich eine zunehmende Vernetzung bei den Wohnprojekten statt und die Lobbyarbeit für neue nachhaltige Wohnformen wird inzwischen auch von vielen französischen Gemeinden unterstützt.

Martin Field berichtet in seinem Beitrag über Großbritannien ebenfalls von einer stark zunehmenden Nachfrage nach gemeinschaftlichen Wohnformen. Die britischen Hochschulen nehmen sich engagiert des Themas gemeinschaftliches Wohnen an und fördern es durch Forschung, Publikationen und Vernetzung. Noch ist die Zahl der realisierten Wohnprojekte gering. Doch viele befinden sich im Gründungsprozess. Sie sind alle aus Initiativgruppen entstanden und die zentralen Zielsetzungen sind Mehrgenerationenwohnen und Ökologie. In vielen Fällen werden Gebäude umgenutzt – Krankenhaus, Bauernhöfe, eine Mühle – und durch Neubauten ergänzt. Neben Wohnungen werden auch Ateliers, Werkstätten und Büros gebaut. Bei der Entwicklung neuer Wohnformen spielt der öffentliche Wohnungssektor keine große Rolle und entsprechend finden sich bisher kaum Beispiele im Mietwohnungsbau. Eine soziale Mischung unter den BewohnerInnen wird jedoch von den meisten Wohnprojekten gewünscht: Deshalb werden bei Eigentumsprojekten solidarische Finanzierungsmodi entwickelt oder die Gruppen streben von vornherein eine Mischung aus Eigentum und Miete an. Zurzeit deutet sich in Großbritannien ein Politikwechsel an: Die aktuelle Wohnungsbauförderung sieht erstmals eine Förderung von Gemeinschaftswohnprojekten im Miet- und Eigentumswohnungsbau vor.

In Tschechien gibt es noch keine breite Öffentlichkeit zum Thema Wohnprojekte, auch hier wird die Wohnprojektebewegung stark von WissenschaftlerInnen getragen. Veronika Bešťáková von der Hochschule Prag forscht zum Thema Cohousing. An der dortigen Architekturfakultät versucht eine Gruppe von ArchitektInnen, die Idee gemeinschaftlichen Wohnens im Land zu verbreiten und dabei Erfahrungen aus dem Ausland zu nutzen. Bešťáková sieht die Bedeutung der tschechischen Cohousing-Bewegung im Kontext des demografischen Wandels und drohender ökologischer Probleme und beschreibt, wie sich in einem postsozialistischen Land die gesellschaftlichen Rahmenbedingungen auf die Entwicklung neuer Wohnformen auswirken: Desinteresse und Vorbehalte in der tschechischen Bevölkerung gegenüber Gemeinschaftslösungen sowie fehlende Erfahrungen mit Bürgerbeteiligung und Selbstorganisation behindern heute noch die Verbreitung von Wohnprojekten. Trotz aller Schwierigkeiten entstehen in Tschechien erste Gruppenwohnprojekte, die auf dem Engagement von Einzelnen beruhen und neben gemeinschaftlichen auch ökologische Ziele verfolgen.

Die vier Beiträge aus den nordischen Ländern zeigen neben Gemeinsamkeiten auch erhebliche Unterschiede. Letztere sind vor allem in den Strukturen des Wohnungsmarktes, der Eigentumskultur und den Traditionen für genossenschaftliche oder gemeinnützige Wohnungsbauträger begründet. Dänemark und Schweden sind Länder mit einem großen öffentlichen Wohnungssektor. Bei den im schwedischen Beitrag von Dick Urban Vestbro beschriebenen Wohnprojekten handelt es sich ausschließlich um Mietwohnungsbau kommunaler Wohnungsbaugesellschaften. Sie gehen auf die Tradition der Kollektivhäuser zurück, die in Schweden in den 1930er Jahren aufkamen. Das Wohnen mit Serviceleistungen in dieser Form wurde in den 1970er Jahren zwar aufgegeben, schwedische Wohnprojekte von heute verfügen aber ebenfalls über außerordentlich umfangreiche Gemeinschaftsangebote. Dies kommt insbesondere bei Wohnmodellen zum Tragen, die schwedische Seniorengruppen für die „zweite Lebenshälfte" entwickelt haben. Auch in Dänemark (Beitrag von Britta Tornow) fördern Wohnungsbaugesellschaften seit langem das gemeinschaftliche Wohnen, unter anderem durch Ausstattung ihrer Siedlungen mit Gemeinschaftshäusern und Mieterbeteiligung. Dänische Wohnungsbaugesellschaften sind auch Träger und Berater für Wohnprojekte, vor allem bei Seniorenwohnprojekten. Familienorientierte Wohnprojekte gehen fast immer auf eine Initiative der BewohnerInnen zurück. Entsprechend stark sind sie vom Gedanken der Selbstverwaltung getragen und wählen heute zumeist die Rechtsform der privaten Genossenschaft, seltener das Wohnen im Eigentum oder zur Miete.

a broad-based implementation has not happened to date because of a lack of suitable building plots and complicated planning procedures. Other causes identified by the author are the fact that the different partners involved, such as the developers, banks and architects, have not yet sufficiently acclimatised themselves to 'Collective Private Clients'. More recently, the municipalities have been making efforts to provide more support to building collectives and Cohousing projects. As such, the city of Amsterdam promotes Cohousing projects as an important motor of neighbourhood development in large new housing estates like Ijburg, one of the new raised-up islands on the Amstel.

One feature particular to the Netherlands is represented by the Cohousing projects for senior citizens who are immigrants. Els de Jong describes the special situation facing older immigrants. For them, living in a Cohousing situation provides better opportunities to maintain social contacts and shared customs. The author presents different concepts which have been built as well as their advantages and disadvantages. Today the Netherlands has 50 residential facilities of this kind.

Collaborative forms of living are also an upcoming trend in France. As part of the ecological movement in France, the turn of the Millennium saw a wave of new Cohousing projects being established. The author, Bruno Parasote, shows by presenting several of these projects, how ecological and social objectives are reflected in the ways in which such facilities have been built. In addition to commonly used rooms, guest apartments and green inner courtyards, ecological construction and energy-related measures occupy an important position. Most of the projects described were initiated by building groups and realised in private ownership structures. Nevertheless, a majority of them aim at some form of social equilibrium, for example, by distributing the shared costs not according to floor space occupied, but based on each family's income situation. At the present time, France is witnessing increasing networking between its Cohousing projects and the lobbying work for new sustainable forms of living is now also supported by many of France's municipalities.

In his article about Britain, Martin Field tells us about the greatly increasing demand for Cohousing solutions there. The British universities have become active in examining the subject of Cohousing and have begun promoting it through research, publications and networking. While the number of actually realised Cohousing projects remains low, many are nevertheless in the initial stages. All of them have emerged from initiative groups and their central objectives are multigenerational living and ecology. In many cases, buildings are converted – for example, hospitals, farmyards, a mill – and added to by new buildings. Besides apartments, studios, workshops and offices are also being built. When developing new forms of living, the public housing sector does not play a particularly important role and, accordingly, there are to date hardly any examples of Cohousing projects with residential units for rent. Despite this, most of the projects in Britain would like to see a social mix among the residents, which is why private-ownership projects have developed solidary modes of financing or the groups strive from the very beginning to create a mixture of private ownership and rental. Britain is currently witnessing a process of political change and the funding for housing construction is looking for the first time to support Cohousing projects that aim to build residential properties for both rental and private ownership.

In the Czech Republic there is still no broad public interest in the subject of Cohousing projects, and the Cohousing movement remains to a large extent an academic one. Veronika Bešťáková from Prague University carries out research into the subject of Cohousing. At the architecture faculty there, a group of architects are trying to spread the idea of Cohousing throughout the country and, in the process of this, are making use of experience gained abroad. Bešťáková sees the significance of the Czech Cohousing movement within the context of demographic change and threatening ecological problems, and she describes how the general societal conditions in a post-socialist country affect the development of new forms of living. Disinterest in and reservations against communal solutions among the Czech population as well as a lack of experience with citizen participation and self-organisation make it difficult to spread Cohousing. Despite such difficulties, the first Cohousing projects are being realised in the Czech Republic, emerging from the efforts of individuals and pursuing both communal and ecological objectives.

The four articles from the Nordic countries highlight common features as well as considerable differences. The latter lie mainly in the structure of the housing market, the ownership culture and the traditions with respect to cooperative or non-profit funders of residential construction. Denmark and Sweden are both countries that have a large public housing sector. In the article about Sweden, Dick Urban Vestbro describes Cohousing projects that are exclusively the construction of residential units for rent by communal housing associations. They go back to the tradition of collective houses that emerged in Sweden in the 1930s. Living with the provision of services in this form was abandoned in the 1970s, but today's Cohousing projects in Sweden also offer an extraordinarily wide range of communal services. This can be found in particular in Cohousing models developed by the Swedish senior citizen groups for the 'second half of life'. In Denmark (article by Britta Tornow) not-profit housing associations have also been supporting community-oriented housing for quite some time, among other things, by providing communal houses in their housing settlements and promoting tenant participation. Danish housing

Auch architektonisch sind Unterschiede zwischen beiden Ländern zu verzeichnen: Bei den schwedischen Wohnprojekten handelt es sich meist um urbane Bauformen, die im Geschosswohnungsbau realisiert werden. Wohnhochhäuser werden als geeigneter Gebäudetyp für Wohnprojekte angesehen, bei denen sich einzelne Etagen, meist das Erd- oder Dachgeschoss, in Gänze als Gemeinschaftsfläche nutzen lassen. In Dänemark sind die Wohnprojekte dagegen überwiegend in der Tradition des Siedlungsbaus verwurzelt und bevorzugen bis heute Formen des verdichteten Flachbaus, die jedem Haushalt die Wohnqualität eines Einfamilienhauses bieten. Gemeinschaftsräume werden oft in einem separaten Gebäude platziert.

In Norwegen (Beitrag von Britta Tornow und Susanne Urban) und Finnland (Beitrag von Anna Helamaa) haben sich gemeinschaftliche Wohnformen trotz wachsender Nachfrage nicht in gleichem Ausmaß verbreiten können. In beiden Ländern ist der Eigentumsgedanke stark ausgeprägt und entsprechend werden Wohnprojekte überwiegend als Wohnungseigentum realisiert.

In allen nordischen Ländern gibt es eine zunehmende Nachfrage nach gemeinschaftlichen Wohnformen für SeniorInnen. In Norwegen ist die Idee gemeinschaftlichen Wohnens für ältere Menschen in der Gesellschaft – auch außerhalb der Wohnprojekte – breit verankert. Einige Seniorenwohnprojekte wurden von ihren späteren BewohnerInnen initiiert, andere aber auch von Kommunen oder sozialorientierten Trägern wie Vereinen und Stiftungen. In Finnland orientieren sich die neueren Wohnprojekte für Ältere oder mehrere Generationen am schwedischen Modell, wie dort handelt es sich um große, urbane Wohnanlagen mit umfangreichen Aktivitätsangeboten, meist im Erdgeschoss gelegen. In Dänemark beeindruckt die große Anzahl der Seniorenwohnprojekte: Inzwischen wurden rund 300 *seniorbofællesskaber* fertiggestellt, meist kleinere Siedlungen mit einem Gemeinschaftshaus.

Den Wohnprojekten aller vier nordischen Länder ist gemein, dass gemeinsames Kochen und Abendessen eine wichtige Rolle für das gemeinschaftliche Wohnen spielen. Dies spiegelt den Wunsch der jungen Familien nach Entlastung bei der Hausarbeit wider, der in diesen Ländern aufgrund der hohen Erwerbsrate der Frauen besonders ausgeprägt ist.

// Wir würden uns freuen, wenn die Beiträge zum Austausch zwischen den Projekten, zur Weiterentwicklung gemeinschaftlicher Wohnformen und nicht zuletzt zur Anregung und Initiierung weiterer Projekte in Europa beitragen!

Britta Tornow, Heike Skok, Micha Fedrowitz

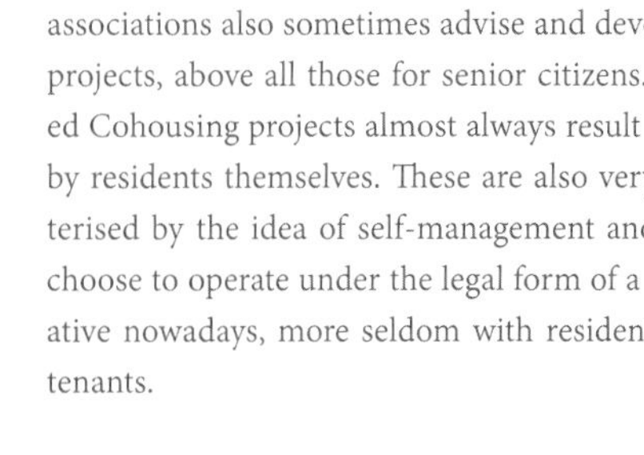

associations also sometimes advise and develop Cohousing projects, above all those for senior citizens. Family-oriented Cohousing projects almost always result from initiatives by residents themselves. These are also very much characterised by the idea of self-management and most of them choose to operate under the legal form of a private cooperative nowadays, more seldom with residents as owners or tenants.

There are also differences between the two countries architecturally: Swedish Cohousing projects are mostly urban set-ups, which are realised as apartment blocks. High-rise blocks are also seen as a suitable building type for Cohousing projects and individual floors, generally ground or top floor, are used completely as commonly shared space. In Denmark, by comparison, the Cohousing projects are mainly rooted in the tradition of housing estate construction and still prefer this form of compact low-rise buildings today, which offer each household the living quality of an individual family house. Commonly used rooms are often located in separate buildings.

In Norway (article by Britta Tornow and Susanne Urban) and Finland (article by Anna Helamaa) communal forms of living have not been able to spread to the same extent despite growing demand. The ownership idea is so influential in both countries that Cohousing projects are also mainly realised with the idea of private ownership in mind.

All Nordic countries have been witnessing an increasing demand for communal forms of living for senior citizens. In Norway, the idea of communal housing for the elderly is already a widely accepted one in society – also outside of Cohousing projects. Several Cohousing projects for senior citizens were initiated by people who later became residents there, while others were set up by municipalities or socially oriented funding bodies like associations and foundations. In Finland, more recent Cohousing projects for older people or for multi-generational living have oriented themselves along the lines of the Swedish model and, like there, the tendency is towards large urban residential complexes with an extensive provision of activities, mostly situation on the ground floor. In Denmark the large number of Cohousing projects for senior citizens is impressive, with around 300 Seniorbofællesskaber already completed, most of them smaller residential complexes with a communal house.

The Cohousing projects in all four Nordic countries have in common the fact that cooking and eating together play an important role in the communal living experience. This reflects the wish among young families to have help with their housework, something prevalent in these countries due to the high rate of women in employment.

// We would be very happy if the articles contribute towards an exchange of ideas and information between the projects, towards the further development of communal forms of living and, not least, towards encouraging and initiating more new projects in Europe!

Britta Tornow, Heike Skok, Micha Fedrowitz

GEMEINSCHAFTLICHES WOHNEN IN DEUTSCHLAND /DE/

/EN/ COHOUSING IN GERMANY

MICHA FEDROWITZ

In den letzten 20 Jahren ist das gemeinschaftliche Wohnen in Deutschland zunehmend populär geworden, und es ist eine bunte Szene unterschiedlichster gemeinschaftlicher Wohnprojekte entstanden. Diese Entwicklung bekam und bekommt dabei Impulse aus unterschiedlichen „Kulturen" des Wohnens und Lebens in Deutschland. Diese reichen von einer explizit linksorientierten Bewegung zur Entwicklung alternativer Lebensformen über die antispekulative Hausbesetzerszene bis hin zur Bewegung des ökologischen Bauens und der Suche nach Alternativen für das Wohnen im Alter.

Wohnungsbau mit gemeinschaftlichen Ansätzen hat in Deutschland bereits Ende des 19. Jahrhunderts mit der Gründung der ersten Genossenschaften stattgefunden. Man kann hier Parallelen ziehen zum genossenschaftlichen Bauen in Dänemark, Schweden, Österreich und der Schweiz. Mit der „neuen" Genossenschaftsbewegung seit Mitte der 1980er Jahre wurden deren ursprüngliche Ideen im Sinne gemeinschaftlicher selbstorganisierter Wohnprojekte in Deutschland revitalisiert. Der Vordenker dieser Bewegung – Klaus Novy – hat durch seine Forschungen und persönliche Impulse hier einen maßgeblichen Beitrag geleistet. In diesem Kontext wurde auch wohnbund e.V. als Verband gegründet, der bis heute in diesem Feld aktiv ist (vgl. www.wohnbund.de).

Unter gemeinschaftlichem Wohnen sollen im Rahmen dieses Artikels Projekte verstanden werden, in denen Menschen selbst gewählt zusammenleben und einen Teil ihres täglichen Lebens gemeinsam gestalten. In diesen Projekten leben Menschen, die sich bewusst für die gegenseitige Unterstützung und das gemeinschaftliche Leben entschieden haben. Meist hat dabei jeder Haushalt eine eigene Wohnung, und es gibt ergänzende gemeinschaftliche Flächen, zum Beispiel Gemeinschaftsräume. Die zukünftigen NutzerInnen sind an der Planung des Projektes beteiligt oder planen ihr Projekt komplett selbst. Die Selbstverwaltung des Projektes durch die BewohnerInnen oder zumindest Mitbestimmung sind zentrale Elemente des Konzepts.

ZAHL UND ENTWICKLUNG DER PROJEKTE IN DEUTSCHLAND

Eine genaue Angabe zur Gesamtzahl der Projekte ist nicht möglich, weil es keine zentrale Erfassung oder verbandliche Organisation von Projekten gibt. In verschiedenen Projekt-Datenbanken werden Wohnprojekte jedoch erfasst bzw. können sich registrieren.

Das Verzeichnis www.wohnprojekte-portal.de listet aktuell mehr als 600 Projekte auf. Im Rahmen einer laufenden Promotionsforschung sind durch den Autor bisher 550 Projekte erfasst worden, in denen insgesamt etwa 25.000 Personen leben (vgl. www.gemeinschaftswohnprojekte.de; Fedrowitz 2011). Man kann aktuell von mindestens 2000 bis 3000 gemeinschaftlichen Wohnprojekten in Deutschland ausgehen. Viele Projekte betreiben auch eigene Internetseiten, die meisten Wohnprojekte treten jedoch nicht in dieser Form an die Öffentlichkeit. Außerdem gibt es eine Reihe von Publikationen, in denen (Modell-)Projekte vorgestellt werden.

Over the last 20 years, Cohousing in Germany has become increasingly popular and a diverse scene of very varied Cohousing projects has developed. This development receives impulses from different 'cultures' of living and life in Germany. These range from an explicitly left-leaning movement to the development of alternative ways of living, the anti-speculative house-squatting scene, to the ecological building movement and the search for different ways of living in old age.

Cohousing initiatives were already in place in Germany at the end of the 19th century with the founding of the first cooperatives. Parallels can be drawn here with the cooperative projects in Denmark, Sweden, Austria and Switzerland. The original idea was brought to life again in independently organised Cohousing projects in Germany with a 'new' cooperative movement which began in the mid-1980s. The pioneer of this movement was Klaus Novy, who has made a major contribution with his research and personal engagement. As part of this, wohnbund e.V. was founded, which is still active in the field today (www.wohnbund.de).

In the context of this article, Cohousing is understood to be projects in which people have specifically chosen to live and in which they organise a part of their daily lives together. These projects include people who have deliberately opted to support each other and lead a communal life. In most cases, each household has their own apartment and there are additional communal areas, such as common rooms. The future residents are involved in the planning of the project or plan their project itself completely. Self-management of the project by the residents or at least co-determination are key elements of the concept.

NUMBER AND DEVELOPMENT OF PROJECTS IN GERMANY

No exact figures for the total number of projects are available as there is no central record or project organisation within the association. However, housing projects are recorded, or they can be registered, in various project databases.

The directory www.wohnprojekte-portal.de lists more than 600 projects at the present time. As part of ongoing doctoral research, 550 projects have been recorded by the author so far, in which a total of about 25,000 people live (see www.gemeinschaftswohnprojekte.de Fedrowitz 2011). There are currently at least 2,000 to 3,000 Cohousing projects in Germany. Many projects operate their own websites but most housing projects are not publicly accessible. There are also a number of publications which present (model) projects.

The first housing projects started developing in the 1970s alongside housing in which all residents lived in the same shared apartment. The first projects from this period had a political or emancipatory approach. These pioneers were trying out a model which counteracted the social mainstream, small families, integration into capitalist relationships and the economisation of ever more areas of life.

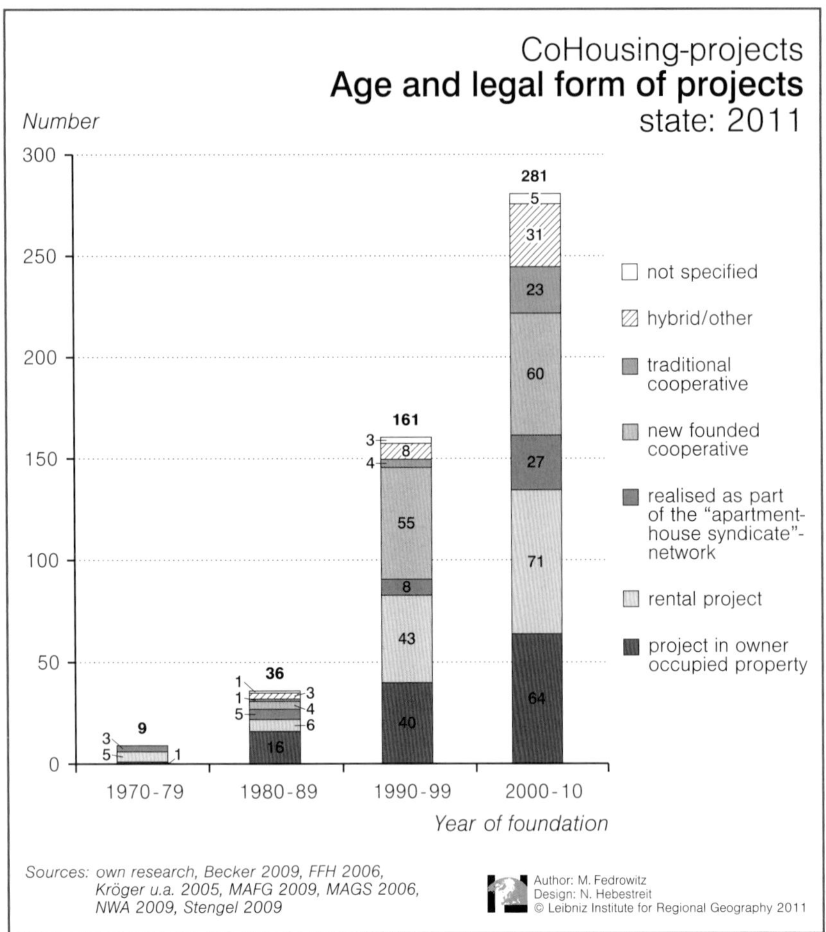

/ Wohnprojekte in Deutschland: Entwicklung der Rechtsformen und Anzahl der Projekte
Cohousing projects in Germany: legal forms and number of projects /

Seit den 1970er Jahren haben sich neben den Wohngemeinschaften, in denen alle BewohnerInnen in einer gemeinsamen Wohnung leben, auch die ersten Wohnprojekte entwickelt. Die ersten Projekte aus dieser Zeit haben einen politischen oder emanzipatorischen Ansatz. Hier erproben Pioniere ein Gegenmodell zum gesellschaftlichen Mainstream, zur Kleinfamilie, zur Einbindung in kapitalistische Zusammenhänge und zur Ökonomisierung von immer mehr Lebensbereichen. In diesen Kontext sind auch die Kommuneprojekte in Wirtschaftsgemeinschaft einzuordnen, die ab den 1980er Jahren entstanden (vgl. Kommuja 2014; www.eurotopia.de). Ebenfalls ab den 1980er Jahren wurden die ersten Projekte mit einer Orientierung an speziellen Zielgruppen gegründet, zum Beispiel Projekte für Frauen und Alleinerziehende. Eine neue Dynamik erfährt dieser Projekttypus seit den 2000er Jahren durch sogenannte Beginenprojekte, die von und für Frauen unter Rückgriff auf die Tradition der Beginenhöfe im Mittelalter gegründet werden (vgl. www.dachverband-der-beginen.de).

Ab Ende der 1980er entstanden – geprägt durch das wachsende Bewusstsein für ökologische Zusammenhänge und die „Grenzen des Wachstums" – baubiologische und familienfreundliche „Ökosiedlungen", die soziale mit ökologischen Zielen verbanden. Diese Projekte haben neue Bauweisen, Verfahren und Standards erprobt, die später teilweise ihren Niederschlag in gesetzlichen Vorgaben gefunden haben (vgl. www.oekosiedlungen.de).

Seit den 1990er Jahren gewinnen Projekte an Bedeutung, deren inhaltlicher Ausgangspunkt die Suche nach anderen Lebensformen für ältere Menschen ist („Nicht allein und nicht ins Heim"). Diese Projekte wurden in der ersten Zeit oft initiiert durch Personen oder Institutionen, die im Bereich der Seniorenarbeit aktiv sind, mittlerweile auch durch Bewohnergruppen. Die gegenseitige Hilfe im Alter und die Gestaltung der Lebensphase nach dem Beruf stehen hier im Mittelpunkt, teilweise sind die Projekte kombiniert mit Pflegeeinheiten.

Heute setzt sich bei neuen Wohnprojekten immer stärker die Idee des „Mehrgenerationenwohnens" durch. Die BewohnerInnen dieser Projekte erhoffen sich gegenseitige Unterstützung und Hilfe. Dies kommt sowohl älteren Menschen als auch jüngeren, insbesondere Familien mit Kindern, zugute (vgl. Fedrowitz 2010).

Neue Ansätze gehen in die Richtung, gemeinschaftliche Wohnprojekte als integrierte Quartiersprojekte zu betrachten und zu entwickeln. Nicht mehr das einzelne Hausprojekt steht im Fokus, sondern komplette Quartiere mit entsprechender Infrastruktur. Wohnprojekte übernehmen in diesen Fällen eine aktive Rolle bei der Organisation des nachbarschaftlichen Wohnens im Quartier. Und Wohnungsgesellschaften erkennen Wohnprojekte als Bausteine der Quartiersentwicklung.

TRÄGER DER PROJEKTE

Die Trägerform spielt für das gemeinschaftliche Wohnen eine zentrale Rolle, weil darin die Konzeption des Projektes mit der Finanzierung verknüpft wird. Deshalb messen Wohnprojekte der Wahl der geeigneten Rechtsform meist eine große Bedeutung zu. Der Stellenwert der verschiedenen Rechts- und Trägerformen hat sich im Laufe der Zeit verändert und darüber hinaus haben sich neue Organisationsstrukturen für Wohnprojekte etabliert.

Zu Beginn der Bewegung des gemeinschaftlichen Wohnens in Deutschland gab es meist nur die Möglichkeit, ein entsprechendes Projekt selbst und im Wohnungseigentum zu realisieren. Die führte dazu, dass das individuelle Eigentum hier zunächst einen großen Stellenwert hatte. Als Rechtsform für neue Projekte hat sich die Gründung neuer Genossenschaften etabliert, bei der die BewohnerInnen das Projekt – wie im Eigentum – komplett selbst finanzieren. Es ist hier jedoch möglich, unterschiedliche finanzielle Beiträge zu leisten, und dadurch eine solidarische Finanzierung zu erreichen. Auch ein individueller Verkauf ist später nicht mehr möglich.

Zunehmend kooperieren Wohnprojekte auch als Mieter mit bestehenden Wohnungsgesellschaften, Traditionsgenossenschaften und anderen externen Investoren. Bei diesen professionellen Akteuren ist das Interesse an der Realisierung von Wohnprojekten in den letzten Jahren gestiegen, weil sie die Nachfrage sehen und Interesse an einer stabilen Nachbarschaft haben. Das Angebot dieses Investoren- oder Kooperationsmodells ermöglicht auch Menschen, die über wenig Einkommen verfügen, einen Einstieg in das gemeinschaftliche Wohnen.

The collective projects which emerged in the 1980s (see Kommuja 2014 www.eurotopia.de) must also be classified as economic communities. Likewise, the first projects focusing on specific target groups were also set up in the 1980s, for example projects for women and single parents. This type of project has received new impetus since the 2000s from the so-called Beginen Projects founded by and for women drawing on the tradition of the 'Béguinages' in the Middle Ages (see www.dachverband-der-beginen.de).

In the late 1980s, ecological and family-friendly 'eco-villages' originated, which were marked by the growing awareness of ecological relationships and the 'limits of growth', and combined social as well as ecological objectives. These projects tried out new building methods, procedures and standards, some of which have since been incorporated into legal guidelines (see www.oekosiedlungen.de).

Since the 1990s projects have been gaining in importance, which focus on looking for other ways of living for older people ('not alone, and not in a home'). In the early days, these projects were often initiated by individuals or institutions that were already active in the field of senior citizens; now this is also carried out by groups of residents themselves. Mutual assistance for the elderly and designing the phase of life after working life is over are the focus; the projects are also sometimes combined with care units.

Today 'multi-generational living' is a prevailing idea in new housing projects. The residents of these projects hope for mutual support and assistance. This benefits older and younger people alike, especially families with children (see Fedrowitz 2010).

New approaches are moving towards developing and regarding Cohousing projects as integrated neighbourhoods. Single housing projects are no longer the focus, which has now moved more towards complete neighbourhoods with the appropriate infrastructure. In this case, housing projects play an active role in organising neighbourly living in the district. And housing associations see housing projects as the building blocks of district development.

LEGAL FORM OF PROJECTS

This form of support plays a central role for Cohousing because it links the concept of the project to the financing. This is why housing projects attach great importance to choosing the appropriate legal form. The status of the different legal and support forms has changed over the years, moreover new organisational structures for housing projects have become established.

At the beginning of the Cohousing movement in Germany, the only real chance to implement a project such as this was to do it yourself and as a property owner. This meant that individual home ownership was of major significance to the projects at this time. As a legal form for new projects, new cooperatives have become established in which the residents – like owners – finance it all themselves. However, it is possible to make different financial contributions and thereby achieve joint financing. This makes an individual sale at a later point no longer possible. Increasingly, housing projects also cooperate as tenants with existing housing associations, tradition cooperatives and other external investors. These professional operators show a growing interest in setting up housing projects in recent years as, on the one hand they see the demand, and on the other they are interested in a stable neighbourhood. The offer of this investor or cooperation model also allows people who have low incomes to access Cohousing.

Two legal structures in Germany that have been created specifically for the context of Cohousing, are particularly exciting.

1. The Mietshäuser Syndicat (tenement syndicate), founded in 1993, is a network of projects that provide mutual advice and financial security in some cases. Real estate speculation is prevented by becoming a member. (www.syndikat.org)

2. Using the model of an umbrella association (such as Schanze eG Hamburg, WOGENO München eG, WoGe eG Hannover), many individual housing projects form one company under one 'roof'. Each project is funded separately, but they have a strong base of high-level participation.

/ Ökosiedlung Alte Gärtnerei, Kiel
Ecological Cohousing project Alte Gärtnerei, Kiel /

/ Genossenschaftliches Wohnprojekt Wagnis 1, Wagnis eG, München Cooperative Cohousing project Wagnis 1, Wagnis eG, Munich /

Besonders spannend sind in Deutschland zwei Rechtskonstruktionen, die sich speziell im Kontext des gemeinschaftlichen Wohnens gegründet haben.

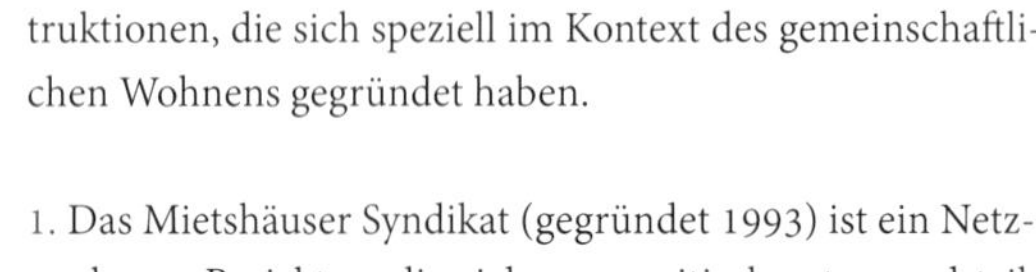

1. Das Mietshäuser Syndikat (gegründet 1993) ist ein Netzwerk von Projekten, die sich gegenseitig beraten und teilweise finanziell absichern. Die Spekulation mit Immobilien wird durch eine Mitgliedschaft im Mietshäuser Syndikat verhindert (www.syndikat.org).

2. Beim Modell der Dachgenossenschaften (unter anderem Schanze eG Hamburg, WOGENO München eG, WoGe eG Hannover) bilden viele einzelne Wohnprojekte zusammen unter einem „Dach“ ein Unternehmen. Jedes Projekt ist dabei separat finanziert, aber es gibt eine stark an der Basis orientierte Mitbestimmungsstruktur.

/ Wohnprojektetag Nordrhein-Westfalen, Gelsenkirchen Cohousing Day Nordrhein-Westfalen, Gelsenkirchen /

PROJEKTGRÜNDUNG UND UNTERSTÜTZUNGSANGEBOTE

Die Gründung eines neuen Projektes ist immer noch ein schwieriges Unterfangen. Viele Projektinitiativen kommen nicht über die Phase einer ersten Ideenentwicklung hinaus. Neben dem schwierigen Zugang zu Grundstücken oder Immobilien ist die fehlende Erfahrung in der Projektentwicklung eine der Hauptursachen. Ohne eine professionelle Unterstützung durch eine bezahlte Projektmoderation oder Projektentwicklung kommen viele Gruppen nicht weiter. In der Startphase fehlen dafür jedoch oft die finanziellen Mittel. Hilfreich sind in diesem Zusammenhang zivilgesellschaftliche Netzwerke bestehender Wohnprojekte, unterstützender Institutionen und professioneller Berater (beispielsweise der wohnbund e.V. oder das FORUM gemeinschaftliches Wohnen e.V.). Diese beraten Projektgruppen – in der Anfangsphase oft kostenfrei – und setzen sich insbesondere auch auf der politischen Ebene für die Verbesserung der Bedingungen zur Gründung neuer Wohnprojekte ein.

Diese Netzwerke und Institutionen haben auch die Idee der „Wohnprojektetage“ entwickelt. Die meist jährlichen Veranstaltungen gibt es inzwischen in vielen Städten und Regionen in Deutschland. Sie dienen als Informations- und Kommunikationsplattform für alle, die am gemeinschaftlichen Wohnen interessiert sind, fördern die Vernetzung und auch die fachliche Weiterentwicklung. Die Basis von Wohnprojektetagen ist jeweils eine Kontakt- und Infobörse für Wohngruppen. Diese Börse wird je nach Größe der Veranstaltungen ergänzt durch Vorträge und Workshops für Projektinteressierte bis hin zu einem umfassenden Tagungsprogramm.

Gemeinschaftliche Wohnprojekte werden in der politischen Diskussion in Deutschland inzwischen als wichtige Impulsgeber für eine zukunftsfähige Quartiersentwicklung gehandelt. Um Gruppen in der Startphase zu unterstützen, haben daher einige Städte spezielle Agenturen eingerichtet. Diese beraten interessierte BürgerInnen, vernetzen die entstehenden Gruppen und stellen auch den Kontakt zu anderen öffentlichen Stellen oder Investoren her. Zusätzlich werden im Rahmen der Bebauungsplanung teilweise Flächen speziell für gemeinschaftliche Projekte reserviert, für die sich Projektgruppen bewerben können.

Auf Ebene der Bundesländer gibt es vereinzelt spezielle Förderprogramme, die Projekte auch in der Startphase in Anspruch nehmen können. Außerdem können in einigen Bundesländern Wohngruppen im Rahmen der sozialen Wohnraumförderung unterstützt werden, die sich schwerpunktmäßig an Menschen mit geringem Einkommen richtet.

ESTABLISHING PROJECTS AND SUPPORT SERVICES

Starting a new project is still a difficult undertaking. Many project initiatives do not get beyond the first phase of developing ideas. In addition to the difficulty of accessing land or real estate, one of the main causes is the lack of experience in setting up projects. Without professional support from a contracted project manager or project development service, many groups fail to make progress. The financial means to fund this in the start-up phase are often lacking. Here, civil society networks of existing housing projects, supporting institutions and professional advisors are helpful (for example, the wohnbund e.V. or the FORUM gemeinschaftliches Wohnen e.V.). They advise project teams – in the initial phase often free of charge – and help improve the conditions for setting up new housing projects, particularly at the political level.

These networks and institutions also developed the idea of 'Cohousing Days'. There are now events in many cities and regions usually every year in Germany. They serve as an information and communication platform for all those interested in Cohousing, and promote networking as well as professional development. The Cohousing Days are mainly a means of contact and information exchange for groups and initiatives. Depending on the size of the event, this can include talks and workshops for anyone interested in the project, through to a comprehensive conference programme.

In political debates in Germany, Cohousing projects are now considered to be an important driving force for developing sustainable neighbourhoods. Some cities have set up special agencies to assist groups in the start-up phase. They advise

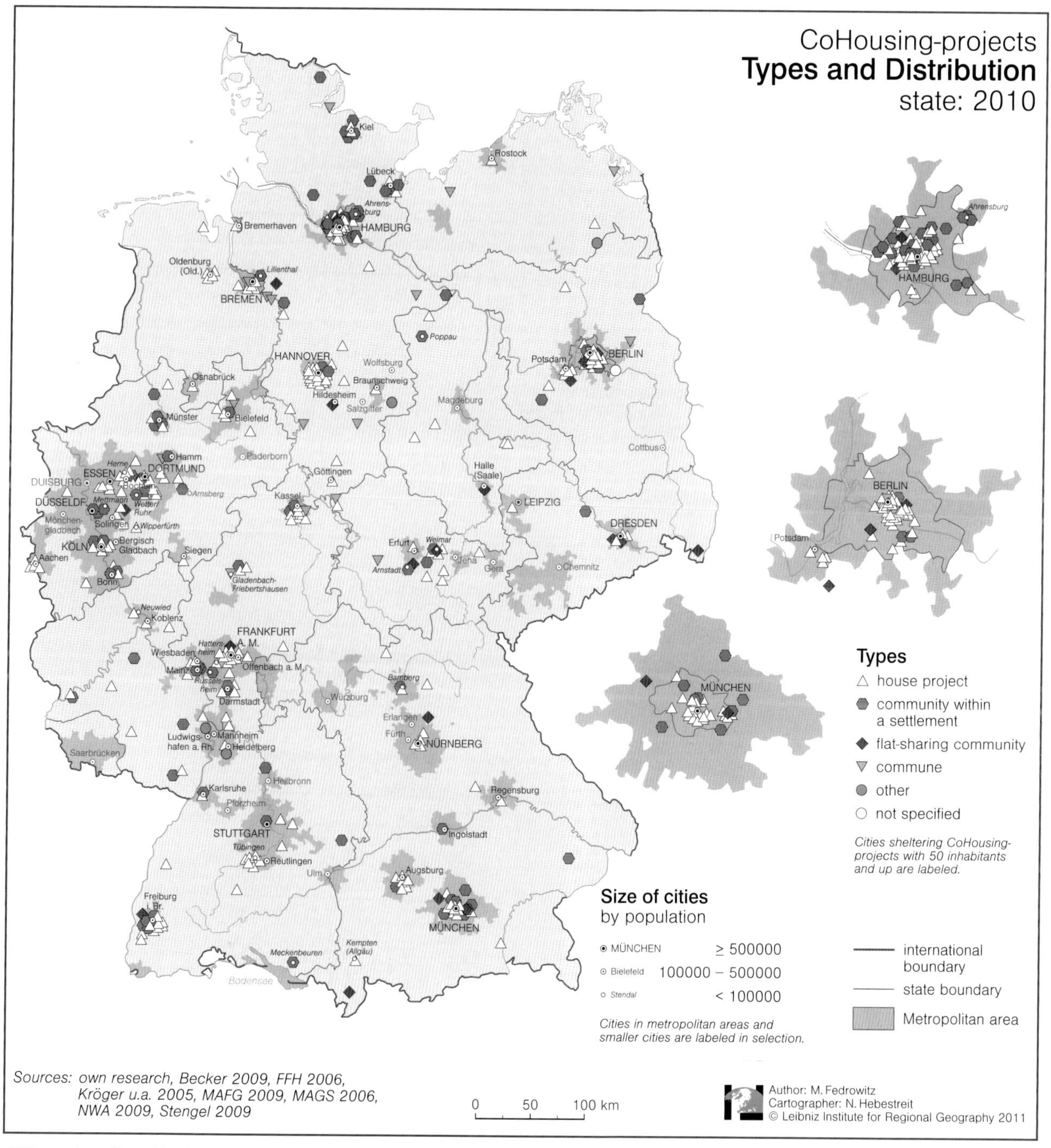

/ Wohnprojekte in Deutschland: Typen und Verteilung

Cohousing projects in Germany: Types and Distribution /

BEWOHNERSTRUKTUR UND SOZIALE KONZEPTE

Die Bewohnerschaft in gemeinschaftlichen Wohnprojekten in Deutschland bildet die große Bandbreite der Bevölkerung ab, von AkademikerInnen bis hin zu Menschen in einfachen Dienstleistungsberufen.

In den meisten Projekten ist die Motivation zur Gründung gemeinschaftlicher Projekte der Wunsch nach alltäglicher gegenseitiger Unterstützung und guter Nachbarschaft. Entsprechend sind die GründerInnen oft Menschen in der zweiten Lebenshälfte, die eine Alternative für das Wohnen im Alter suchen, oder junge Familien. Den Kern des gemeinschaftlichen Wohnens machen die gegenseitige Hilfe im Alltag und gemeinschaftliche Aktivitäten aus: von der Kinderbetreuung im Projekt bis zur Hilfe bei Krankheit und bei handwerklichen Fragen, von gemeinsamen Festen, dem gemeinschaftlichen Gärtnern bis hin zur Organisation von Ausflügen. Anders als beispielsweise in Skandinavien ist es dagegen in den meisten Projekten in Deutschland nicht üblich, sich zum regelmäßigen Essen im Gemeinschaftsraum zu treffen.

In vielen Projekten gibt es eine engagierte Selbstverwaltung und Mitbestimmung: Pflege der Außenanlagen, Verwaltung der Gemeinschaftsräume, Mitsprache bei der Suche nach Nachmietern bis hin zur kompletten wohnungswirtschaftlichen Verwaltung. Der Umfang ist im Einzelnen natürlich abhängig von der Rechts- und Eigentumsform.

Einige Projekte verknüpfen das Wohnen mit dem Arbeiten, zum Beispiel durch Integration von Gewerbeeinheiten oder Ateliers. Häufiger wird dagegen in den letzten Jahren darüber nachgedacht, wie Projekte spezielle Angebote und Infrastruktur für die Bevölkerung, die im Umfeld lebt, bereitstellen können. Diese Projekte öffnen ihre Gemeinschaftsräume oder -gärten für die Nachbarschaft und bieten dort beispielsweise Kurse, Cafés oder Ausstellungen an.

Eine Sonderstellung nehmen ganzheitliche Lebensprojekte ein. Diese emanzipatorischen Projekte sind kein Massenphänomen, bestehen aber oft auch schon sehr lange. Die gemeinsame Ökonomie ist hier integraler Bestandteil der Projekte und der Gemeinschaftsentwicklung wird eine besondere Bedeutung beigemessen.

BAUSTRUKTUR UND ARCHITEKTUR

Die Größe der gemeinschaftlichen Wohnprojekte rangiert von Einzelhäusern mit nur acht Wohnungen bis hin zu großen Projekten mit mehr als 100 BewohnerInnen. Bei der Bauform finden sich dorfähnlich gruppierte Einzel- oder Reihenhäuser genauso wie Mehrfamilienhäuser. Üblicherweise gibt es neben den privaten Häusern/Wohnungen Gemeinschaftsräume bzw. -häuser und weitere gemeinschaftliche Infrastruktur, zum Beispiel Gästewohnungen, Werkräume oder Gemeinschaftsgärten. Soweit möglich, wird versucht, dem Gemeinschaftsgedanken auch in der Architektur Rechnung zu tragen. So wird bei Neubauten oft eine Anordnung mehrerer Gebäude um einen gemeinsamen Hof gewählt, der als Treffpunkt und Mittelpunkt dient. Wenn die Erschließung der einzelnen Etagen über Laubengänge erfolgt, dienen diese ebenfalls als Kommunikationsorte.

/ Beginenprojekt, Dortmund /

/ WIR 1, Dortmund /

/ Mühlbachhaus, Schorndorf /

/ Eidelstedter Feldhaus, Hamburg /

/ Wohngut eG, Potsdam /

/ Wohnen am Rathausturm, Kiel /

interested citizens, link the groups and establish contact with public authorities and investors. Sometimes, as part of the urban planning, areas are specially reserved for cooperative projects which the project groups may then apply for.

At the federal level, there are a few special funding programmes that can support projects in the start-up phase. In some federal states, Cohousing groups are eligible for social housing assistance, which priortises people with low incomes.

RESIDENT STRUCTURE AND SOCIAL CONCEPTS

Residents in Cohousing projects in Germany consist of a wide range of the population from academics to people in simple service occupations.

In most cases, the motivation for setting up a Cohousing project is a desire for everyday mutual support and a good neighbourhood. Accordingly, the founders are often either people in the latter half of life who seek an alternative for living in their old age, or young families. Ultimately, Cohousing is based on mutual assistance in everyday life and communal activities: from child care, to help in cases of illness or skilled manual work, from celebrating parties together, community gardening to arranging excursions. Unlike, for example in Scandinavia, it is not common to meet for regular meals in the common room in most projects in Germany. Many projects practice self-management and participation which includes maintaining the grounds, managing the common areas, agreeing on the search for new tenants, to the complete management of the property. The scope of these is of course dependent on the legal and ownership form.

Some projects link living with work, for example, by integrating commercial units or studios. In recent years, more and more thought has been given to how projects can provide special services and infrastructure for the people living in the surrounding area. These projects are opening their communal rooms or gardens for the neighbourhood and offer, for example, courses, cafés or exhibitions.

One special role is assumed by integrated living projects. These emancipatory projects are not a mass phenomenon, but have often existed for a very long time. A shared economy is an integral part of the project and great importance is attached to developing the community.

BUILDING STRUCTURE AND ARCHITECTURE

The size of the Cohousing projects ranges from individual houses with only 8 apartments to large projects with up to 100 residential units. In the design, detached or terraced houses and apartment blocks are situated in village-like clusters. There are usually both private houses or apartments as well as common areas and houses and additional community infrastructure such as guest apartments, work space or community gardens. Where possible, an attempt is made to consider the community spirit in the architecture. Thus, for new buildings an arrangement of several buildings is often chosen around a common courtyard that serves as a meeting place and focal point. If the individual floors are connected by covered walkways, they also serve as places of communication.

There are also numerous projects in revitalised buildings. In addition to the 'normal' residential buildings, special mention should be made of projects that have been set up in former industrial buildings or schools. Many Cohousing projects find structurally and aesthetically appropriate solutions to suit their community design and ecological ideas.

/ Max B, Hausgemeinschaft für behinderte Menschen, Hamburg
Max B, Cohousing project for handicapped people, Hamburg /

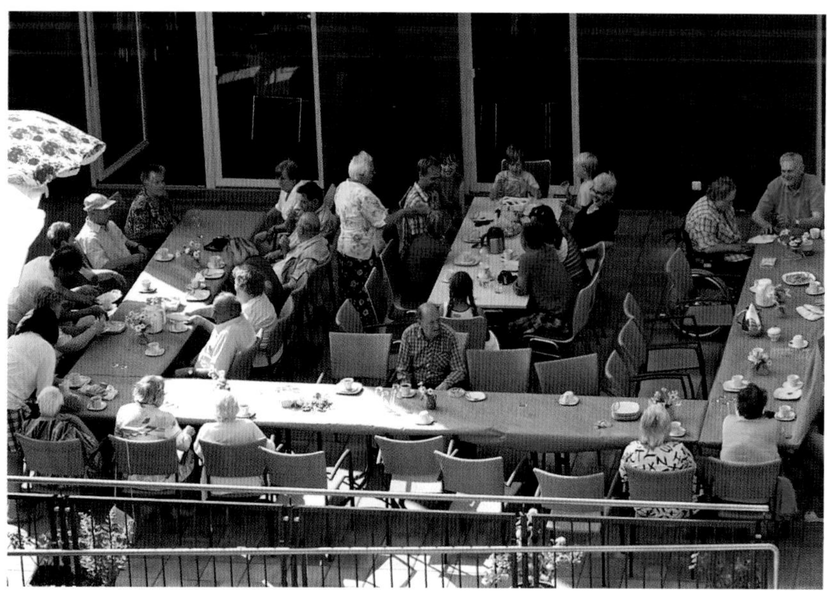

/ Wohnprojekt Gemeinsam statt einsam. Generationenwohnen Arnstadt-Ost
Cohousing project Together instead of alone. Multigenerational living in Arnstadt /

Es gibt auch zahlreiche Projekte in Bestandsgebäuden. Neben den „normalen" Wohngebäuden sind hier insbesondere Projekte zu erwähnen, die in ehemals industriell genutzten Gebäuden oder Schulen realisiert worden sind. Viele gemeinschaftliche Wohnprojekte finden entsprechend ihrer Gemeinschaftskonzeption und ökologischen Vorstellungen bautechnisch und gestalterisch besonders angepasste Lösungen.

/ Aegidienhof, Lübeck /

AUSBLICK

Das Leben in gemeinschaftlichen Wohnprojekten hat in Deutschland in den letzten Jahren eine zunehmende Relevanz bekommen. Dazu beigetragen hat, dass diese Lebensform aus der „alternativen Ecke" herausgekommen ist und ein anderes Image bekommen hat: Mit dem gemeinschaftlichen Wohnen wird heute nicht mehr eine rein experimentelle Lebensform verbunden, sondern eine ganz normale Möglichkeit, die gegenseitige Unterstützung in der Nachbarschaft zu organisieren und damit insbesondere das Leben von Familien und älteren Menschen zu verbessern. Mit zur Verbreitung beigetragen hat auch, dass es Wohnungsgesellschaften und Investoren gibt, die diese Wohnform für Menschen möglich machen, die nicht selbst investieren können und auch oft nicht in der Lage wären, ein solches Projekt selbst zu entwickeln.

Das Leben in einer guten Nachbarschaft hat für eine Mehrheit der Bevölkerung eine hohe Relevanz – und trotzdem ist das gemeinschaftliche Wohnen immer noch ein Nischenprodukt auf dem Wohnungsmarkt. Auf dem Weg zu einer größeren Breitenwirkung gibt es mehrere Herausforderungen:

// Für Projektinitiativen, die selbst bauen möchten, muss der Zugang zu geeigneten Grundstücken verbessert werden. Ein Problem ist hier, dass Projektgruppen mehr Zeit benötigen, um ein Grundstück zu entwickeln und es dann zu kaufen, als professionelle Projektentwickler oder Investoren. Um dieses Problem zu lösen, gibt es erste Ansätze der Konzeptvergabe und Reservierung von Grundstücken (zum Beispiel „Anhandgabe" in Hamburg und München).

// Es gibt eine große Gruppe in der Bevölkerung, die sich das Wohnen in einem gemeinschaftlichen Wohnprojekt wünscht, um insbesondere im Alter der Vereinsamung entgegenzuwirken und soziale Unterstützung zu bekommen. Dies sind häufig ältere Frauen mit kleinen Renten. In der überwiegenden Zahl der Projekte werden jedoch keine Wohnungen für diese Nachfragegruppe realisiert. Daher ist es erforderlich, neue Finanzierungsansätze zu entwickeln, damit auch Menschen mit sehr geringen Einkommen/Renten eine entsprechende Wohnung beziehen können.

// In der aktuellen Diskussion wird viel über positive Wirkungen gemeinschaftlicher Wohnprojekte für die BewohnerInnen und auf das Umfeld gesprochen. Daraus wird oft die Forderung nach einer Unterstützung durch die öffentliche Hand abgeleitet. Es sollte genauer untersucht werden, worin diese Wirkungen konkret bestehen und wie sie verstärkt werden können. Es sollte aber ebenso untersucht werden, ob es auch negative Wirkungen auf das Umfeld gibt (Stichwort Gentrifizierung), damit eine Förderung der positiven Effekte zielgenau erfolgen kann.

Mittlerweile gibt es einige Projekte, die 20 Jahre und länger existieren. Es ist lohnend, die Erfolgsfaktoren zu identifizieren, die dazu beitragen, dass Projekte so lange stabil bestehen. Vermutlich sind eine konsistente Gemeinschaftsbildung in der Entwicklungsphase sowie eine geeignete Rechtsform und Organisation Schlüsselelemente in diesem Zusammenhang. Aber auch aus der Analyse von Schwierigkeiten kann viel für die Entwicklung zukünftiger Projekte gelernt werden.

AUTOR: MICHA FEDROWITZ

Micha Fedrowitz, Dipl.-Ing. Raumplanung und Mediator, Mitarbeiter bei WohnBund-Beratung NRW, Bochum
Mitglied im Vorstand des wohnbund e.V.
Themen: Projektentwicklung und Moderation gemeinschaftlicher Wohnprojekte, Soziale Stadterneuerung, Forschung

www.gemeinschaftswohnprojekte.de
E-Mail: micha.fedrowitz@wbb-nrw.de

OUTLOOK

Life in Cohousing projects has been gaining increasing relevance in Germany in recent years. One contributing factor is that this way of living has come out of the 'alternative corner' and has now gained another image: Cohousing today is no longer an experimental way of life, but a normal way to organise mutual support in the neighbourhood and, in particular, to improve the lives of families and older people. This growth has also been helped by housing associations and investors who make this form of housing possible for people unable to invest themselves and who would often not be able to develop such a project alone.

Life in a good neighbourhood is highly important for a majority of the population, yet Cohousing is still a niche product in the housing market. Several challenges lie ahead on the way to achieving a more widespread effect:

// Access to suitable land must be improved for project initiatives that want to build housing themselves. One problem here is that project teams need more time to develop a plot and then buy it than a professional developer or investor. To solve this problem, there are initial approaches to place the concept and reserve the plot (e.g. 'pre-sale planning phase' in Hamburg and Munich).

// A large segment of the population wish to live in a Cohousing project to help prevent loneliness and to benefit from the social support networks especially in their old age. These are often older women with small pensions. However, in the majority of projects there are no apartments for this group. Therefore, new approaches to financing need to be developed so that people with very low incomes or pensions are able to move into suitable accommodation.

// In the current debate, there is much talk of the positive effects of Cohousing projects for the residents and the surrounding area. This often instigates the demand for support from the public sector. The extent of these effects needs to be investigated in more detail, and how they can be consolidated. Any potential negative effects on the surrounding area (keyword gentrification) should also be investigated so that the positive effects can be promoted more precisely.

/ Dampfziegelei, Kiel /

There are now several projects that have been running for 20 years or longer. It is worth identifying the factors that contribute to projects being stable. Presumably, creating a consistent sense of community in the development phase, and an appropriate legal form and organisation are key factors in this context. But a lot can be learned for the development of future projects by analysing the difficulties.

AUTHOR: MICHA FEDROWITZ

Micha Fedrowitz studied spatial planning and is a qualified mediator.
He works as housing and planning consultant and researcher for WohnBund-Beratung NRW, Bochum, Germany.
He is member of the board of wohnbund e.V.
Topics: development and facilitation for Cohousing projects, social urban renewal, research

www.gemeinschaftswohnprojekte.de
e-mail: micha.fedrowitz@wbb-nrw.de

LITERATUR /DE/ LITERATURE /EN/

// Ache, Peter/Fedrowitz, Micha (2012): The Development of Co-Housing Initiatives in Germany. In: *Co-Housing in the Making. Built Environment*, Band Volume 38, Nr. no 3: Alexandrine Press: 395–412
// Fedrowitz, Micha (2010): Gemeinschaft in der Stadt – Das Modell des Mehrgenerationenwohnens. In: *RaumPlanung* 149, Dortmund: 75–80
// Fedrowitz, Micha (2011): Gemeinschaftliches Wohnen in Deutschland. In: *Nationalatlas aktuell* 9 (09/2011) [21.09.2011]. Leipzig: Leibniz-Institut für Länderkunde (IfL).
// http://aktuell.nationalatlas.de/wohnprojekte-9_09-2011-0-html
// Fedrowitz, Micha / Matzke, Sabine (2013): Das gemeinschaftliche Wohnen für Ältere. In: *Wohnen im Alter. Informationen zur Raumentwicklung*, Heft number 2.2013, Bonn
// Kommuja 2014: *das kommunebuch – utopie.gemeinsam.leben*, Berlin
// www.dachverband-der-beginen.de
// www.eurotopia.de
// www.gemeinschaftswohnprojekte.de
// www.oekosiedlungen.de
// www.syndikat.de
// www.wohnbund.de

GEMEINSAM BAUEN UND WOHNEN IN ÖSTERREICH /DE/

DIE INFORMALISIERUNG DES INSTITUTIONELLEN

/EN/ COHOUSING IN AUSTRIA

THE INFORMALISATION OF THE INSTITUTIONAL

ERNST GRUBER

„Es gibt heute in Österreich eine beachtliche Zahl von Wohnprojekten, die durch Gruppenselbsthilfe und Selbstverwaltung charakterisiert sind. Der Wunsch, gemeinsam zu bauen und zu wohnen, ist indes nicht neu. So lassen sich zum Teil erstaunliche Parallelen herstellen zwischen der Genossenschaftsbewegung am Beginn unseres Jahrhunderts und der neuen österreichischen Selbsthilfebewegung, die mittlerweile auch international Beachtung findet."

Das Zitat erschien in der Zeitschrift *architektur aktuell* im Jahr 1987, stammt von Wolfgang Förster, damals Geschäftsführer des österreichischen Wohnbundes, heute Leiter des Referats für Wohnbauforschung und internationale Beziehungen der Stadt Wien, und es ist heute – und das ist bemerkenswert – fast wieder so aktuell wie damals. In seinem Beitrag mit dem Titel „Gruppenwohnprojekte – keine neue Erfindung" charakterisierte er die Situation von Gemeinschaftswohnprojekten in Österreich, von denen es damals über 100 gab. Seit Mitte der 1960er Jahre waren sie entstanden, zumeist aus Initiative von BürgerInnen der Mittelschicht, oft mit Familien, die auf der Suche nach einer adäquaten Wohnform im Angebotsspektrum des standardisierten Wohnbaus nicht fündig wurden und sich zu Kleingruppen, sogenannten Baugemeinschaften, zusammenschlossen. Ihre Hauptbeweggründe lagen zumeist in dem Wunsch, in den Planungsprozess gestaltend mit eingreifen und in einer Gemeinschaft mit vertrauten Menschen leben zu können.

Im dichten Wien überwogen derer die kompakten Projekte, oft unter Einbeziehung von Hofflächen oder Dachterrassen als Gemeinschaftsbereiche, zum Teil auch mit sehr speziellen Anliegen, wie das ambitionierte Projekt Wohnen mit Kindern, geplant vom Mitbestimmungspionier Architekt Ottokar Uhl in den 1980ern.

'Today, there are a considerable number of Cohousing projects in Austria that are characterised by group self-help and self-management. However, the desire for common residential building and living is not new. Thus, surprising parallels can be drawn between the cooperative movement at the beginning of our century and the new Austrian self-help movement which has now attracted international attention.'

This quote was published in the *architektur aktuell* magazine in 1987, and stems from Wolfgang Förster, then managing director of the 'Österreichischer Wohnbund' (a national network of Cohousing activists researchers and housing experts) and today head of the department for residential building research and international relations of the city of Vienna. And what he said back then – and this is the remarkable thing – is almost as relevant now as it was then. In his article titled 'Gruppenwohnprojekte – keine neue Erfindung' (group house projects – not a new invention), he described the situation of Cohousing projects in Austria, of which there were more than a hundred at the time. They had emerged since the mid-1960s, mainly initiated by middle-class citizens, often with families who were looking for appropriate forms of living, but could not find anything within the range of standardised housing offerings. They joined together in small groups, so-called private building communities, mainly because they wanted to creatively influence the planning process and to live together in a community of acquainted people.

In the densely built-up Vienna however, compact projects predominated, often integrating courtyard spaces or roof terraces as common areas. Some of the projects had very special approaches, such as the ambitious 'Wohnen mit Kindern' (Living with children) project, which was planned by the resident participation pioneer and architect Ottokar Uhl in the 1980s.

/ Wohnen mit Kindern, Wien Vienna /

In den übrigen Bundesländern überwogen Modelle kooperativer Siedlungsbauten, zumeist in Form von verdichtetem Flachbau, aber auch als Umnutzungen oder Revitalisierungen. Architekt Fritz Matzinger entwickelte in dieser Zeit eigene Atriumhaustypologien, die die Nachbarschaftsidee afrikanischer Dörfer in die suburbanen Kontexte Österreichs übersetzten.

Auch entstanden ganze Gemeinschaftssiedlungen – aus unterschiedlichen Motivationen heraus, wie jene im niederösterreichischen Hollabrunn (Wohnen morgen, 1972–1976, ebenfalls von Ottokar Uhl), wo durch den Einsatz vorgefertigter Bauelemente und durch einen partizipativen Planungsprozess eine mögliche modellhafte Reproduzierbarkeit erprobt wurde. Ähnliches vollzog sich in der Steiermark, wo die damalige Förderungspolitik, stolz als „Modell Steiermark" betitelt, eindrucksvolle Projekte wie das Demonstrativbauvorhaben Terrassenhaussiedlung in Graz (Werkgruppe Graz, 1972–1978) entstehen half, das trotz seiner räumlichen Komplexität Mietermitbestimmung vom Grundriss bis zum Selbstausbau ermöglichte und zudem Gemeinschaftsflächen anbot.

/ Wohnen morgen, Hollabrunn /

Mit der Ausdehnung dieses Fördermodells auf geschlossene, verdichtete Einfamilienhaussiedlungen zum Zwecke der Eindämmung der Zersiedelung entstanden in ländlicheren Gebieten an vernakuläre Prinzipien angelehnte Reihenhaussiedlungen wie die Klostersiedlung Irdning (1975–1978) auf gemeinschaftliche und eigenverantwortliche Weise mit und aus den BewohnerInnen heraus. Das Mitspracherecht der BewohnerInnen war ein zentrales Element des „Modell Steiermark", zugleich eines „der effektivsten Kontrollinstrumente" / 1 / jener Förderungen. Doch mit Ende der 80er Jahre wurde es für lange Zeit still um den gemeinschaftlichen und selbst initiierten Wohnbau. Bis vor einigen Jahren wieder frischer Wind aufkam. Was war geschehen? Oder anders gefragt: Was war nicht geschehen?

GEFÖRDERTE GEMEINSCHAFTEN

Eine steigende Zuwanderung Ende der 80er Jahre veranlasste die Wohnbaupolitik, den Schwerpunkt der Förderungen auf großvolumige Vorhaben zu lenken, auf Kosten der kleinteiligeren Projekte. Von derartigen Umstrukturierungen blieb auch die Wohnbauforschung nicht verschont, die bis dahin vielen Modellprojekten durch die Finanzierung wissenschaftlicher Vorbereitung und Begleitung die Umsetzung ermöglicht hatte. / 2 /

Neben der Schwäche in der quantitativen Wohnraumproduktion rückte ein weiterer Angriffspunkt gemeinschaftlicher Projekte ins Blickfeld: Die damalige Vergabepraxis der Fördermittel begünstigte eher Eigentümergemeinschaften, was oft zu einer Vorselektion aufgrund der notwendigen finanziellen Eigenmittel führte. Ein weiteres Ausschlusskriterium für ökonomisch benachteiligte Menschen lag in dem vornehmlich ergebnisoffenen Ideen- und Projektentwicklungsprozess, der jenen Baugemeinschaftsprojekten voranging. Entscheidungsstrukturen fehlten nicht selten oder wurden aus ideologischen Gründen abgelehnt, Entschlüsse in den Gruppentreffen oft auf konsensualer Basis getroffen. Das bedeutete, dass in den Plenarsitzungen jene am ehesten ihre Interessen durchsetzen und überhaupt daran teilnehmen konnten, für die es kein zeitliches Problem darstellte, möglicherweise die Nacht durch diskutieren zu können, weil sie am nächsten Morgen vielleicht nicht bereits um halb acht an ihrem Arbeitsplatz sein mussten. Beim Projekt Wohnen mit Kindern fanden beispielsweise über die Dauer von vier Jahren etwa 120 abendliche Gruppensitzungen statt, die jeweils rund drei Stunden in Anspruch nahmen. / 3 /

In der Diskussion um die Verwendung öffentlicher Fördermittel gesellte sich zur Frage der Zugänglichkeit auch jene nach dem Mehrwert für die Stadt, die Umgebung oder das direkte Wohnumfeld. Wolfgang Förster bot 1987 einige mögliche Antworten darauf an: Neben Forderungen nach einem ökologischen Fokus im Bau und einem ökonomischen Umgang mit den genutzten Fördermitteln – beides Kriterien, die sich heute in den Standards des geförderten Wiener Wohnbaus wiederfinden – waren für Förster die „teilweise Übernahme öffentlicher Aufgaben im sozialen Bereich" und vor allem die „Garantie der Bindung preiswerten und öffentlich geförderten Wohnraumes" von Bedeutung, um ihn „bleibend der Spekulation zu entziehen".

Um derartige Möglichkeiten zu eröffnen, hätte es eines politischen Bekenntnisses zur Verankerung von Selbsthilfe und Mitbestimmung im sozialen Wohnbau bedurft. Dieses gibt es aber bis heute nicht. So kam es auch nicht zu der von Förster vorgeschlagenen Anpassung der Förderpraxis für Selbsthilfegruppen, was die Zugänglichkeit erleichtert hätte. Stattdessen wurde, wie in Wien, das Schlagwort der „sozialen Durchmischung" (oder besser: ökonomischen Durchmischung) der BewohnerInnen auf Ebene des Wohnhauses

/ 1 / http://www.gat.st/news/1980-modell-steiermark

/ 2 / Petra Hendrich, „Baugruppen: Selbstbestimmtes Bauen und Wohnen in Wien", 2010, Masterarbeit TU Wien, S. 73

/ 3 / Maria Groh, Ernst Haider, Franz Kuzmich, Ottokar Uhl, Martin Wurnig: *Ein Weg zum kindergerechten Wohnhaus*, Wien 1987, S. 162

In other federal states, models of cooperative housing estate buildings prevailed, mostly in the form of concentrated low-rise buildings, but also located in converted or revitalised buildings. It was the time when the architect Fritz Matzinger developed his own atrium house typologies translating the neighbourhood concept of African villages into the suburban contexts of Austria.

/ Atriumwohnhof Raaba, Graz /

In addition, entire common estates emerged based on different motivations. The Hollabrunn project in Lower Austria ('Wohnen morgen', 1972–1976, also by Ottokar Uhl) wanted to put to test whether pre-fabricated construction elements and a participative planning process could possibly be reproduced as a model, for example. Similar things happened in Styria, where the subsidy policy, proudly named 'The Styria model' at that time, helped to carry out impressive projects such as the 'Demonstrativbauvorhaben Terrassenhaussiedlung' (demonstrative building project terrace house estate) in Graz (Werkgruppe Graz, 1972–1978). This project allowed for tenant participation from the layout plan to own building work despite the project's spatial complexity, and also offered common spaces.

The extension of this subsidy model to closed and concentrated estates of one-family houses, in order to stop urban sprawl, resulted in the construction of terraced houses in rural areas, which were inspired by vernacular principles, such as the 'Klostersiedlung Irdning' (1975–1978), for example. These came into being in a common, self-responsible way instigated by and with the residents. The residents' right to say was a central element of the 'Styria model' and, at the same time, one of 'the most effective control instruments' / 1 / of those subsidies. At the end of the 1980s, however, interest in common and self-initiated housing subsided for quite a while. Until a breath of fresh air arose some years ago. What happened? Or to put it another way: what didn't happen?

/ Atriumwohnhof Thürnau, Kirchberg-Thening /

SUBSIDISED COMMUNITIES

Increasing migration at the end of the 1980s made it necessary to direct the focus of national housing policies towards subsidising large-scale projects at the cost of small-scale projects. Residential building research, which had enabled the implementation of many model projects by financing the academic preparation and assistance, was also not spared by such restructuring measures. / 2 /

In addition to a low level of activity in the production of residential space, another crucial aspect of common projects came into focus: the practice of granting subsidies to privileged communities of owners, and the fact that some people lacked the necessary financial means often led to a pre-selection of participants. A further criterion that led to an exclusion of economically disadvantaged people was that these private building projects were preceded by a conceptual and development process with often open results. Decision-making structures were frequently lacking or they were rejected for ideological reasons and decisions were often made on a consensual basis at group meetings. This meant that those who had enough time to participate in the plenary meetings and had no problem with night-long discussions, because they had no obligation to be at their workplace next morning at 7.30 a.m., were able to impose their wishes. In the 'Wohnen mit Kindern' project there were approx. 120 evening group meetings of around 3 hours each during a period of 4 years, for example. / 3 /

/ Demonstrativbauvorhaben Terrassenhaussiedlung, Graz /

However, the discussion about the use of public subsidies not only dealt with their accessibility but also with their added value for the city, the neighbourhood and the immediate living environment. Wolfgang Förster offered some possible answers to these issues in 1987: in his opinion it was important, on the one hand, to focus on ecological construction and an economical use of subsidies – two criteria which can be found today in the standards of subsidised residential building in Vienna. On the other hand, 'the assumption of some public functions in social areas' and above all 'the

/ 1 / http://www.gat.st/news/1980-modell-steiermark

/ 2 / Petra Hendrich, 'Baugruppen: Selbstbestimmtes Bauen und Wohnen in Wien', 2010, master thesis TU Vienna, p. 73

/ 3 / Maria Groh, Ernst Haider, Franz Kuzmich, Ottokar Uhl, Martin Wurnig: *Ein Weg zum kindergerechten Wohnhaus*, Vienna 1987, p. 162

zur politischen Prämisse erhoben und den homogenen Baugemeinschaften mitunter zum argumentativen Verhängnis. Dabei wird oft übersehen, dass gerade die BewohnerInnengemeinschaften imstande sind, eine derartige Mischung zu erzielen, nur eben auf Stadtteilebene.

/ Sargfabrik, Wien Vienna /

Das einzige Experiment partizipativer Planung eines Wohnhauses des institutionalisierten Wiener Gemeindebauprogramms war 1987 bereits umgesetzt und dennoch hinsichtlich der Langlebigkeit gescheitert: Architekt Ottokar Uhl hatte Ende der 1970er Jahre über diesen Weg versucht, auch ökonomisch benachteiligte Menschen an der Gestaltung ihres Wohnumfeldes teilhaben zu lassen. Für ihn stellte Partizipation eine Maßnahme dar, die „eine Verwirklichung des verfassungsmäßig festgeschriebenen Rechts auf freie Entfaltung der Persönlichkeit, mit dem Ziel der Demokratisierung der Planung" / 4 / war. Trotz des großen persönlichen Engagements Uhls, mit Hilfe dessen es schlussendlich gelang, den Widerstand der Behörden zu überwinden, blieb es bei diesem einzigen Gemeindebau mit Mietermitbestimmung. Den BewohnerInnen wurde nach Fertigstellung keine geführte soziale Unterstützung gewährt – Besiedelungsmanagement würde man das heute nennen –, die den Fortbestand der durch den gemeinsamen Planungsprozess tatsächlich entstandenen Gemeinschaft hätte gewährleisten können. Durch eine den Vorschriften entsprechende, aber der Projektidee zuwider laufenden Nachbelegung frei gewordener Wohnungen ohne Vorinformation der zukünftigen MieterInnen über das Projekt zerfiel die Gemeinschaft wieder. Lediglich die unterschiedliche Anordnung der Fenster und Balkone trägt heute noch nach außen hin Zeugnis der individuellen Mitbestimmung im Großen. Dadurch ist quasi empirisch belegt, dass sowohl definierte Verantwortungen mit Entscheidungsstrukturen als auch Autonomie in der (Nach-)Belegungspolitik maßgeblich für die Langlebigkeit und den geforderten niederschwelligen Zugang zu Gruppenprojekten sind. Immerhin: Das Experiment legte die Grenzen des rechtlichen und bürokratischen Spielraumes der institutionellen Wohnfürsorge offen, indem es sich an dem Maß messen musste, das es eigentlich legitimierte: den Menschen als soziales Wesen.

/ Sargfabrik, Wien Vienna /

DIE WIEDERAUFERSTEHUNG

Ein hinsichtlich der Außenwirkung zukunftsweisender Einzelfall ist das 1996 in Wien entstandene Wohnprojekt Sargfabrik: Baurechtlich als Wohnheim errichtet (was in Wien im Unterschied zu Deutschland auch für längerfristige Wohnformen einsetzbar ist) steht das Haus in Vereins- und dadurch de facto in Gemeinschaftsbesitz. Diese Rechtsform sichert auch hinsichtlich der kritischen Frage der Nachbelegung einen gemeinschaftlichen Beschluss, damit eine Kontinuität in der Belegung und hält das Objekt der Spekulation fern. Zudem tritt die Sargfabrik durch typologische und programmatische Offenheit in einen Diskurs mit dem Stadtteil und gibt so eine Antwort auf die Frage nach dem Gegenwert für verwendete Fördermittel: Neben einem Café beinhaltet es einige gut bespielte Veranstaltungsräume, ein öffentliches Schwimmbad, eine sozialpädagogische Wohngemeinschaft des Jugendamtes, sieben Heimplätze in einer Wohngemeinschaft für Behinderte und sechs Wohnungen für kurzfristigen Wohnbedarf / 5 /, wie beispielsweise für Asylsuchende.

Dass die Sargfabrik eines der meistpublizierten Wohnmodelle dieser Art ist, darf allerdings nicht darüber hinwegtäuschen, dass ihrem Entstehen rund 15 Jahre an Planungsgeschichte vorangegangen waren und es annähernd weitere 15 Jahre dauern sollte, ehe wieder Projekte ähnlichen Maßstabes und vergleichbarer Signalwirkung realisiert werden konnten. So ist die angewandte Rechtsform des Wohnheimes weit davon entfernt, ein ideales Modell für gemeinschaftliche Projekte sein zu können und stellt eher eine kreative Interpretation im regulativen Dschungel der Bau- und Fördervorschriften dar. Permanente Novellierungen im Bereich des Brandschutzes haben mittlerweile dazu geführt, dass die für Gemeinschaften so wesentlichen und verbindenden Allgemeinflächen stark segmentiert ausgeführt werden müssen, keine brennbaren Gegenstände darin abgestellt werden können und bereits ab einer mittleren Größe hochpreisige und wartungsintensive technische Einrichtungen erforderlich sind.

Sehen wir einmal von der darin liegenden fortschreitenden Bevormundung unter dem Vorwand der allgemeinen Sicherheit ab, so könnten derartige Regelungen für Hotels oder Studentenheime noch nachvollziehbar sein. Werden jene Maßstäbe für Wohnformen angewandt, in denen alle BewohnerInnen einander kennen, an der Gestaltung des Bauwerkes mitgewirkt haben und mit einem dementsprechenden Verantwortungsgefühl ausgestattet sind, kann man sich des Gefühls nur schwer entziehen, man habe es hier mit bürokratischer Willkür zu tun.

/ Sargfabrik, Wien Vienna /

Bernhard Steger: *Vom Bauen*, Wien 2007, S. 105 / 4 /

Robert Temel: *Baugemeinschaften in Wien, Endbericht 2*, Wien 2009 (rev. April 2010), S. 79 / 5 /

guarantee to provide reasonably priced and publicly subsidised housing' were paramount in his opinion to 'prevent speculation in the long-term'.

To open up opportunities here, a political statement would have been necessary to anchor self-help and participation as principles in subsidised housing. This has however not happened to date. What is more, the subsidy practice for self-help groups was not adapted, which could have improved the accessibility, as Förster has proposed. Instead the catch phrase 'social mixture' (or better: an economic mixture) of residents in one building was – as in Vienna – raised as a political assumption. This sometimes brought homogenous private building communities into an argumentative deadlock. And it was often forgotten that it is precisely such residents' communities that might be able to achieve such a mixture, however only at district level.

/ Sargfabrik, Wien Vienna /

The only experiment regarding the participative planning of a residential building as part of the institutionalised Vienna communal building programme was implemented in 1987, but did not last very long however. At the end of the 1970s, the architect Ottokar Uhl had tried with this project to give economically disadvantaged people the opportunity to participate in shaping their living environment. For him participation meant a measure to support the 'realisation of the constitutional right to free development of the personality, aimed at democratising the planning process'. / 4 / Despite Uhl's great personal commitment which helped to finally convince the authorities, this remained the only communal building project with tenants' co-determination. After completion residents were not given guided social support – we would call this Besiedlungsmanagement (neighbourhood management) today – which could have guaranteed a continuity of the community that had actually developed during the joint planning process. The community disintegrated because vacant flats were occupied in a way corresponding with the regulations but contradicting the project idea, and future tenants were not informed beforehand about the project. The varying arrangement of windows and balconies is the only visible evidence today of individual co-determination in the project. This is virtually empirical proof of the fact that both a defined responsibility for decision-making structures and the autonomy of a (posterior) occupancy policy are significant requirements for long-term stability and required low-threshold access to group projects. After all, the experiment demonstrated the limits of the legal and bureaucratic scope of institutional housing, last but not least because it had to match the standards that it actually legitimises: considering human beings as social beings.

A RESURRECTION

The Sargfabrik (coffin factory) house project which came into being in Vienna in 1996 is a future-oriented special case regarding its external impact. It was built under building law as a residential home (which unlike in Germany allows for long-term forms of living in Vienna) and is owned by an association, i.e. it is de facto in common ownership. Regarding the crucial issue of posterior occupancy, this legal form ensures that decisions are made by a common resolution, which guarantees a continuity of the community and prevents speculation. In addition, the Sargfabrik enters into a discourse with the neighbourhood in terms of typological and programmatic openness, thus responding to the value of the subsidies used. There is a café, some much-frequented event premises, a public swimming pool, a social-pedagogic flat-share project maintained by the youth welfare office, seven places in a flat-share project for the disabled and six flats for short-term housing needs / 5 / for asylum seekers, for example.

/ Sargfabrik, Wien Vienna /

The fact that the Sargfabrik is the housing model with the greatest attention in publications cannot conceal the fact that it took around 15 years of prior planning history and that it took almost another 15 years before projects of a similar scale and comparable signal effect could be realised. Finally, the legal form of a residential home that was applied is far from being an ideal model for common projects. It is rather a creative interpretation within the regulative jungle of building and subsidy provisions. Permanent amendments in the area of fire protection in the meantime meant that common spaces, which are very important and binding for communities, must be built in a highly segmented form, that inflammable objects cannot be deposited and expensive and maintenance-intensive technical installations are required from medium-sized facilities upwards.

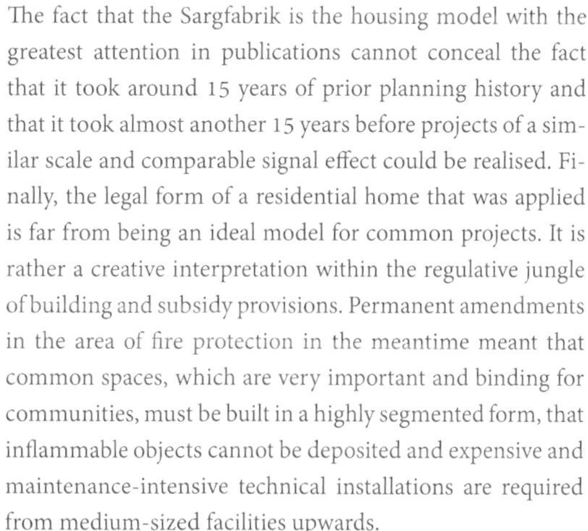

Apart from the underlying and continued paternalism using general safety as its justification, such regulations might be acceptable for hotels or student homes. If these standards are applied to forms of living where all residents know each other, have participated in the design of the building and have the corresponding sense of responsibility, we can hardly resist having the impression that this has something to do with bureaucratic arbitrariness.

/ 4 / Bernhard Steger: *Vom Bauen*, Vienna 2007, p. 105

/ 5 / Robert Temel: *Baugemeinschaften in Wien, Endbericht 2*, Vienna 2009 (rev. April 2010), p. 79

BAUEN UND WOHNEN IN GEMEINSCHAFT HEUTE

Wie planen, bauen und leben nun die neuen Gemeinschaften? Im suburbanen Kontext kann man zum Teil – und je nach regionaler Förderlandschaft – ein Wiederaufgreifen der gemeinschaftlichen Elemente aus den 80ern beobachten. Der ökologische Fokus hat an Bedeutung gewonnen und reicht von der Verwendung der Baumaterialien über den Einsatz regenerativer Energieformen bis zur teilweisen Selbstversorgung wie beispielsweise durch Genossenschaften ähnelnde *food-coops*. Einige dieser auch als Cohousing bezeichneten Wohnmodelle nehmen den Charakter kleiner Siedlungen an, die oftmals in Eigentumsform entstehen.

/ Wohnprojekt Wien, Wien Vienna /

Initiativen wie die 2008 gegründete steirische „Wohnbau:Alternative:Baugruppen", die in Wien ansässige „Initiative für gemeinschaftliches Bauen und Wohnen" oder die Vorarlberger Plattform „tisch:" bieten seit Kurzem wieder die Möglichkeit der Information und des Austausches zwischen Interessierten und professionellen Dienstleistern, greifen auf die Erfahrungen der letzten Generation zurück und können zugleich deren Bedürfnisse in gebündelter Form an die politischen Entscheidungsträger weiter kommunizieren.

In Wien ist „Mitbestimmung" seit der rot-grünen Regierungskoalition in den vergangenen Jahren zu einem beliebten Wort geworden. Im Wohnbau angewandt, steckt hinter diesem Schlagwort oft lediglich die Möglichkeit, aus einem vorgegebenen Angebot die größte Präferenz für einen Wohnungsgrundriss angeben zu können und auch, wenn auf akademischer Ebene viel zu dem Thema geforscht wird, so kann man getrost davon ausgehen, dass der breiten Öffentlichkeit das Konzept der Baugemeinschaft noch weitestgehend unbekannt ist. So gibt es bislang weder eine finanzierte Anlaufstelle für InteressentInnen noch eine adäquate Parzellengröße bei Neuwidmungen und auch eine vom grünen Stadtregierungspartner geforderte Vergabe von Grundstücken im Baurecht ist in Wien derzeit kein Thema. Das bedeutet, dass sich Baugemeinschaften am freien Markt umsehen oder mit groß aufgestellten Bauträgern in den Ring steigen müssen. Oder sie tun sich mit ihnen zusammen.

Auf Basis derartiger Kooperationen ist in die Gemeinschaftswohnbauszene mittlerweile wieder frischer Wind gekommen, denn die Baugemeinschaften suchen sich nun vermehrt Projektpartner für ihre Vorhaben. In Zusammenarbeit mit Bauträgern sind so zwei Frauenwohnprojekte und zwei „Wohngruppen für Fortgeschrittene" in der Bundeshauptstadt entstanden. Ihre sehr nutzerInnenspezifische Ausrichtung liegt zum einen im Gleichklang mit der sich ausdifferenzierenden Gesellschaftsstruktur, zum anderen schafft die Gemeinde Wien seit etwa zehn Jahren den Großteil des leistbaren Wohnraumes nicht mehr in Eigenregie, sondern über sogenannte Bauträgerwettbewerbe, also Themenwettbewerbe für den großmaßstäblichen Wohn- und Städtebau (die Trennung verläuft in Wien fließend, wenngleich keineswegs nahtlos).

Seit der Aufnahme des Kriteriums der „sozialen Nachhaltigkeit" als viertes Qualitätssicherungsmerkmal in diese Verfahren gelangen verstärkt auch Gruppenwohnprojekte in solche Neubauvorhaben, wie das Projekt der Autofreien Mustersiedlung (1996-1999) und das eben fertig gestellte, in vielerlei Hinsicht stark an die Sargfabrik angelehnte Wohnprojekt Wien am Gebiet des ehemaligen Nordbahnhofs. Unter dem vorgegebenen Leitthema „Interkulturelles Wohnen" konnte eine Kerngruppe mit einem engagierten Planungsteam von einszueins architektur das überzeugendste Konzept liefern. Die Kooperation mit einem erfahrenen, gemeinnützigen Bauträger sicherte dabei das Know-how in der professionellen Projektabwicklung und gewährte den nötigen finanziellen Rückhalt, der selbstorganisierte Gruppen am freien Markt oft um den Zuschlag bringt, da es in Wien keine festgeschriebene Reservierung von Baufeldern für Baugemeinschaften gibt.

/ Cohousing-Siedlung Lebensraum, Gänserndorf bei Wien Cohousing estate Lebensraum, Gänserndorf near Vienna /

Die bislang erste und zugleich äußerst bemerkenswerte Ausnahme stellt in diesem Fall das derzeit größte Wiener Stadtentwicklungsgebiet, die Seestadt Aspern im Nordosten Wiens, dar. Die dort tätige Entwicklungsgesellschaft, die „Wien 3420 aspern development AG" erkannte das Potenzial von Baugemeinschaften in der Stadtentwicklung und entschloss sich, auf einem Baufeld fünf Grundstücke in einem Bewerbungsverfahren für Baugruppen zu vergeben. Die fünf sehr unterschiedlichen Gruppen befinden sich derzeit in der Bauphase und bieten einen Querschnitt durch die Möglichkeiten selbstbestimmten Bauens im Rahmen des geförderten Wohnbaus. So findet sich eine konfessionell geprägte Gruppe, die ohne Bauträger in Vereinsform baut, ebenso wie Gruppen mit Bauträgern in Mietobjekten mit oder ohne Kaufoption sowie eine von Anfang an im Eigentum bauende Gruppe. Unter Beauftragung eines Büros für

BUILDING AND LIVING IN COMMUNITIES TODAY

How do the new communities plan, build and live today? In the suburban context we can observe – depending on the regional subsidy environment – that some projects revisit common elements from the 1980s. The ecological focus has gained in importance and ranges from the use of building materials to regenerative forms of energy to self-supply by means of food coops, similar to cooperatives, in some cases. Some of these housing models, also called Cohousing, have the character of smaller estates and they are often built in co-ownership.

/ Cohousing-Siedlung Lebensraum, Gänserndorf bei Wien
Cohousing estate Lebensraum, Gänserndorf near Vienna /

Private building initiatives such as the Styria-based 'Wohnbau:Alternative:Baugruppen' founded in 2008, the Vienna-based 'Initiative für gemeinschaftliches Bauen und Wohnen' or the Vorarlberg platform 'tisch': recently started to provide information and exchange between interested parties and professional service providers. They have taken on board the experience gathered in the previous generation and are able to communicate needs to political decision-makers in a compact manner.

Since the city's Socialdemocratic-Green government coalition has taken over some years ago, 'participation' has become a much-loved word in Vienna. Applied to residential building, this catchword however often only refers to the possibility of specifying a preference for a certain house layout within a limited offering. And even if there is a lot of research on this issue at an academic level, we may confidently assume that the concept of a private building community is still almost unknown to the broad public. So far, neither a financial contact point for interested parties, nor an adequate plot size for new awarding have been established. The awarding of plots under building law, demanded by the Green coalition partner in the city government, is currently also not on the agenda in Vienna. This means that private building communities have to search on the free market or compete with powerful developers. Or join forces with them.

Such collaborations have brought a breath of fresh air to the scene of Cohousing projects in the meantime, because private building communities are now increasingly looking for partners for their projects. Thus, two 'women's Cohousing projects' and two 'Gruppen für Fortgeschrittene' have developed in the capital city. Their very user-specific orientation has to do with the structures in our society, which have become increasingly focused on specific factors. Furthermore, the majority of residential housing space in the last 10 years was not built by the Vienna municipality itself, but by means of so-called 'developer competitions', i.e. thematic competitions for large-scale residential building and urban development (which has fluid boundaries in Vienna, but is nevertheless not seamless).

/ Baugemeinschaft „Wohngruppe für Fortgeschrittene", Wien
Building collective 'Wohngruppe für Fortgeschrittene', Vienna /

/ Frauenwohnprojekt [ro*sa] KalYpso im Stadtteil Wohnen im Kabelwerk, Wien
Women Cohousing project [ro*sa] KalYpso in the district 'Wohnen im Kabelwerk', Vienna /

Since the criterion of 'social sustainability' has been included in these proceedings as the fourth feature of quality assurance, an increasing number of Cohousing projects have gained access to new building projects, such as the 'Autofreie Mustersiedlung' car-free model estate (1996-1999) and the recently completed 'Wohnprojekt Wien' Cohousing project. The latter is located close to the former Nordbahnhof (train station) and is reminiscent of the Sargfabrik project in many aspects. Together with the committed planning team of 'einszueins architektur', a core group was able to deliver the most convincing concept under the guiding theme of intercultural living. The cooperation with the experienced, non-profit developer guaranteed the know-how in professional project implementation and provided for the necessary financial background which often prevents self-organised groups from being awarded a plot on the free market, since there are no fixed reservations of building plots for private building communities in Vienna.

/ Wohnprojekt Wien, Wien Vienna /

Landschaftsarchitektur wurde der Freiraum im Blockinneren gemeinsam entwickelt, unterstützt durch eine von der Entwicklungsgesellschaft teilfinanzierte externe Moderation. Bereits jetzt zeichnet sich ein sehr engagiertes Miteinander ab, das durch die Bündelung auf einem Baufeld zugleich eine kritische Masse ergibt, die die von der Stadtplanung proklamierte Mitbestimmung sicherlich nutzen wird.

Durch die Nutzung neuer Medien, E-Mail-Verteiler und Internetforen hat gegenüber den Gruppenprojekten aus den 70er und 80er Jahren eine Professionalisierung in der Kommunikation stattgefunden. Für die Moderation der Gruppe bedienten sich beispielsweise die Architekten des Wohnprojekts Wien einer vor allem in der Cohousing-Szene mehrfach angewandten Entscheidungsfindungsstruktur, der sogenannten soziokratischen Kreisorganisationsmethode / 6 /. Sie setzt sich aus einem inneren Koordinationskreis und mehreren themenspezifischen Arbeitskreisen wie „Architektur", „Gemeinschaft", „Ökologie" oder „Finanzierung" zusammen – ähnlich wie die Organisation des Bundestages mit Plenum und Ausschüssen. Die Unterteilung in überschaubare Arbeitspakete führt im Optimalfall zu einer Ökonomisierung des Gruppenprozesses, was die Zugänglichkeit erleichtert.

GEMEINSCHAFTEN FÖRDERN

Ist die durchschnittliche Wohnfläche pro Person zwischen 1971 und 2001, auch aufgrund der sinkenden Haushaltsgröße, sukzessive von 22 auf 38 Quadratmeter Wohnfläche pro Kopf / 7 / gestiegen, so zeigt die aktuelle Tendenz aufgrund steigender Grundstücks- und Mietpreise nun wieder in die entgegengesetzte Richtung. Hier greift die Wohnbaupolitik, gerade in Wien, auch auf die potenziell größte NutzerInnenschicht für Baugemeinschaften zurück und bietet nun kleinere, sogenannte Smart-Wohnungen speziell für die „Bedürfnisse von Jungfamilien, Paaren, Alleinerzieherinnen und -erziehern sowie Singles" an / 8 /. Für die Architekten gilt es dort, Dreizimmerwohnungen auf 60 bis 65 Quadratmetern unterzubringen. Als Ausgleich verfügen die Wohnbauten – ähnlich wie in Gemeinschaftsprojekten – über Gemeinschafts- und Freiräume wie Waschküchen und Heimkino, ergänzt durch Mobilitätsangebote wie Carsharing / 9 /. So ist schon aus rein ökonomischen Gründen absehbar, dass gemeinschaftliche Wohnformen einen wachsenden Anteil im geförderten Wohnbau einnehmen werden. Bestimmend für deren Nutzung werden sowohl das Verantwortungsgefühl als auch die soziale und organisatorische Kompetenz der BewohnerInnen sein – Stichwort Besiedelungsmanagement.

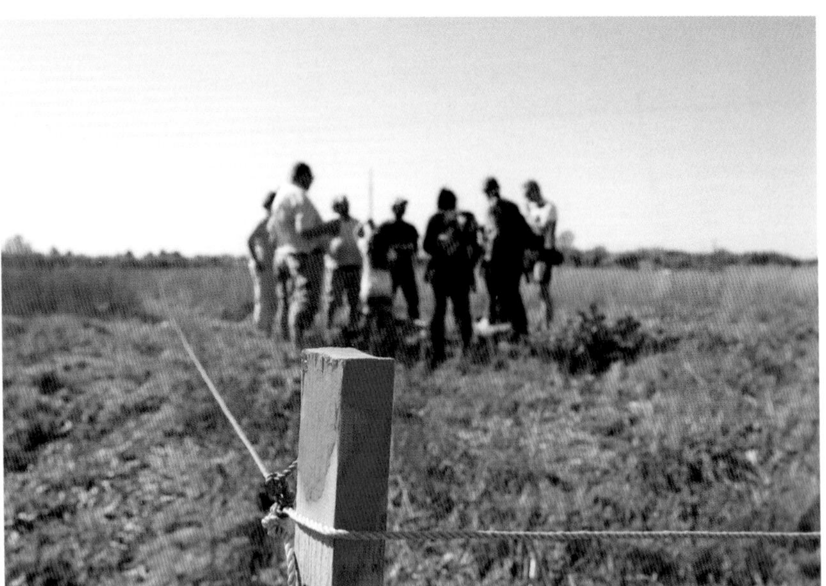

/ Seestadt Aspern bei Wien Aspern lake city near Vienna /

Sowohl anhand der institutionalisierten Modelle zur Wohnraumschaffung als auch an den intentionellen Gemeinschaftsprojekten lässt sich somit die fortschreitende Änderung der gesellschaftspolitischen Rahmenbedingungen im Wohnbau ablesen: So fanden Menschen in den 1980ern ein Umfeld vor, aus dem heraus sie die Zeit und Energie hatten, sich Gedanken über das Leben in ihrer Stadt, über ihr Verständnis von Wohnen und Gemeinschaft zu machen, um dies für sich auf eigene Faust umzusetzen. Mit dem Paradigmenwechsel von einem geschlossenen, paternalistisch auftretenden zu einem auf Kosteneffizienz, Controlling und Qualitätssicherung ausgelegten Wohnbausystem liegt der Schlüssel zum Erfolg nun in der Wahl der Kooperationspartner, der Art der Zusammenarbeit, deren Steuerung und in einer effizienten Umsetzung. Um in dieser beschleunigten Struktur das Augenmaß für die zugrunde liegenden gemeinschaftlichen und partizipativen Strukturen zu bewahren, spielen vor allem die überparteilichen Interessensvertretungen auf diesem Gebiet eine wichtige Rolle. Mit den Kooperationspartnern des heutigen Wohnbauumfeldes und den Erfahrungen der Vergangenheit sollen gemeinschaftliche Wohnprojekte vermehrt in der Lage sein, für ihre BewohnerInnen, für das Umfeld und die Stadtentwicklung einen gesellschaftspolitischen Beitrag leisten zu können. Vielleicht können sie sich so auch in die Lage versetzen, den vom Staat und den öffentlichen Institutionen an die Privatwirtschaft abgetretenen Verantwortungsbereich für sich zu beanspruchen. Denn das gemeinsame Bauen und Wohnen trägt immer auch die Züge einer Gesellschaft im Kleinen.

AUTOR: ERNST GRUBER

Ernst Gruber,
Architekt, Architekturforscher und -vermittler.
Laufende Moderations- und Publikationstätigkeit,
Obmann der „Initiative für Gemeinschaftliches Bauen und Wohnen"
in Wien.

www.ernstgruber.com
E-Mail: e.th.gruber@gmx.at

Mehr zu Methoden für unterschiedliche Gruppengrößen unter www.partizipation.at / 6 /

Statistisches Jahrbuch der Stadt Wien, HWZ 2001, Statistik Austria / 7 /

http://www.wien.gv.at/bauen-wohnen/smart.html / 8 /

http://www.wien.gv.at/bauen-wohnen/smart-sonnwendviertel.html / 9 /

The only, but very remarkable exception in this respect so far is the currently largest urban development area in Vienna, the Seestadt Aspern (Aspern lake city) in the northeast of the capital. The development company involved, titled 'Wien 3420 aspern development AG' recognised the potential of private building communities as part of urban development and decided to award five plots in a construction field in an application procedure for private building initiatives. There are five very different groups that are currently in the construction phase. The groups represent a cross-section of options for self-managed building as part of subsidised residential construction. There is one religious group carrying out the building work as an association without any developer, there are groups with developers in rental projects with or without buying option, as well as a group which were owners from the very beginning. At the hands of a landscape planning office, the free space in the centre of the block was jointly developed, supported by an external moderation financed in parts by the developer. We can already see very committed Cohousing now, and the people involved have reached a critical number due to their concentration on one construction field, and they will certainly make use of the co-determination proclaimed by urban planning.

In comparison to the group projects from the 1970s and 1980s, we can see a professionalisation in communications due to the use of new media, mailing lists and Internet forums. The architects of the 'Wohnprojekt Wien' used a decision-making structure which is mainly used in the classic Cohousing environment, i.e. the so-called sociocratic circle-organisation method / 6 / to communicate within the group, for example. The structure consists of an inner coordination circle and several theme-oriented working groups such as 'architecture', 'community', 'ecology' or 'financing' – similar to the organisation in the national parliament with its plenary and committees. This splitting up into manageable working packages – in the best case scenario – makes group processes more economic and facilitates accessibility.

SUBSIDISING COMMUNITIES

While on the one hand, the average living space per person gradually increased from 22 to 38m^2 per person / 7 / between 1971 and 2001 – also as a result of the decreasing size of households – the current trend points in the opposite direction due to a rise in the prices of building plots and rents. Against this backdrop, housing policy, in particular in Vienna, addresses the largest group of people who are potential users of building communities and offers them smaller, so-called 'smart flats' which are especially adapted to the 'needs of young families, couples, single mothers and fathers and single people' / 8 /. Architects have to accommodate 3-roomed flats in these buildings with a size of 60 to 65 square metres. As compensation, these residential buildings have common and free spaces, such as a laundry and home cinema, as is usual in common projects, supplemented by mobility offers such as car sharing / 9 /. This means that common forms of living will occupy an increasing share in subsidised residential building, even if only for cost-saving reasons. The sense of responsibility and the social and organisational competency of the residents will then decide how such spaces are used – under the catchword Besiedlungsmanagement.

The progressing change in the social framework conditions for residential building can thus be read from both institutionalised models for the creation of residential space and intentional common projects. Whereas people in the 1980s found an environment in which they had the time and energy to think about life in the city and their concept of living and communities and to implement these concepts in a self-managed way, with the paradigm shift from a residential building system which was closed and paternalistic, towards one which is based on cost-efficiency, controlling and quality assurance, the success of implementation now depends on the choice of cooperation partners, the type of cooperation, its control and efficient implementation. Taking this into consideration, mainly non-party stakeholders will play an important role in maintaining a sense of proportion regarding the underlying common and participative structures in view of our accelerating environment. Cohousing projects should now be increasingly able to render a socio-political contribution for their residents, the environment and urban development, together with the cooperation partners of today's residential building environment and the experience gathered in the past. Maybe they are able to empower themselves in this way to claim that area of responsibility for themselves, which the state and public institutions have assigned to the private sector. Because common building and living always reflects the traits of a society in miniature form.

AUTHOR: ERNST GRUBER

Ernst Gruber,
Ing. Arch., Researcher und Educator on architectural Issues
ongoing group-moderation and publications,
Spokesman of the 'Initiative für gemeinschaftliches Bauen und Wohnen' in Vienna

www.ernstgruber.com
e-mail: e.th.gruber@gmx.at

/ 6 / For more information about methods for different group sizes see www.partizipation.at

/ 7 / Statistisches Jahrbuch der Stadt Wien, HWZ 2001, Statistik Austria

/ 8 / http://www.wien.gv.at/bauen-wohnen/smart.html

/ 9 / http://www.wien.gv.at/bauen-wohnen/smart-sonnwendviertel.html

GEMEINSCHAFTSWOHNPROJEKTE /DE/
IN DER SCHWEIZ

/EN/ COHOUSING PROJECTS
IN SWITZERLAND

ANDREAS COURVOISIER, ANDREAS HOFER, ULRICH KRIESE

Auf Postkarten wird gerne eine ländliche Schweiz mit imposanter Bergkulisse gezeigt. Doch das Klischee trügt. Drei Viertel aller Schweizerinnen und Schweizer wohnen in Städten und städtisch geprägten Agglomerationen. Ein positiver Wanderungssaldo und die fortschreitende Urbanisierung führen zu permanenter Wohnraumknappheit, man spricht von einem Anbietermarkt. Bauland ist in der Schweiz rar und teuer. Die Leerstandsquote bewegt sich seit Jahren landesweit um ein Prozent, liegt aber in den meisten Städten noch deutlich unter diesem Wert. /1/

Gegen den Trend schaffen und unterhalten in der Schweiz vor allem Wohnbaugenossenschaften günstigen Wohnraum, Gemeinschaftswohnprojekte und Nachbarschaften. Da die Genossenschaften nicht gewinnorientiert, sondern nach dem Prinzip der Kostenmiete arbeiten und neue Projekte dank des häufig anzutreffenden (Erb-)Baurechts mit günstigen Anfangsmietzinsen kalkulieren können, sind ihre Wohnungen günstiger als der (im Vergleich mit den umliegenden Ländern teure) Schweizer Durchschnitt. Heute gehört jede zwanzigste Wohnung in der Schweiz einer Genossenschaft, in Basel ist es jede zehnte, in Zürich sogar jede sechste.

Neben den Genossenschaften können Kommunen, Stiftungen, Vereine und Aktiengesellschaften gemeinnützige Wohnungen anbieten. Gemeinnütziger Wohnungsbau ist in der Schweiz kein rechtlich gefasstes Statut (zum Beispiel Befreiung von Steuern), sondern eine Selbstverpflichtung (Kostenmiete, Beschränkung der Entschädigungen der Organe, Spekulations- und Verkaufsverbot), welche den Zugang zu gewissen Leistungen auf kommunaler, kantonaler und nationaler Ebene ermöglicht (bevorzugte Berücksichtigung bei der Vergabe von (Erb-)Baurechten, Zugang zu Darlehen des Fonds de Roulement, Möglichkeit, subventionierten Wohnungsbau anzubieten).

RENAISSANCE DER WOHNBAUGENOSSENSCHAFTEN

Die Genossenschaften in der Schweiz entstanden parallel zu vergleichbaren Bewegungen in vielen europäischen Ländern am Ende des 19. und in den ersten Jahrzehnten des 20. Jahrhunderts. Sie setzten auf die kollektive Leistungskraft organisierter Individuen. Ihre Tätigkeitsfelder deckten die dringendsten alltäglichen Bedürfnisse ab: Konsumkooperativen für die Versorgung mit Nahrung und Haushaltsgegenständen, Wohnbaugenossenschaften für die Versorgung mit Wohnraum, Genossenschaftsbanken für die Finanzierung von kollektiven Projekten und die Versicherung des Einzelnen.

Das Spezifische der Genossenschaftsbewegung in der Schweiz ist einerseits die Einbettung in eine lange Tradition eines direktdemokratisch kooperativen Staates und andererseits die Übertragung dieser eher ländlichen Traditionen in den urbanen Raum. Die bereits im Namen des Landes „Schweizerische Eidgenossenschaft" angelegte Absicht, gemeinsam und durch freien Willen eine Nation zu bilden, stützt sich auf agrarische Zweckgemeinschaften. Die Genossenschaften erleichterten in den explodierenden Indus-

Postcards love to show pictures of rural Switzerland with an imposing mountain scenery. However this cliché deceives. Three-quarters of all Swiss people live in cities and urban agglomerations. A positive migration balance and increasing urbanisation are resulting in a permanent scarcity of housing space, i.e. a supplier market. Building plots are rare and expensive in Switzerland. For years the vacancy rate has moved at around one percent all over the country, but is clearly below this value in most cities. /1/

It is housing cooperatives that mainly create and maintain affordable living space, Cohousing projects and neighbourhoods in Switzerland. Since cooperatives are non-profit-oriented, their flats are generally cheaper than the Swiss average (which is also expensive compared to the surrounding countries). They work according to the principle of cost rents and are able to calculate new projects at a favourable initial rent thanks to (hereditary) building rights which often apply. Today one out of 20 flats in Switzerland belongs to a cooperative, in Basel it is one out of 10 and in Zurich even one out of 6.

In addition to cooperatives, municipalities, foundations, associations and public limited companies are able to provide for non-profit housing. Non-profit housing construction is not subject to any legally binding statute in Switzerland (exemption from taxes, for example), but implies a self-commitment (cost rent, limited compensation for administrative organs, prohibition of speculation and sale) which makes it possible to access certain services at a municipal, cantonal and national level (preferred consideration when granting (hereditary) building rights, access to loans from the Fonds de Roulement, possibility of offering subsidised housing).

THE RENAISSANCE OF HOUSING COOPERATIVES

Cooperatives in Switzerland came into being parallel to comparable movements in many European countries at the end of the 19th century and in the first decades of the 20th century. They relied on the collective productive capacity of organised individuals. Their fields of activity covered the most urgent day-to-day needs: consumption cooperatives took care of the supply of food and household objects, housing cooperatives to supply housing space, cooperative banks to finance collective projects and to provide insurance for individuals.

The specific feature of the cooperatives movement in Switzerland is, on the one hand, that it is embedded in a long tradition of a cooperative state with a direct democracy and, on the other hand, that a rather rural tradition is transferred into an urban environment. The intention to create a nation jointly and in free will, which can already be seen from the country's name 'Swiss Confederacy', has its roots in agricultural communities of convenience. In the exploding industrial cities, the cooperatives made it easier

/1/ Zürich 0,03%, Lausanne 0,1%, Genf 0,2%, Bern 0,4%

/1/ Zurich 0.03%, Lausanne 0.1%, Geneva 0.2%, Bern 0.4%

triestädten den auf der Suche nach Arbeit in die Stadt strömenden verarmten Kleinbauern das Überleben in der für sie feindlichen Umgebung. Damit sind sie in eine komplexe Stadt-Land-Geschichte und in die entsprechenden mentalen Muster eingebettet – scheinbar gute Voraussetzungen: Vor allem in der größten Schweizer Stadt Zürich entwickelten sich die Genossenschaften zu mächtigen Partnern der Kommune bei der Versorgung des unteren Mittelstandes mit Wohnraum. Neben Biel, wo die Genossenschaften einen ähnlichen Anteil des Wohnungsbestandes wie in Zürich aufbauen konnten, spielen Genossenschaften in allen größeren Städten der Schweiz eine gewisse Rolle. In ländlichen Gebieten sind Genossenschaften traditionell mit Siedlungen von Angestellten der großen nationalen Infrastrukturbetriebe (Bahnen, Post) vertreten. Mit der in den 1960er Jahren einsetzenden Stadtflucht, dem Niedergang der Industrie ab den 1970er Jahren und der Auffächerung urbaner Haushaltsformen und Lebensstile geriet das bewährte Modell in die Krise. Die Genossenschaften erstarrten. Die von ihnen dominierten Quartiere erlebten Überalterung, soziale Ausdünnung und entsprechende Abwertung.

Nach einer heftigen Immobilienkrise zu Beginn der 1990er Jahre, unter dem Druck der hohen Zuwanderung und der Wohnungsnot und nach Freiwerden zahlreicher Industrieareale ist in der Schweiz, vor allem in Zürich, seit mehreren Jahren wieder eine rege genossenschaftliche Bautätigkeit festzustellen. Dabei entstanden neben konventionelleren auch viele experimentelle, stark gemeinschaftlich orientierte Wohnsiedlungen, oft initiiert durch junge, neu entstandene Genossenschaften.

/ Bau- und Wohngenossenschaft Kraftwerk1, Siedlung Heizenholz, Zürich
Cooperative Kraftwerk1, housing estate Heizenholz, Zurich /

In Zürich entzog die 1981 gegründete Genossenschaft selbstverwalteter Hausgemeinschaften, Wogeno, durch Kauf einzelne Häuser der Spekulation und versammelte die jeweiligen Hausgemeinschaften unter ihrem institutionellen Dach. 1992 bezog sie ihr erstes Neubauprojekt, die Siedlung Hellmutstrasse. Die 1991 gegründete Genossenschaft Karthago konnte nach mehreren gescheiterten Projekten 1997

/ Genossenschaftliche Wohnsiedlung Freidorf, Basel (1919–21)
Cooperative housing estate Freidorf, Basel (1919–21) /

ihren Großhaushalt (50 Menschen in Wohngemeinschaften ermöglichen eine gemeinsame Küche mit Speisesaal) in einem umgebauten Gewerbehaus beziehen. 1996 folgte die Genossenschaft Dreieck, entstanden aus dem Kampf um einen vom Abbruch bedrohten Häuserblock. Sie konnte zwischen 1997 und 2003 ihre schrittweise umgebauten Häuser und zwei kleinere Neubauten beziehen. 2001 vollendet die Genossenschaft Kraftwerk1 auf einer ehemaligen Industriebrache ihr erstes Großprojekt mit neuen Grundrisstypologien und 100 Wohnungen, Gewerbe, einem Bürohaus mit Läden und Gastronomie. Mit diesen Projekten sind die Themen für eine zeitgemäße Neuinterpretation des genossenschaftlichen Wohnungsbaus gesetzt: Urbane Dichte, breite Wohnungsangebote für unterschiedlichste Wohn- und Familienformen, Integration von Ausländern und Behinderten, Nachhaltigkeit der Gebäude und des Betriebs, Partizipation und Selbstverwaltung und die Offenheit, mit innovativer Architektur innerstädtische Problemgrundstücke in Wert zu setzen. Ende 2011 stimmten in Zürich in einer Volksabstimmung 76 Prozent einer Erhöhung des Anteils gemeinnütziger Wohnungen (kommunale und genossenschaftliche) von einem Viertel auf ein Drittel zu.

GEMEINNÜTZIGE STIFTUNGEN IM STIFTUNGSLAND SCHWEIZ

Neben Genossenschaften agieren in der Schweiz zahlreiche gemeinnützige Stiftungen als Vermieter, (Erb-)Baurechtgeber und Initiatoren für eine nachhaltige Nachbarschaftsentwicklung. Darunter zu nennen sind die städtische Stiftung PWG (Zürich), die Stiftung Wunderland (Biel) sowie die Christoph Merian Stiftung, die Stiftung Habitat und die Stiftung Edith Maryon (alle Basel). Je nach Stiftungszweck spielt bei den einzelnen Stiftungen das Thema Gemeinschaftswohnen eine mehr oder weniger große Rolle.

SOZIAL-ÖKOLOGISCH ORIENTIERTE PENSIONSKASSEN: EIN SCHWEIZERISCHES SPEZIFIKUM

Als Ergänzung zur herkömmlichen staatlichen Altersvorsorge existiert in der Schweiz mit den Pensionskassen eine zweite Säule der betrieblichen Vorsorge. Sie führt zu einer immensen Kapitalansammlung und einem entsprechenden Anlagedruck unter anderem in Liegenschaften. Einige Pensionskassen tun sich dabei mit einer sozial und ökologisch nachhaltigen Anlagephilosophie hervor: Die Stiftung Abendrot, NEST oder PUK/CoOpera beispielsweise

for impoverished farmers, who flocked to the cities searching for work, to survive in an environment hostile to them. Thus the cooperatives became integrated into a complex urban-rural history and the corresponding mindset – apparently favourable conditions. In the major Swiss city Zurich, in particular, cooperatives developed into powerful partners of the municipality when providing housing to the lower middle class. Cooperatives play a certain role, not only in Zurich and Biel, where they were able to achieve a similar share in housing stock, but also in all major Swiss cities. In rural areas, cooperatives are traditionally represented in employees' housing estates built by large national infrastructural enterprises (railway, post). However, the tried-and-tested model was drawn into a crisis caused by the industrial decay from the 1970s onwards, when urban outmigration started at the beginning of the 1960s, and with the diversification of urban forms of households and lifestyles. The cooperatives ossified. The neighbourhoods dominated by them suffered from an ageing population, social thinning-out and the corresponding negative effects.

/ Genossenschaftliche Wohnsiedlung Niederholzboden, Basel (1994)
Cooperative housing estate Niederholzboden, Basel (1994) /

Following a fierce real estate crisis at the beginning of the 1990s, Switzerland, and above all Zurich have seen busy cooperative building activities for several years now. Reasons were the pressure of intense migration, a lack of housing and the fact that numerous industrial areas became vacant. This gave rise to the emergence of both conventional as well as experimentally and collectively oriented housing estates, often initiated by young, newly established cooperatives. The Wogeno cooperative of self-managed house projects hedged individual buildings against speculation in 1981 and gathered the respective house projects under its institutional umbrella. In 1992 its first new building project, the Hellmutstrasse estate, was ready to be occupied. The Karthago cooperative, founded in 1991, was able to move into a restructured trade building with its community (50 people in flat-share projects with one common kitchen plus dining room) in 1997, after several failed attempts. The Dreieck cooperative, originating from the battle for a housing block threatened with demolition, followed in 1996. It was able to move into its gradually restructured buildings and two smaller new buildings between 1997 and 2003. In 2001, the Kraftwerk1 cooperative completed its first large-scale project on former industrial wasteland with new layout typologies and a hundred flats, commercial space, and an office building with shops and restaurants. These projects have introduced the topics for a contemporary new interpretation of cooperative housing: urban density, a broad range of typologies for diverse forms of living and family structures, integration of migrants and the disabled, sustainability of buildings and operation, participation and self-management, and the willingness to upgrade problematic inner city plots with innovative architecture. In a referendum held in Zurich at the end of 2011, 76 per cent of votes were in favour of increasing the share of non-profit housing (communal and cooperative) from one-quarter to one-third.

NON-PROFIT FOUNDATIONS IN THE FOUNDATION COUNTRY SWITZERLAND

In addition to the cooperatives, a number of non-profit foundations operate in Switzerland as landlords, lessors of (hereditary) building rights and initiators for a sustainable development of neighbourhoods. Among these are the municipal foundation PWG (Zurich), the Wunderland Foundation (Biel), the Christoph Merian Foundation, the Habitat Foundation and the Edith Maryon Foundation (all Basel). Depending on the respective foundation goal, the issue of common housing plays a more or less important role.

/ Bau- und Wohngenossenschaft Kraftwerk1, Siedlung Heizenholz, Zürich
Cooperative Kraftwerk1, housing estate Heizenholz, Zurich /

PENSION FUNDS WITH A SOCIO-ECOLOGICAL ORIENTATION: A SWISS SPECIALITY

The Swiss pension funds are a second pillar of occupational retirement provision, as a supplement to the traditional old-age provision by the state. This leads to an immense accumulation of capital and the corresponding pressure to invest, among other things in real estate. Some pension funds distinguish themselves with an investment philosophy which is socially and ecologically sustainable. The Abendrot Foundation, NEST or PUK/CoOpera invest in the conversion of industrial areas, the maintenance of reasonably priced flats and the implementation of Cohousing projects off the beaten track. Although these pension funds do not belong to non-profit housing providers, they enrich the offer by implementing projects for people which are not accessible to building cooperatives (commercial concepts or living space for people who cannot raise the obligatory capital contribution necessary to join a cooperative, for example).

A RARITY SO FAR: PRIVATE BUILDING INITIATIVES AND COMMUNITIES

It is true that some cooperative housing projects have the nature of a private building initiative due to the way they see themselves and the way they work. In the predominantly 'tenants' country Switzerland / 2 / however, with its established cooperative system as well as a state and municipalities that enable corresponding projects, private building initiatives and communities in line with the German concept (in the form of a simple company like the German GbR) are still almost unknown. The fact that shareholders are joint

/ 2 / The Swiss quota of flat owners of approx. 35 per cent is one of the lowest in Europe. 60 per cent of all flats are rented flats. The remaining 5 percent are cooperative flats, as mentioned above.

investieren in die Umnutzung von Industriearealen, den Erhalt günstiger Wohnungen und die Realisierung spezieller Wohnprojekte abseits des Mainstreams. Obwohl diese Pensionskassen nicht zum gemeinnützigen Wohnungsbau gehören, bereichern sie das Angebot, indem sie Projekte realisieren können (beispielsweise Gewerbekonzepte oder Wohnraum für Menschen, die das bei Genossenschaften nötige Pflichtanteilscheinkapital nicht aufbringen können), die Genossenschaften nicht zugänglich sind.

NOCH KAUM ANZUTREFFEN: BAUGRUPPEN UND BAUGEMEINSCHAFTEN

Zwar haben einzelne Genossenschaftshausprojekte aufgrund ihres Selbstverständnisses und ihrer Arbeitsweise Baugruppencharakter. Im „Mieterland" Schweiz / 2 /, mit einem etablierten Genossenschaftswesen und Staat und Gemeinden als Ermöglicher entsprechender Projekte, sind Baugruppen und -gemeinschaften nach deutschem Verständnis (ausgestaltet als Einfache Gesellschaft, entspricht der deutschen GbR) noch weitgehend unbekannt. Die Solidarhaftung der Gesellschafter wirkt sicher zusätzlich abschreckend, was nicht heißen soll, dass sich dieses Eigentümermodell nicht doch als ein Modell für Spezialfälle etablieren wird, beispielsweise mit einem experimentierfreudigen (Erb-)Baurechtgeber als Vertragspartner. So haben etwa jüngst in Basel die Stiftung Habitat (Erlenmattquartier, Basel) und Immobilien Basel-Stadt Grundstücke im (Erb-)Baurecht an Baugemeinschaften abgetreten und unterstützen diese bei der Realisierung ihres Bauvorhabens.

FINANZIERUNG VON WOHNPROJEKTEN

Viele gemeinnützige Wohnbauträger können in der Regel nicht günstiger bauen als gewinnorientierte Gesellschaften. Eigenleistungen (Selbstbau) sind nicht immer sinnvoll. Bei all seinen Vorteilen behindert Selbstbau doch den in der Regel effizienten industriellen Bauprozess. Gemeinschaftswohnprojekte erfahren keine spezifische Förderung durch den Bund oder die Kantone. Gemeinnützige Wohnbauträger genießen aber Finanzierungsvorteile: Je nach Standortgemeinde profitieren sie von der öffentlichen Wohnraumförderung, beispielsweise durch Bürgschaften, Darlehen oder vergünstigtes Land respektive privilegierten Zugang zu (Erb-)Baurechtland. Zudem hat die Genossenschaftsbewegung selbst wirkungsvolle Finanzierungsinstrumente geschaffen, so etwa den Fonds de Roulement oder die Emissionszentrale für gemeinnützige Wohnbauträger EGW, deren Anleihen den Mitgliedern zur Finanzierung preisgünstiger Wohnungen dienen. Aufgrund dieser Begünstigungen sind Genossenschaften in der Lage, bis zu 90 Prozent der Kosten mit Bankhypotheken, Fondsdarlehen und Bürgschaften zu finanzieren. Die restlichen Mittel muss die Genossenschaft selbst aufbringen, sei es über selbst erwirtschaftete Mittel, neue Anteilscheine, neue Darlehen, Darlehenskassen, Rückstellungen oder Reserven. Trotz dieser Finanzierungshilfen bleiben die Hürden für junge Genossenschaften hoch. Sie müssen sich das nötige Eigenkapital mit Pflichtanteilscheinen und Darlehen von den zukünftigen BewohnerInnen in einem frühen Projektstadium beschaffen. Dies erschwert die soziale Durchmischung bei der Erstvermietung und bedeutet einen hohen Kommunikationsaufwand.

DREI PROJEKTBEISPIELE

/ Baugenossenschaft mehr als wohnen, Zürich /

Das wohl eindrücklichste Beispiel für den Aufbruch der Genossenschaften in Zürich ist das Projekt der 2007 gegründeten Baugenossenschaft mehr als wohnen. / 3 / Hervorgegangen aus den Feierlichkeiten zum Hundertjahrjubiläum des gemeinnützigen Wohnungsbaus in Zürich, schlossen sich mittlerweile über 60 der 120 Zürcher Genossenschaften zusammen, um gemeinsam ein Leuchtturmprojekt zeitgenössischen Wohnungsbaus zu realisieren. Auf einem großen, schwierigen Areal in einem peripheren Gewerbegebiet, das die Stadt Zürich der Genossenschaft im (Erb-)Baurecht zur Verfügung stellte, entstanden mehr als 400 Wohnungen in 13 Häusern. Ein komplexer Wohnungsmix, die Zusammenarbeit mit fünf Architekturbüros, die jeweils zwei bis drei Häuser gestalten, höchste energetische Standards, bautechnische Experimente, soziale Integrationsprojekte, Quartierinfrastruktur für Kinder, Ateliers, Gewerberäume, Gastronomie und ein kleines Hotel lösen den Anspruch ein, nicht mehr nur Wohnungen in Siedlungen, sondern ein attraktives Quartierzentrum zu gestalten. Die 13 Häuser wurden zwischen Oktober 2014 und Mai 2015 bezogen.

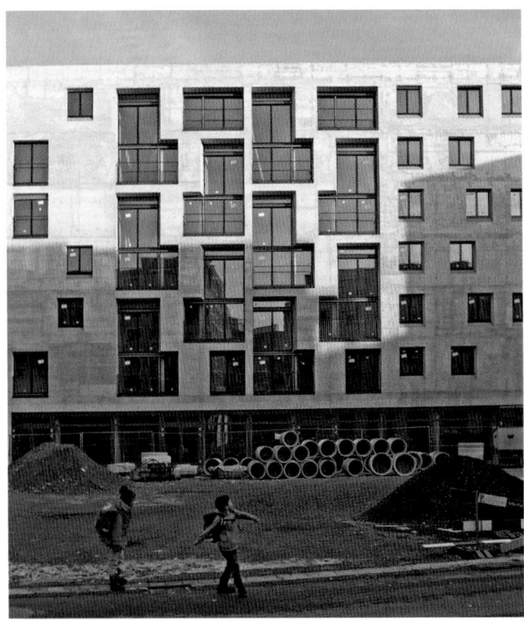

/ Baugenossenschaft mehr als wohnen, Hunziker Areal, Zürich
Building cooperative mehr als wohnen, Hunziker Areal, Zurich /

/ 2 / Die schweizerische Wohneigentumsrate von rund 35 Prozent ist eine der tiefsten Europas. 60 Prozent aller Wohnungen sind Mietwohnungen. Die übrigen fünf Prozent, wie an anderer Stelle im Text erwähnt, sind Genossenschaftswohnungen.

/ 3 / www.mehralswohnen.ch

and severally liable is certainly another deterrent, although this does not mean that this type of owner model will not establish itself as a model in special cases, with an open-minded (hereditary) building right lessor as contractual partner, for example. Thus, recently the Habitat Foundation (Erlenmattquartier, Basel) and Immobilien Basel-Stadt assigned plots of land in Basel subject to a (hereditary) building right to private building initiatives, and supported them in implementing their building projects.

FINANCING COHOUSING PROJECTS

As a rule, many non-profit housing developers are not able to build more cost-efficiently than profit-oriented companies. It does not always make sense to do things on one's own (construction work by the members of the initiative). Despite all positive aspects, carrying out construction work on your own normally interferes with an efficient, industrialised construction process. Cohousing projects are not specifically subsidised by the Swiss Federation or the Cantons. However, non-profit housing developers enjoy financing advantages: depending on the municipality they are located in, they benefit from public housing subsidies in the form of guarantees, loans or discounts on the piece of land or privileged access to (hereditary) building right land. In addition, the cooperative movement itself has created efficient financing instruments, such as the Fonds de Roulement or the central emission office for non-profit housing developers EGW, which provides loans to its members to finance cost-efficient flats. Due to these privileges, cooperatives are able to finance up to 90 per cent of costs with bank mortgages, loans from available funds and guarantees. The remaining funds must be raised directly by the cooperative, either through self-generated means, new shares, new loans, lending banks, provisions or reserves. Despite this financial support, hurdles for young cooperatives remain high. They must procure the equity necessary with obligatory shares and loans from the future residents at an early stage of the project. This makes it more difficult to obtain a social mix when the first flats are rented out, and it requires a lot of communications work.

THREE PROJECT EXAMPLES

/ Building cooperative mehr als wohnen (more than living), Zurich /

The probably most impressive example of the new era of cooperatives in Zurich is a project by the mehr als wohnen building cooperative which was founded in 2007 / 3 /. It emerged from the celebrations for the 100th anniversary of non-profit housing in Zurich and more than 60 of the 120 cooperatives in Zurich have joined it in the meantime, in order to realise a lighthouse project of contemporary housing together. More than 400 flats in 13 buildings were built on a large, difficult plot of land located in a peripheral industrial area which the city of Zurich made available to the cooperative in the form of a (hereditary) building right. The concept of not only designing flats in the form of estates, but also of creating an attractive neighbourhood centre is implemented in many ways: a complex mix of flats, cooperation between five architectural offices that designed two to three buildings each, top energy standards, experiments in terms of construction engineering, social integration projects, district infrastructure for children, studios, commercial spaces, restaurants and a small hotel. Residents moved into the 13 buildings between October 2014 and May 2015.

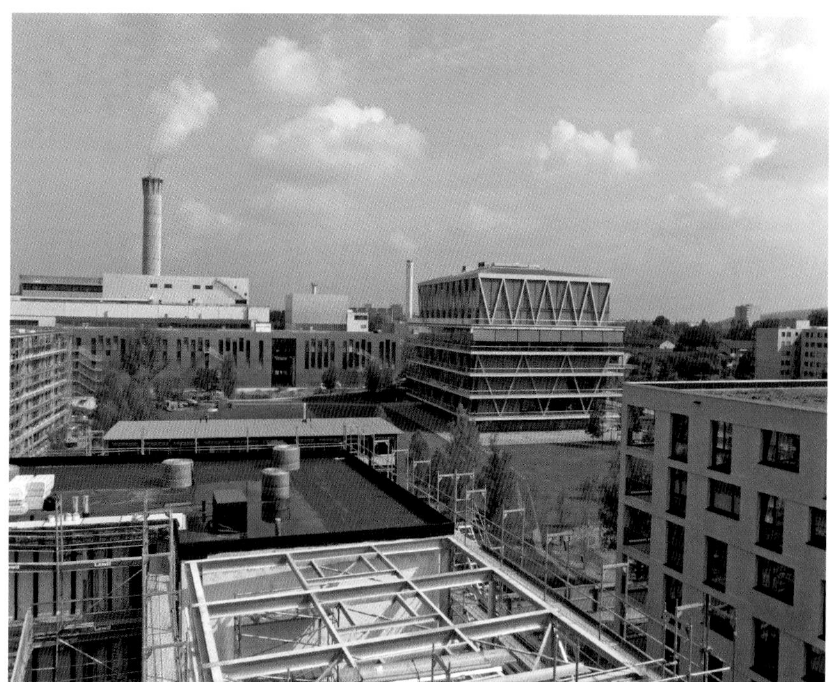

/ Baugenossenschaft mehr als wohnen, Hunziker Areal, Zürich
Building cooperative mehr als wohnen, Hunziker Areal, Zurich /

/ Cohousing Days of the Basel region /

In the year 2011, the Edith Maryon Foundation initiated the 'Cohousing Days' (WohnProjektTage), which provide a platform for Cohousing initiatives from the trinational Basel region. Initiatives, private building communities, cooperatives and land owners present themselves at this project exchange. The accompanying events provide information and tips regarding Cohousing and new housing models. The housing portal of the Basel region supplements this offer with an updated overview on current projects and an in-depth guidebook (www.wohnportal-basel.net). The Cohousing Days and the portal are supported by the project developer Courvoisier.

/ 3 / www.mehralswohnen.ch

/ WohnProjektTage Region Basel /

Im Jahr 2011 von der Stiftung Edith Maryon ins Leben gerufen, bieten die WohnProjektTage gemeinschaftlichen Wohninitiativen aus der trinationalen Region Basel eine Plattform. An der Projektbörse präsentieren sich Initiativgruppen, Baugemeinschaften, Genossenschaften und Landeigentümer. An Begleitveranstaltungen werden Informationen und Tipps zum gemeinschaftlichen Wohnen und zu neuen Wohnmodellen vermittelt. Das Wohnportal Region Basel ergänzt das Angebot mit einer Übersicht über aktuelle Projekte und einem ausführlichen Ratgeber (www.wohnportal-basel.net). Die WohnProjektTage und das Wohnportal werden vom Projektentwicklungsbüro Courvoisier betreut.

/ Bärenfelserstrasse, Basel /

Die Bärenfelserstrasse ist in vielerlei Hinsicht anders. / 4 / 24 ihrer insgesamt 33 Häuser, die meisten von ihnen errichtet Ende des 19., Anfang des 20. Jahrhunderts, werden von Hausgemeinschaften mit speziellen (Selbstverwaltungs-) Rechten und reger Teilhabe am Nachbarschaftsleben bewohnt. Darunter befinden sich hauptsächlich einfache Gesellschaften sowie rechtlich unselbstständige Hausgemeinschaften mit aufgeschlossenen Vermietenden, darunter unter anderem die gemeinnützige Stiftung Edith Maryon und die Pensionskasse Stiftung Abendrot. Des Weiteren gibt es einige Mehrgenerationenhäuser, die im Besitz von jeweils einer Familie sind und auch von dieser bewohnt werden. Hinzu kommen eine Aktiengesellschaft, eine Stockwerkeigentümergemeinschaft sowie vier Genossenschaftshäuser. Das alles entstand über drei Jahrzehnte hinweg *bottom up*, aus der Bewohnerschaft heraus. Der selbstverwaltete Quartiertreffpunkt „Bäizli“ dient als Mittagstisch, Redaktionsbüro für die Quartierszeitung und Sitzungsort für Vereine und die Wohnstraßengruppe. Auch hinter den Häusern lebt die Nachbarschaft: So wurden viele Zäune und Mauern zwischen Gärten und Hinterhöfen durchbrochen oder ganz weggenommen und diese wohnlich eingerichtet.

/ L' Aubier und Les Murmures – gemeinsam wohnen und arbeiten /

In der französischsprachigen Westschweiz, auf halbem Weg zwischen dem Neuenburger See und den Jurahöhen, liegt Montezillon, ein kleines, von der Sonne bevorzugtes Dorf mit prächtigem Alpenblick. Am Rande des Dorfes liegt der Bauernhof L'Aubier. Vor 35 Jahren bildete er den Ausgangspunkt für eine Gemeinschaftsinitiative, die heute neben dem biodynamisch geführten Landwirtschaftsbetrieb auch ein Restaurant, ein Biohotel, einen Laden und ein kleines Eco-Quartier umfasst. / 5 / Unter dem Namen Les Murmures entstand bis 2008 ein generationenübergreifendes Wohnprojekt mit 21 barrierefreien Wohnungen und einem zentralen Gemeinschaftshaus: einem umgenutzten Bauernhaus mit Therapiepraxen, Coiffeur, Ateliers, Sauna und Hamam. Das Gemeinschaftshaus ist nicht nur das Zentrum des sozialen Lebens in der Siedlung, sondern steht auch Gästen offen. Im Gemeinschaftsgarten bewirtschaftet jeder Bewohner eine kleine Parzelle. Einige Bewohner treffen sich wöchentlich zum gemeinsamen Abendessen, andere teilen sich ein Auto. Zudem stehen Services à la carte zur Verfügung: zum Beispiel Mahlzeiten vom nahen Biorestaurant, Haushalts- und Einkaufshilfe sowie Pflegedienstleistungen. Auch die Finanzierung des Wohnprojekts erfolgte gemeinschaftlich: Neben den Bewohnerinnen und Bewohnern sowie Gönnern beteiligte sich auch die CoOpera Sammelstiftung PUK an der Finanzierung des Vorhabens.

/ Mehrgenerationenwohnprojekt Les Murmures, Montezillon
Multigenerational Cohousing project Les Murmures, Montezillon /

AUTOREN: ANDREAS COURVOISIER, ANDREAS HOFER, ULRICH KRIESE

Andreas Courvoisier, nach Universitätsabschluss von 1998 bis 2007 für die Christoph Merian Stiftung, Basel, als Projektleiter tätig – anschließend für die Stiftung Habitat als Bereichsleiter Projektentwicklung. Seit 2010 Inhaber und Geschäftsführer der Courvoisier Stadtentwicklung GmbH

www.courvoisier-projekte.ch
E-Mail: info@courvoisier-projekte.ch

Andreas Hofer, Dipl. Architekt ETH Zürich, Partner im Planungsbüro Archipel und Projektentwickler für die Baugenossenschaften Kraftwerk1 und mehr als wohnen

www.archipel.ch
E-Mail: hofer@archipel.ch

Ulrich Kriese, Dr. sc. ETH Zürich, Landschafts- und Freiraumplaner und Verwaltungswissenschaftler. Mitarbeiter der Stiftung Edith Maryon, Basel und Mitglied im Kuratorium der Stiftung trias, Hattingen (Ruhr). Siedlungspolitischer Sprecher des Naturschutzbund Deutschland e.V. (NABU), Kampagnenleitung Grundsteuerreform

www.maryon.ch
www.stiftung-trias.de
www.nabu.de/siedlungspolitik
www.grundsteuerreform.net
E-Mail: u.kriese@maryon.ch

/ 4 / www.baerenfelserstrasse.ch, siehe auch den Beitrag im Buch *CoHousing Cultures* (www.co-housing-cultures.net)

/ 5 / www.aubier.ch

/ Bärenfelserstrasse, Basel /

The Bärenfelserstrasse is different in many ways / 4 /. 24 of the 33 buildings, most of which were built at the end of the 19th century or the beginning of the 20th century, are occupied by Cohousing projects with special (self-administration) rights that actively participate in neighbourhood activities. Among them are mainly simple communities and Cohousing projects which do not form a legal body, with open-minded landlords, among them the non-profit Edith Maryon Foundation and the Abendrot Foundation. Furthermore, there are some multigenerational Cohouses which are owned by one family respectively who also lives in the building. In addition, there is a corporate stock company, a community of owners, as well as four cooperative buildings. All these projects have developed over three decades and were initiated by the residents themselves. The self-managed district 'Bäizli' meeting point offers food at lunch time, serves as an editorial office for the district magazine and acts as a meeting place for associations and the residential street group. However, the neighbourhood does not end behind the house: many fences and walls between gardens and courtyards have been opened or even removed and the spaces have been made comfortable.

/ Bärenfelserstrasse, Basel /

/ L'Aubier and Les Murmures – common living and working in the Neuchâtel Jura mountains /

In French-speaking Western Switzerland, halfway between Lake Neuchâtel and the Jura mountains, we find Montezillon, a small village that enjoys a great deal of sunshine and with wonderful views of the Alps. At the edge of this village is the L'Aubier farmhouse. 35 years ago, it was the starting point for a joint initiative which today not only operates a biodynamic agricultural business, but also a restaurant, an organic hotel, a shop and a small eco-neighbourhood. / 5 / By 2008, Les Murmures, a cross-generational house project with 21 barrier-free flats and a central common building, had been developed. The joint facilities are located in a converted farmhouse and include therapy practices, a hairdresser, sauna and a Turkish bath. The common building is the centre of the estate's social life and is also open to guests. Each resident cultivates a small plot in the common garden. Some residents meet for a joint dinner once a week, others share a car. In addition, services à la carte are available, meals from the nearby organic restaurant, household and shopping assistance as well as nursing services, for example. The Cohousing project was also financed by joint efforts. In addition to the inhabitants and supporters, the CoOpera PUK joint foundation participated in the project's financing.

/ Mehrgenerationenwohnprojekt Les Murmures, Montezillon
Multigenerational Cohousing project Les Murmures, Montezillon /

AUTHORS: ANDREAS COURVOISIER, ANDREAS HOFER, ULRICH KRIESE

Andreas Courvoisier, urban planner, 1998–2007 Project manager with the Christoph Merian Foundation, Basel, 2007–2010 Head of Project development for the Habitat Foundation. Since 2010 owner and manager Courvoisier City Development Corp.

www.courvoisier-projekte.ch
e-mail: info@courvoisier-projekte.ch

Andreas Hofer, Ing. arch. ETH Zürich, Partner Architectural Office Archipel and Projectdeveloper for the housing coop Kraftwerk1 and mehr als wohnen.

www.archipel.ch
e-mail: hofer@archipel.ch

Ulrich Kriese, Ph. D. ETH Zürich, Landscape planner and Master in public administration. Staff member of Edith Maryon Foundation, Basel, and member of the board of trustees of Trias Foundation, Hattingen (Ruhr). Spokesman for urban policy of the Naturschutzbund Deutschland e.V. (NABU), Head of the campaign to reform the German property tax system.

www.maryon.ch
www.stiftung-trias.de
www.nabu.de/siedlungspolitik
www.grundsteuerreform.net
e-mail: u.kriese@maryon.ch

/ 4 / www.baerenfelserstrasse.ch, see also the article in the book *CoHousing Cultures* (www.co-housing-cultures.net)

/ 5 / www.aubier.ch

COHOUSING IN /DE/ DEN NIEDERLANDEN

/EN/ COHOUSING IN THE NETHERLANDS

PETER BAKKER, LIDEWIJ TUMMERS, ELS DE JONG

GEMEINSCHAFTLICHES WOHNEN IN DEN NIEDERLANDEN

Wie im übrigen Europa gab es Ende der 1960er Jahre in den Niederlanden einen Boom von neuen Gemeinschaften, als viele junge Menschen neue Sichtweisen von Gesellschaft und persönlichen Beziehungen entwickelten. Dies führte zu ersten Kommunen, Wohngemeinschaften (auf Niederländisch: *woongroepen*), der Idee von Cohousing in den 1970er Jahren und um 1980 zu den „MW2 Projekten" (Mens- en Milieuvriendeljik Wonen en Werken, übersetzt „Umwelt- und menschenfreundliches Leben und Arbeiten"). Mitte der 1970er Jahre wurden auch Wohngemeinschaften nur für Frauen gegründet. Harrie Jansen schätzt die Zahl der Wohngemeinschaften in den Niederlanden auf 7000 im Jahr 1980. Daraus hat er für 1972 ca. 2900, für 1975 4400 und für 1985 10.000 Wohngemeinschaften hochgerechnet.

Dieser Text geht von folgender Definition des gemeinschaftlichen Wohnens (*gemeenschappelijk wonen*) aus: eine Gruppe von drei oder mehr Erwachsenen, mit oder ohne Kinder, die sich eine gemeinschaftliche Lebensform gewählt haben. Sie teilen Gesellschaft, Einrichtungen, ein oder zwei Räume oder Gebäude und unterschiedlich viele Besitztümer und suchen neue Mitglieder selbst aus.

COHOUSING

Cohousing (Centraal Wonen) kann als eine besondere Form des gemeinschaftlichen Wohnens beschrieben werden, wo jeder Haushalt sein eigenes Haus oder seine eigene Wohnung besitzt und Gemeinschaftseinrichtungen wie Wohnräume, Küchen, Waschküche, Garten, Hobbyräume und Werkstätten teilt. Normalerweise umfasst ein Cohousing-Projekt um die 30 bis 70 Haushalte und ist häufig in mehrere Cluster von Häusern unterteilt.

Jedes Cluster hat seine eigenen gemeinsamen Einrichtungen (Wohnraum, Küche, Waschküche, Garten) und seine Mitglieder entscheiden selbst über die neuen Bewohner. Zusätzlich verfügt die Gemeinschaft über ein Gemeinschaftsgebäude, ähnlich einem Gemeindehaus, für Feiern, soziale Veranstaltungen, Treffen und so weiter. In Cohousing-Projekten ohne Cluster wird für gewöhnlich einer Bewohnergruppe das Recht übertragen, neue Mitglieder auszuwählen.

Das erste Cohousing-Projekt wurde in den 1970er Jahren fertiggestellt. Derzeit gibt es über 90 Gemeinschaften, die als Cohousing definiert sind. Von diesen abgesehen gibt es viele überwiegend kleinere, zweckbestimmte Gemeinschaften, die dem Cohousing-Modell ähneln, aber wo jeder Haushalt seine eigenen Einrichtungen besitzt. Die exakten Zahlen sind nicht bekannt.

In den Niederlanden ist es typisch, dass die Regierung das Wohnen von Menschen mit geringem Einkommen subventioniert. Daher sind die meisten Cohousing-Projekte für Bewohner aller Einkommensgruppen offen. Dies gilt nicht für Gemeinschaften mit einer Mischung aus Miet- und Eigentumswohnungen oder ausschließlich Eigentumswohnungen. Weil neue europäische Gesetze es schwierig oder gar unmöglich machen, dass Haushalte

INTENTIONAL COMMUNITIES IN THE NETHERLANDS

As elsewhere, the Netherlands experienced an efflorescence of new communities at the end of the 1960s when many younger people developed new views of society and personal relations. This led to the first communes, living groups (in Dutch: woongroepen), the idea of cohousing in the 1970s, and MW2 projects (Mens- en Milieuvriendelijk Wonen en Werken, meaning 'Environmentally and People-Friendly Living and Working') around 1980. In the middle of the 1970s living groups just for woman also appeared. Harrie Jansen estimated the number of living groups in the Netherlands to be seven thousand in 1980. By extrapolation he estimated that there were likely to have been 2,900 living groups in 1972, 4,400 in 1975 and 10,000 in 1985.

In this text 'intentional community' (in Dutch: gemeenschappelijk wonen) is defined as a group of three or more adults, with or without children, not exclusively being family or partners, who have chosen to form a community in their living situations. They share companionship, facilities, one or more rooms or buildings and varying amounts of possessions, and new members are chosen by the community members themselves.

COHOUSING IN THE NETHERLANDS

Cohousing in the Netherlands is a special form of intentional community and can be described as a community of people in which each household has its own house or apartment, and also shares community resources such as living areas, kitchens, laundries, gardens, hobby-rooms and workshops. Usually, a cohousing project will have about 30 to 70 households. Many cohousing communities are divided into clusters of houses.

Each 'cluster' has its own common facilities (living room, kitchen, laundry, garden) and the members of each cluster decide on new members. Additionally, the whole community has a common building, very much like a village hall, for parties, social events, meetings and so on. Cohousing situations without clusters, usually will assign one group of people in the community to select new members.

The first cohousing project was completed in the 1970s. Currently there are about 90 communities defined as cohousing. Besides these, there are many, mostly smaller, intentional communities that resemble cohousing, where each household has their own facilities. Exact numbers of the latter are not known.

It is typical in the Netherlands that the government subsidises housing for people with low incomes. Because of this, almost all cohousing communities are open to households from all income levels. This does not apply for communities with a mix of private ownership and rental homes or those that are exclusively in private ownership. Because new European laws make it difficult or just impossible for households with higher incomes to rent a subsidised house, more and more communities opt for a mix of privately owned, rented and subsidised rented homes.

mit höherem Einkommen ein subventioniertes Haus bzw. eine subventionierte Wohnung mieten, entscheiden sich mehr und mehr Cohousing-Projekte für eine Mischung aus Eigentums-, Miet- und geförderten Wohnungen/Häusern.

Die meisten neuen Cohousing-Projekte wurden von Menschen initiiert, die nur wenig oder keine konkrete Erfahrung mit gemeinschaftlichen Wohnformen haben, aber von dem Konzept und den Idealen angezogen sind. Ein wichtiges Ziel für Cohousing-Projekte ist es, umweltbewusst zu bauen und zu leben. Zum Beispiel betreiben einige Gemeinschaften Car-Sharing, benutzen Solaranlagen, kaufen von lokalen Bauern etc.

SENIOREN-COHOUSING

Die Idee für Seniorenwohnprojekte kam in den 1980er Jahren auf, um die Bedürfnisse der wachsenden Bevölkerungsgruppe der Generation 50+ zu erfüllen. Zurzeit gibt es etwa 300 Cohousing-Projekte für Senioren in den Niederlanden. Cohousing für diese Gruppe genießt häufig größere Unterstützung durch die Kommunen in der Erwartung, dass dies die Pflegekosten senken wird. Die meisten dieser Gemeinschaften betrachten sich selbst eher als Wohngruppen älterer Menschen und nicht als Cohousing-Projekte. Genau wie beim Mehrgenerationenwohnen werden neue Wohnprojekte für Senioren eher von interessierten Einzelpersonen und Paaren initiiert als von der Regierung, Wohnungsunternehmen oder privaten Unternehmen.

„TAG GEMEINSCHAFTLICHEN WOHNENS"

Seit Mai 2009 organisiert der FGW den „Tag gemeinschaftlichen Wohnens" (GemeenschappelijkWonenDag). Gemeinschaftliche Wohnprojekte aller Art öffnen ihre Türen für Besucher. Das Hauptziel ist es, gemeinschaftliches Wohnen weiter bekannt zu machen, und für die einzelnen Wohnprojekte ist es eine Gelegenheit, neue Mitglieder zu finden. Diese Veranstaltung findet jährlich am dritten Samstag im Monat statt. Seit 2011 nehmen auch gemeinschaftliche Wohnprojekte aus Belgien teil.

AUTOR: PETER BAKKER

Peter Bakker, Vorsitzender Landelijke Vereniging Centraal Wonen (LVCW) und Vorstand von Federatie Gemeenschappelijk Wonen (FGW)

E-Mail: peter.bakker@peter.antenna.nl

/ Cohousing-Vereine /

Niederländische Cohousing Gesellschaft (LVCW)
Dachorganisation für 60 (Mehrgenerationen-) Cohousing-Projekte. Obwohl LVCW (Landelijke Vereniging Centraal Wonen) offiziell erst 1977 gegründet wurde, wurde das erste Projekt schon ca. 1971 durchgeführt.
www.lvcw.nl / www.cohousing.nl

Niederländische Senioren Cohousing Gesellschaft (LVGO)
Rund 150 Senioren-Cohousing-Projekte sind in LVGO (Landelijke Vereniging Gemeenschappelijkwonen van Ouderen) organisiert.
www.lvgo.nl

Niederländischer Zusammenschluss gemeinschaftlicher Wohnprojekte (FGW)
LVCW und LVGO kooperieren in der FGW (Federatie Gemeenschappelijk Wonen), Der Zusammenschluss arbeitet für alle Formen gemeinschaftlicher Wohnprojekte.
www.gemeenschappelijkwonen.nl

Almost all new cohousing communities are initiated by people who have little or no actual cohousing experience but are attracted by the concept and ideals. To build and live in an environmentally sound way are often important goals for cohousing communities. For example, several communities have car-sharing initiatives, use solar panels, buy food boxes from local farmers, etc.

SENIORS' COHOUSING

The idea for seniors-initiated cohousing appeared in the 1980s, to meet the needs of the growing population of 50-plussers. At the moment, there are about 300 cohousing communities for seniors in the Netherlands. Cohousing for this group often enjoys greater support from local governments due to the expectation that this will reduce care costs. Most of these communities refer to themselves as living groups of the elderly rather than cohousing communities. Just as with mixed-generation cohousing communities, new communities are initiated by interested individuals and couples rather than by the government, housing associations, or private enterprise.

COMMUNAL LIVING DAY

Since May 2009, the FGW organises the communal living day (in Dutch: GemeenschappelijkWonenDag). All kinds of intentional communities open their doors to visitors. The main goal was to make communal living more widely known and understood, and individual communities used the occasion to find new members. This event take place annually on the third Saturday of May. Since 2011 intentional communities in Belgium participate.

AUTHOR: PETER BAKKER

Peter Bakker, boardmember of Federatie Gemeenschappelijk Wonen (FGW) and chair of Landelijke Vereniging Centraal Wonen (LVCW)

e-mail: peter.bakker@peter.antenna.nl

/ Cohousing Associations /

Dutch Cohousing Association (LVCW)
60 all-generation cohousing communities come under the umbrella of the LVCW (in Dutch: Landelijke Vereniging Centraal Wonen). Although the LVCW was officially formed in 1977; its first project began earlier, around 1971.
www.lvcw.nl / www.cohousing.nl

Dutch Senior Cohousing Association (LVGO)
About 150 seniors' cohousing communities are organised by the LVGO (in Dutch: Landelijke Vereniging Gemeenschappelijkwonen van Ouderen).
www.lvgo.nl

Dutch Federation of intentional communities (FGW)
The LVCW and LVGO work together in the FGW (in Dutch: Federatie Gemeenschappelijk Wonen), The federation works for all kind of intentional communities.
www.gemeenschappelijkwonen.nl
supported by the project developer Courvoisier.

LITERATUR /DE/ LITERATURE /EN/

// Christensen, K., Levinson, D. (2003) *Encyclopedia of Community* | Thousand Oaks CA: Sage Publications
// Fromm, D. (1991). *Collaborative communities: Cohousing, central living and other new forms of housing with shared facilities* | New York: Van Nostrand Reinhold.
// Jansen, H. (1990). *Woongroepen in Nederland* | De Lier: Academisch Boeken Centrum
// Kesler, B. (1991) *Centraal Wonen in Nederland* | Wageningen: Landbouwuniversiteit Wageningen
// McCamant, K., Durret, C., Hertzman, E. (1994) *Cohousing: A comtemporary approach to housing ourselves* | Berkeley CA: Ten Speed Press
// Meltzer, G. (2001). *Cohousing bringing communalism to the world? Proceedings of the Seventh International Communal Studies Conference.* www.gemeenschappelijkwonen.nl/icsa/2001conference/ICSA_eBook.pdf
// Poldervaart, S., Jansen, H., & Kesler, B. (Hg. eds.). (2001). *Contemporary utopian struggles* | Amsterdam: Aksant
// Van Tricht, A. (2006) *Gemeenschappelijk wonen: Méér dan wonen* (brochure) | Utrecht: FGW
// Weggemans, T., Poldervaart, S., Jansen, H. (1985) *Woongroepen* | Utrecht: Het Spectrum

SELBSTVERWALTETE GEMEINSCHAFTSWOHNPROJEKTE IN DEN NIEDERLANDEN

Von der „alternativen Wohngemeinschaft" zu „Ich baue (mir) ein Haus"

EINFÜHRUNG

Das niederländische System, das seit ungefähr einem Jahrhundert Wohnraum durch Wohnungsbaugesellschaften bereitstellt, ist hinreichend bekannt. Was außerhalb der Niederlande weniger bekannt ist, sind die Auswirkungen der durch Gesetz beschlossenen Privatisierung aller Wohnungsbaugesellschaften im Jahr 1994 (BBSH 1992). Noch weniger weiß man über selbstorganisierte Wohnungsbauprojekte in den Niederlanden. Bis vor Kurzem war ihre Anzahl zu klein, um wirklich wahrgenommen zu werden. Seitdem jedoch im Jahr 2000 die nationale Politik (Remkes/Pronk 2000) darauf ausgerichtet wurde, Eigenheime und „Bouwen in eigen beheer" (Bauen in eigener Regie) zu fördern, haben sich die Zahlen deutlich verändert. Selbstorganisierte Wohnungsbauprojekte sind damit nicht länger Privilegierten oder Idealisten vorbehalten, sondern haben ihr Nischendasein verlassen. Nichtsdestotrotz haben die Niederlande im europäischen Kontext den niedrigsten Anteil an selbstorganisiertem Wohnungsbau, und trotz der politischen Förderung liegt der Prozentsatz immer noch bei gerade einmal 20 Prozent. Vor dem Hintergrund der Krise 2009, die die Bauindustrie in den Niederlanden nahezu zum Stillstand gebracht hat, haben diese Projekte jedoch eine bemerkenswerte Stabilität bewiesen, wobei sich ihre Merkmale im Laufe dieser Prozesse verändert haben. Einerseits haben Einzelpersonen jetzt besseren Zugang zu Baugrundstücken, und zwar sowohl individuell als auch als „Bauherrengruppe" (CPO), ähnlich den deutschen Baugruppen. Andererseits gibt es neue Möglichkeiten für Gemeinschaften, die alternative Lebensformen umsetzen oder für bestimmte Bedürfnisse bauen wollen.

Dieser Beitrag untersucht Wohnungsbauprojekte in den Niederlanden, die durch Bewohner initiiert und organisiert werden. Darunter werden kollaborative oder kollektive Initiativen des gemeinschaftlichen Wohnens im weiteren Sinne verstanden, das heißt, es gibt keine Beschränkung auf Centraal Wonen oder das Cohousing-Modell /1/. Manche Beispiele zeigen, dass sich durch den Trend zum gemeinschaftlichen Wohnen die Planung und Bereitstellung von Wohnraum von einer *top-down*-Produktion hin zu einer kooperativen Produktion verändert. Andere Beispiele zeigen, dass eine Institutionalisierung zu einer Verwässerung ursprünglicher Konzepte führt. Es ist sicher verfrüht, einen Schluss zu ziehen, welche Richtung die Entwicklung nehmen wird, insbesondere da die Finanzkrise äußerst komplexe Auswirkungen zeitigt. Wenn wir die vielschichtige Entwicklung von Gemeinschaftswohnprojekten verfolgen, wird deutlich, dass bei der Planung von selbstorganisiertem Wohnungsbau einige Schwierigkeiten auftreten können. Die mittlerweile zunehmenden Mischformen zwischen *top-down* und *bottom-up* werden jedoch ohne Zweifel eine nachhaltige Wirkung haben.

GEMEINSCHAFTLICHES WOHNEN IN DER VERGANGENHEIT

Ursprünglich gingen Wohnungsbaugesellschaften, die wir heutzutage als große und etablierte Institutionen kennen, auf Bürgerinitiativen zurück, zum Beispiel im Rahmen von Wohlfahrtsvereinen oder Gewerkschaftsbewegungen. Mit zunehmender Institutionalisierung der Vereine entfernte sich der Tätigkeitsbereich der Organisationen jedoch immer mehr von den Bewohnern, sodass es im Zuge der Demokratisierungsbewegung in den 1970er Jahren zu einer Gegenbewegung kam. Hausbesetzer und Umweltschützer begannen gemeinschaftlich, bezahlbaren Wohnraum zu schaffen. Viele Projekte aus dieser Zeit wurden später „legalisiert" und bestehen bis zum heutigen Tag. In diesen Projekten wurde eine Menge Wissen über nachhaltiges Bauen, erneuerbare Energien, effiziente Versorgungseinrichtungen sowie über das gemeinsame Entwickeln von Projekten und das Verhandeln mit lokalen Behörden angesammelt. In den 1990er Jahren profitierten viele dieser Initiativen als Pilotprojekte von Umweltförderprogrammen (Subventionen), die von der Regierung angeboten wurden. Im Rahmen dieser Programme konnten nützliche Erfahrungen, wie zum Beispiel über die Optimierung von Sonnenkollektoren und Holzbausystemen, gesammelt werden. Einige der bereits 1990 durchgeführten Maßnahmen finden sich heute, 20 Jahre später, in Normen und Berechnungsmodellen wieder (Tummers 2013).

1983 gründete sich die Wohnungsbaugesellschaft Woningbouw Vereniging Gelderland (WBVG /2/) zur Förderung von selbstorganisierten Wohngruppen und setzt dies nunmehr seit 30 Jahren erfolgreich um. In diesem Zeitraum war jedoch der Wohnungsbau in den Niederlanden weiterhin eher durch Institutionalismus als durch gemeinschaftliche Initiativen gekennzeichnet – und das Einfamilienhaus war die vorherrschende Bautypologie. Die ersten selbstorganisierten Projekte unter der neuen Politik entstanden auf individuellen Grundstücken für Einzelhaushalte, was in der niederländischen Gesellschaft weder üblich noch in irgendeiner Weise kostengünstig oder umweltfreundlich ist. In jüngster Zeit haben diese gemeinschaftlich erbauten „grünen städtischen Oasen" jedoch wieder Interesse geweckt, und zwar als Beispiele für sozial dynamische Organisations- und Eigentumsmodelle, partizipatives Design und Selbstverwaltung.

Selbstorganisierte Gemeinschaftswohnprojekte haben ihre Vorläufer in Designutopien wie zum Beispiel „Walden" – bekannt durch den niederländischen Schriftsteller van Eeden – oder „Westerbro", die 1904 von Margaretha Meyboom initiierten Kooperativhäuser (Poldervaart 1995, 2001). Unter den historischen Vorgängern finden wir auch architektonische Experimente mit gemeinschaftlichen Küchen und Haushaltsfunktionen.

/1/ siehe www.lvcw.nl/ oder http://www.cohousing.org
Co-housing wird in diesem Text mit „gemeinschaftliches Wohnen" oder „Gemeinschaftswohnprojekte" übersetzt, in Abgrenzung zum Cohousing-Modell, das Peter Bakker in seinem Beitrag beschreibt.

/2/ www.wbvg.nl

SELF-MANAGED COHOUSING IN THE NETHERLANDS

From 'alternative community' to 'I build a house (for me)'

INTRODUCTION

For about a century, the Netherlands' system of housing provision by housing associations has been well-known. Less is known outside the Netherlands about the impact of the privatisation of all housing associations by law in 1994 (BBSH 1992). Even less is understood about self-managed housing in the Netherlands: until recently, it was too small in numbers to appear on the radar. However, after a national policy was initiated in 2000 (Remkes/Pronk 2000) aiming to promote home-ownership and 'Bouwen in eigen beheer' (self-developed housing), the figures have changed dramatically. Self-managed housing development is no longer just for the privileged or the idealists, but has grown out of the margins. Nevertheless, in the European context the Netherlands has the lowest percentage of self-development and, despite respective policies, is still below 20 per cent. Self-managed housing development has shown remarkable persistence during the paralysation of the building sector since 2009 when the financial crisis hit the Netherlands. During this process, its character has also changed: on the one hand individuals now have more access to land to build on, individually or as a 'Collective Client' (CPO), similar to the German Baugruppen. On the other hand, there are opportunities for communities who are looking for alternative lifestyles or want to build for specific needs.

This article explores citizen-led housing development in the Netherlands. It understands collaborative or collective initiatives as co-housing in a wider sense, i.e. not limited to the Centraal Wonen or Cohousing model / 1 /. Some examples indicate that the co-housing trend is transforming planning and housing provision in the Netherlands from 'top-down' to 'co-production'. Other examples illustrate the watering down of original concepts through institutionalisation. It is still early days to conclude which way this will go, especially because the effects of the financial crisis are complex. Tracing the multi-faced development of co-housing, it becomes clear that some tensions arise when planning for citizen-led development. However, the hybrid forms of co-housing that emerge will undoubtedly have a lasting impact.

CO-HOUSING IN THE PAST

The origin of housing associations that we now know as large, established institutions, lies in citizen initiatives, for example as charities or trade-union mobilisations. As the associations have become institutionalised, the scale of operation has alienated the organisations from the inhabitants and a counter-movement started as part of the democratization movement in the 1970s. Squatters and environmentalists started to create affordable housing collectively. Many projects of that time later have been 'legalised' and survive to this day. These projects developed a great deal of knowledge about sustainable building, renewable energies, efficient installations, and about developing projects collectively and negotiating with local authorities. For example, in the 1990s, many of the initiatives benefited as pilots from environmental stimulation programmes (subsidies) implemented by the government. These provided useful learning experiments, for example, to improve solar collectors and timber-construction systems. Some examples from the 1990s already implemented measures that today, 20 years later, are regulated in norms and calculation models (Tummers 2013).

The Housing Association Woningbouw Vereniging Gelderland (WBVG / 2 /) was installed to facilitate self-managed housing collectives and has been doing this successfully for 30 years. During that period, Dutch housing provision remained characterised by institutionalism rather than community-led action, and single-family units as predominant typology. The first projects for 'self-development' under the new policy were also based on individual plots and single-household clients, something which was not common in Dutch society and is not cost-efficient or environmentally responsible at all. Recently, the collectively created 'green urban oases' have gained interest again as examples for social dynamic, organisation and property models, participative design and self-management. Self-managed co-housing has its Dutch predecessors in utopian design such as 'Walden' known from the Dutch writer van Eeden, or 'Westerbro' – the 1904 cooperative houses initiated by Margaretha Meyboom (Poldervaart 1995, 2001). Historical proposals include architectural experiments with community kitchens and household (cleaning) facilities.

CURRENT CO-HOUSING POLICIES

In 2000 parliament adopted the 'Nota mensen wensen wonen' (memorandum 'people preferences housing') proposed by the ministers Remkes and Pronk. The policy demanded more influence for inhabitants on housing and the environment, and accessibility of the housing market; tailor-made housing and more room for 'ecological housing'. A programme was implemented aiming for 30 per cent of housing production to be self-development (PO).

According to the mid-term evaluation of this policy in 2005, the interest in PO was stable: as in 1995 it represents about 15 per cent of building permits (CBS). This did not meet the 30 per cent target or the estimated interest by far, especially in the most densely populated provinces. In 2006 the research institute for the built environment (RIGO) even signalled a downward tendency, despite planning instruments that had been developed to meet citizens' initiatives. During the financial crisis, according to figures in 2012, the absolute numbers did indeed decline. However, Cohousers continue to invest and build where institutional investments have been stopped and proportionally the percentage is rising again. Both RIGO (2010) and the National Thinktank (Platform 31 2013) estimate that there is even more demand for self-developed housing but a lack of land and complex

/ 1 / as described in www.lvcw.nl/ or http://www.cohousing.org/

/ 2 / www.wbvg.nl

AKTUELLE POLITIK FÜR GEMEINSCHAFTSWOHNPROJEKTE

Im Jahr 2000 verabschiedete das Parlament die von den Ministern Remkes und Pronk vorgelegte „Nota mensen wensen wonen“ (Richtlinie Menschen, Wünsche, Wohnen). Darin wurde mehr Mitbestimmung bei der Wohnungsbau- und Umweltpolitik für die Bewohner gefordert. Des Weiteren ging es um den Zugang zum Wohnungsmarkt, bedarfsgerechten Wohnraum und bessere Möglichkeiten zur Realisierung von ökologischem Wohnen. Es wurde ein Programm verabschiedet, welches vorsah, dass 30 Prozent des Wohnungsbaus in Form von selbstorganisierten Projekten erfolgen sollte (PO – Particulier Opdrachtgever).

/ De Driehoek, Rotterdam, Sanierungsprojekt einer Käufergemeinschaft im Programm „Klushuis“ (Selbstbau), 2007, Rotterdam
De Driehoek, collective renovation project in the 'klushuis' (self-build) program, 2007, Rotterdam /

/ De Driehoek, Rotterdam, Sanierungsprojekt einer Käufergemeinschaft im Programm „Klushuis“ (Selbstbau), 2007, Rotterdam
De Driehoek, collective renovation project in the 'klushuis' (self-build) program, 2007, Rotterdam /

Die Zwischenevaluation dieser Maßnahmen im Jahr 2005 zeigte, dass das Interesse am PO stabil war, da wie im Jahr 1995 ca. 15 Prozent der Bauanträge (CBS) in diesem Bereich gestellt wurden. Damit wurden allerdings weder die 30-Prozent-Marke noch das erwartete Interesse erreicht, insbesondere nicht in den am dichtesten besiedelten Provinzen. 2006 vermeldete das Forschungsinstitut für die bauliche Umwelt (RIGO) sogar eine rückläufige Tendenz, obwohl Planungsinstrumente entwickelt worden waren, um den Zugang für Bürgerinitiativen zu erleichtern. Nach Angaben aus dem Jahr 2012 fielen die absoluten Zahlen während der Finanzkrise sogar. Nichtsdestotrotz investieren und bauen Mitglieder von Gemeinschaftswohnprojekten weiterhin auch dort, wo institutionelle Investitionen gestoppt wurden, das heißt, anteilig steigt der Prozentsatz wieder. Sowohl das RIGO (2010) als auch der National Thinktank (Plattform 31 2013) gehen davon aus, dass die Nachfrage nach selbstorganisierten Wohnungsbauprojekten eigentlich sogar höher ist, der Mangel an Baugrundstücken und komplexe Verfahren jedoch erschwerte Bedingungen produzieren. Selbstorganisiertes Bauen ist also in der niederländischen Kultur nicht stark verankert. Manche Stimmen aus der Praxis heben hervor, dass die Nachkommen von Migranten jedoch offensichtlich eher bereit sind, selbstorganisierte Strukturen anzunehmen (Tellinga 2010, van Exel zitiert von Overdijk 2010, siehe auch de Jong in diesem Band).

Insgesamt vollzog der Bau- und Wohnungssektor den Übergang zum gemeinschaftlich organisierten Wohnungsbau nur langsam, und die Kommunen wurden erst aktiv, als sie durch Regierungsbeschlüsse infolge europäischer Vereinbarungen dazu gezwungen wurden. Die erste Strategie bestand darin, einzelne, eher teure Grundstücke anzubieten, die wenig Raum für Gemeinschaftseinrichtungen vorsahen und keine besonderen Anforderungen an nachbarschaftliche Qualitäten stellten, die über allgemeine architektonische Qualitätsanforderungen hinausgingen. Seit 2009 sind Selbstbauprojekte in einigen großen Städten wie Almere und Rotterdam Teil der städteplanerischen Strategie geworden. Inspiriert durch Beispiele in Deutschland, zum Beispiel in Tübingen und Freiburg (Kompier 2011, Kruk 2010), hat Almere diese Strategie erweitert, indem Bewohner durch den Planungsprozess begleitet und die Beamten entsprechend geschult werden. Die Stadt Almere unterstützt auch Baugruppen mit der so genannten „Ich baue bezahlbar in Almere“ (IBBA)-Strategie, die den Zugang zu Wohnprojekten für Haushalte mit niedrigerem Einkommen ermöglicht (Almere 2010).

Die Frage, inwieweit das erneute Aufkommen von wegweisenden Projekten und gemeinschaftlichem Wohnen das Ergebnis eines Politikwechsels in den Niederlanden ist, bleibt offen. Van der Woude benennt hier sowohl die Finanzkrise als auch den Wunsch nach Wohneigentum als treibende Faktoren (van der Woude 2012: 11).

Im Allgemeinen passt der neue, eigeninitiierte Wohnungsbau in den Trend, dass Bürgerinitiativen zunehmend gewisse Funktionen des Wohlfahrtsstaats übernehmen: zum Beispiel Versicherungen (*broodfonds*), Pflege (für Senioren und Behinderte), Nahrungsmittelproduktion (Gemeinschaftsgärten) oder Energieversorgung (lokale Wind- oder Photovoltaik-Kooperativen) (van der Lans/Hilhorst 2013). Derzeit ist die Unzugänglichkeit des Wohnungsmarktes und der institutionellen Angebote wie in den meisten anderen europäischen Ländern auch der wesentliche Anreiz, die Wohnsituation in die eigenen Hände zu nehmen. Die Zwischenevaluation der Wohnungsbaupolitik zeigt, dass die durchschnittliche Investition für eine Wohnung in einem selbstorganisierten Projekt nicht wesentlich niedriger

procedures form restricting conditions. Also, self-building is not strongly embedded in Dutch culture. Some practitioners have pointed out that immigrant descendants seem to be more prone to adopt the self-development policies (Tellinga 2010, van Exel quoted by Overdijk 2010, see also de Jong in this issue).

The building and housing sectors as a whole proved slow to adapt to transition to community-led housing and municipalities began to do so only when forced by government regulations following European agreements. The first strategy was to provide individual, rather expensive plots; with little room for community and no special neighbourhood/public quality demand apart from general architectural qualities. Since 2009, self-building has become an urban strategy in some major Dutch cities such as Almere and Rotterdam. Inspired by German examples, especially in Tübingen and Freiburg (Kompier 2011, Kruk 2010), Almere expanded this strategy guiding citizens through the planning process and training the public functionaries accordingly. The city of Almere also facilitates 'Baugruppen' to make self-development accessible for lower-income households: the 'I Built affordable in Almere' or IBBA strategy (Almere 2010).

To what extent the re-emergence of pioneering projects and co-housing are the result of the policy change in the Netherlands is questionable. Van der Woude identifies the financial crisis as well as the desire to acquire property as driving factors (van der Woude 2012: 11). Generally, the new self-provision of housing fits in with the trend towards increased citizen-led initiatives taking over some roles of the welfare state: such as insurance (broodfonds), care (for the elderly or handicapped), food production (community gardens) or energy supply (local wind or PV coops) (van der Lans/Hilhorst 2013). Inaccessibility of the market/institutional offers is presently a major incentive to take the housing situation into hand, as in most European countries. The mid-term policy evaluation showed that the average investment of costs for a flat in self-management is not significantly lower than turn-key property or rentals (Boelens in Qu and Hasselaar 2011), but the 'value per Euro' is significantly higher. Not only do self-managed projects create more square metres for the same price, but also more quality in services and lower energy costs. An evaluation of the results of community-led projects qualified them as 'green urban oases' (Hacquebord 2009). However, these conclusions are mainly based on pre-policy 'experimental' projects, and the realisation of these environmental qualities required much perseverance by the residents. Nowadays, the Netherlands present large numbers of proposals, varying from a few units to 500 households: so-called 'eco-villages' and Centraal Wonen is flourishing (see Peter Bakker in this issue). The Dutch Woonbond sees opportunities for tenants to take property management into their own hands (Cüsters 2014) and the minister responsible for housing is investigating the possibilities for legally embedding self-managed housing co-ops.

/ De Kersentuin, Leidsenrijn, Stadterweiterung von Utrecht, 96 Wohnungen und ein Gemeinschaftsraum, 2002–2003
De Kersentuin in Leidsenrijn, large urban extension of Utrecht, 96 apartments and a common space, built in 2002–2003 /

/ Meander, zweites Gemeinschaftswohnprojekt der Wohnungsbaugesellschaft MMWZ, Zwolle
Meander is the second co-housing project of the association MMWZ, Zwolle /

/ De Kersentuin Wohnungsbaugesellschaft wandelt Park- in Spielplätze um und pflegt diese halböffentlichen Flächen in Kooperation mit der Stadt.
De Kersentuin association turns parking lots into playgrounds and manages this semi-public space in partnership with the municipality./

ist als für eine schlüsselfertige Immobilie oder eine Mietwohnung (Boelens in Qu und Hasselaar 2011), der „Wert pro Euro" jedoch deutlich höher ist. In selbstorganisierten Projekten entstehen nicht nur mehr Quadratmeter für denselben Preis, sondern es werden eine bessere Qualität und niedrigere Energiekosten erzielt. Eine Bewertung der Ergebnisse von Gemeinschaftswohnprojekten beschreibt diese als „grüne städtische Oasen" (Hacquebord 2009). Diese Schlussfolgerungen ergeben sich jedoch vor allem aufgrund „experimenteller" Projekte, die vor dem Politikwechsel entstanden sind, und die Umsetzung der Umweltqualitäten verlangt viel Durchhaltevermögen von den Bewohnern.

Es gibt heutzutage in den Niederlanden eine große Anzahl von Angeboten, manche mit nur wenigen Wohnungen und manche für bis zu 500 Haushalte, sogenannte „Eco-Villages", und Centraal Wonen erfreut sich allgemein großer Beliebtheit (siehe Peter Bakker in diesem Band). Der Dutch Woonbond schlägt vor, dass Mieter die Verwaltung ihrer Wohnungen selber übernehmen (Cüsters 2014) und der für Wohnungsbau zuständige Minister untersucht die Möglichkeiten, selbstorganisierte Wohnungsgenossenschaften gesetzlich zu verankern.

/ Ökologischer Stadtteil EVA Lanxmeer bei Culemborg (ab 1994)
Ecovillage EVA Lanxmeer, Culemborg (since 1994) /

MISCHFORMEN VON GEMEINSCHAFTSWOHNPROJEKTEN

Institutionen haben ihre Schwierigkeiten, sich an neue Formen der Selbstorganisation anzupassen. Bauträger halten innovative Verfahren für ein zu hohes Risiko und Architekten und Berater haben zu wenige Kenntnisse oder sind nicht genügend motiviert. Das ist der Grund, warum das Potenzial für Gemeinschaftswohnprojekte (und Selbstorganisation) bisher nicht genügend ausgeschöpft wird. Bei den meisten Projekten investieren die Bewohner viel Zeit in die Projektentwicklung: Optionen sind zu überprüfen, Informationen zusammenzutragen und es wird mit lokalen Behörden und Bauunternehmen verhandelt. Nach Fertigstellung müssen die Installationen zur Erzeugung erneuerbarer Energie gewartet und deren Verbrauch bzw. Leistung überwacht werden. Da offensichtlich die vom „Markt" angebotenen Lösungen nicht unbedingt zufriedenstellend sind, verlangt die Schaffung einer umweltfreundlichen und gesunden Umwelt viel Einsatz von den BewohnerInnen, verbindet sie aber auch miteinander. Der finanzielle Gewinn ist dabei eher marginal, was die starke Motivation, „nachhaltige" Wohnformen und Lebensstile umsetzen zu wollen, noch unterstreicht. Dieses Bemühen wird jedoch nicht immer von allen am Prozess beteiligten Partnern anerkannt, was dazu führt, dass der Schatz an Wissen und Erfahrung aus der Zusammenarbeit, den die Bewohner aufbauen konnten, nicht immer optimal genutzt wird. Bei den Beispielen, wo die Beteiligten bei der Entwicklung der Gestaltungskriterien und der Aufstellung klarer Ziele für „Nachhaltigkeit" zusammengearbeitet haben, gibt es das notwendige Budget für Innovationen und die Flexibilität für eine Umsetzung. Es erfordert jedoch eine offene Haltung von beiden Seiten, um gemeinsame Interessen und den gemeinsamen Nenner zwischen institutionellen Verfahren und der individuellen lokalen Gruppe zu finden. Hinzu kommt, dass die Umsetzung eine Umorientierung aller Beteiligten erfordert, da sich die traditionellen Rollen von „Produzent" und „Verbraucher" auflösen (Kuenzli/ Lengkeek 2004). Das setzt voraus, dass sich die Verantwortlichkeiten verschieben und dass neue Planungs- und Verwaltungsinstrumente für technische Netzwerke entwickelt werden müssen. Die Erfahrungen der bereits erwähnten WBVG könnten anderen etablierten Wohnungsbaugesellschaften dabei als Anregung dienen. Die WBVG weiß zum Beispiel genau, dass selbstorganisierte Gruppen, trotz des vermuteten Risikos, stabile Partner sind. Einzelne Mitglieder können zwar wechseln, aber es gibt immer Kandidaten, die ihren Platz einnehmen wollen. Probleme, die zum Beispiel bei der Wartung oder durch eine Störung der Versorgungseinrichtungen entstehen, werden umgehend kommuniziert und in gegenseitigem Bemühen behoben. Die WBVG expandiert derzeit in andere Regionen, weil andere Wohnungsgesellschaften der dortigen Nachfrage von Wohninitiativen nicht nachkommen.

Das Marktinteresse wächst indes: Wohnungsbaugesellschaften bieten variablere Mietverträge und Formen von Gemeinschaftseigentum an. Bauträger bieten mehr Gestaltungsoptionen für „verbraucherorientierten Wohnungsbau" an (van den Ham/Keers 2010, Boelens in Qu und Hasselaar 2011), oder sie stellen sich selber als Partner für Wohnprojekte zur Verfügung (Timpaan 2012). Kommunen schaffen Infrastrukturen in ihren Planungsabteilungen, um Baugruppen zu unterstützen (Boelens in Qu und Hasselaar 2011, Bresson/Tummers 2014). Ein Instrument ist dabei der „Wohnungsbaukatalog" mit vorgefertigten Modellen, die den Qualitätsanforderungen der Kommune entsprechen. Neue Berufe entstehen, wie das „Bau-Coachen" (De Regie). Der Architekturfonds subventioniert Designstudien (www.architectuurfonds.nl/projecten/sfa_themadossiers/dossier_bottom-up_initiatief) und der Bond Nederlandse Architecten (BNA – Nationaler Architektenverband) hat neue Richtlinien für Architekten veröffentlicht: *DNR: Neue Richtlinien für den Umgang mit nichtprofessionellen Bauherren* (in den Niederlanden haben Architekten eine andere Rolle als in Deutschland). Es ist also interessant zu beobachten, was wir für ein gemeinsames Handeln in Bezug auf Wohnraumverteilung, gemeinschaftliches Bauen und Selbstverwaltung lernen können.

/ Typisch für die neue Generation von Gemeinschaftswohnprojekten in NL: Nieuw Terbregse, Rotterdam (Hulshof architecten)
Typical for the new 'co-housing' generation in NL: Nieuw Terbregse, Rotterdam (Hulshof architecten) /

HYBRID FORMS OF CO-HOUSING

Institutionalised corporations have difficulties adapting to new forms of self-development. Developers find the risk of innovative procedures too high and architects or consultants have too little knowledge or motivation. For this reason the potential of co-housing (and self-management) is so far under-used. In the majority of projects, residents invest much time in the project development, investigating options, gathering information and negotiating with the local authorities and the building firms. After realisation, they both maintain and monitor the consumption performance of renewable energy installations. The model to create a friendly and healthy environment needs to be conquered and brings the inhabitants together because clearly the solutions offered by the 'market' are not satisfying. The financial gain is modest, which underlines the strong motivation to create 'climate-resistant' housing models and lifestyles. This effort is not always recognised by the partners in the process, and thus there is a leak in the reservoir of knowledge and experience of collaboration that the inhabitants have built up. In those examples where the parties involved work together, developing the design criteria and clearly establishing goals of 'sustainable performance', the necessary budget for innovations and the flexibility for implementation can be found. However, there needs to be an open attitude from both sides, to find the common interests and the meeting point between institutional procedures and tailor-made local groups. Moreover, the realisation requires a re-orientation of all parties involved, as the traditional roles of 'producer' and 'consumer' become diffuse (Kuenzli/ Lengkeek 2004). This implies that the responsibilities shift and new instruments and contracts for planning and managing technical networks need to be invented. The experiences of the aforementioned WBVG could inspire other, established housing associations. For example, WBVG are aware that, contrary to the perceived risks, self-managed groups are a stable partner. While the individual members may change, there are always candidates to take the vacant place. Problems that occur, for example in the maintenance or malfunctioning of installations, are signalled on the short term and resolved by mutual effort. WBVG is presently expanding to other regions because the demand is not being satisfied by housing initiatives.

However, the interest from the market is increasing: housing corporations now offer more variation in rental contracts and forms of joined property. Developers offer more design options as 'consumer-oriented housing' (van den Ham/Keers 2010, Boelens in Qu and Hasselaar 2011) or offer themselves as partners for co-housing groups (Timpaan 2012). Municipalities create infrastructure in the planning department to facilitate Baugruppen (Boelens in Qu and Hasselaar 2011, Bresson/Tummers 2014). One of the instruments is the 'housing catalogue' with preconceived models that meet the quality criteria of the municipality. New professions are emerging, such as 'building coaching' (De Regie). The Architectural Fund has subsidised design studies (http://www.architectuurfonds.nl/nl/projecten/sfa_thema-dossiers/dossier_bottom-up_initiatief), and the Bond Nederlandse Architecten (BNA national architects association) has published new guidelines for architects: 'DNR: new regulations to deal with non-professional clients' (in NL architects have a different role than in Germany). It is therefore interesting to look at the lessons that can be learned for collective action for housing distribution, community building and self-management.

/ Terbregse, Rotterdam /

TABELLE 1 GIBT EINEN ÜBERBLICK ÜBER VERSCHIEDENE TYPEN VON GEMEINSCHAFTSWOHNPROJEKTEN:

Typ	Definition	Merkmale
Centraal Wonen	Folgt dem Cohousing-Modell: siehe Bakker in diesem Band	Erste Generation in den 1980ern; gemeinschaftliches Bauen ist der zentrale Aspekt. Oft in Zusammenarbeit mit Wohnungsbaugesellschaften (siehe: zelfbeheer)
PO – Particulier Opdrachtgever (private Bauherren)	Individuelle Selbstorganisation, Bewohner sind direkte Bauherren und beauftragen Architekt, Bauunternehmen etc.	Seit 2000 gefördert durch die neuen nationalen Richtlinien und unterstützt von Kommunen durch Grundstücke, Beratung und „Kataloge"
CPO – Collectief Particulier Opdrachtgever (private Bauherrengruppe)	Kollektive Selbstorganisation (entspricht der deutschen Baugruppe)	Ziel ist individuelles Wohneigentum, jedoch mit gemeinsamer Verwaltung von gemeinschaftlichen Gebäudeteilen; z.B. Parkplatz, Spielplatz oder andere Einrichtungen, die nach dem Bau im Gemeinschaftseigentum verbleiben.
Klushuis (Selbstbauhaus)	Die Kommune verkauft in der Innenstadt statt Grundstücken alte Häuser zu relativ niedrigen Preisen, mit der Auflage zur Renovierung und Eigennutzung.	Gentrifizierungsmaßnahme, attraktiv für „Anfänger" auf dem Wohnungsmarkt, die das Projekt durch ihre Eigenleistung für sich erschwinglich machen
Zelfbeheer (Selbstverwaltung)	Die Bewohner besitzen das Gebäude nicht, bilden aber einen Verein.	Zahlreiche Projekte in großen Städten und Regionen, für die die WBVG Partner ist (oft ehemals besetzte Häuser)
Co-creatie	Vom Bauträger entwickeltes Wohnbauprojekt mit mehr Optionen oder Einfluss für (künftige) Bewohner	Marktreaktion auf die nationale Politik und die steigende Nachfrage nach diversifiziertem, bedarfsgerechtem Wohnraum
Eco-Villages (Ökodörfer) und intentionale Gemeinschaften	Größere Initiativen, die auf eine ganzheitliche Erneuerung hinarbeiten: Energiewende, Nahrungsmittelproduktion etc.	Bewegung seit den 1980ern, die durch die neue Wohnprojektpolitik und den Stillstand im Bausektor als Folge der Finanzkrise wieder an Einfluss gewonnen hat

Tabelle 1: Darstellung der niederländischen Gemeinschaftswohnprojekte (L. Tummers, August 2014)

SELBSTORGANISIERTE GEMEINSCHAFTS-WOHNPROJEKTE IN DER ZUKUNFT

In den Niederlanden sind selbstorganisierte Wohnprojektinitiativen die Pioniere für die Schaffung von nachhaltigem und hochwertigem Wohnraum. Der Mangel an bezahlbaren, bedarfsgerechten Wohnungen ist einer der Auslöser für das Entstehen von kollaborativen Wohnprojekten. Verglichen mit den großen Ambitionen jüngster Initiativen sind die Ergebnisse in der Praxis jedoch eher bescheiden. Nichtsdestoweniger sind die meisten Projekte ihrer Zeit in puncto Bauen voraus, insbesondere was die Einsparung von Energie anbetrifft. Eine Übersicht der Grundrisse zeigt jedoch, dass die Einheiten pro Haushalt in den derzeitigen Projekten relativ konventionell geschnitten sind. Die Gemeinschaftsflächen als neue Zusätze sind teils rein praktischer Natur, so wie Parkplätze oder Fahrradschuppen, befördern aber manchmal auch das Zusammenleben, so wie Spielplätze oder Funktionsräume (Tummers 2012).

Es gibt nicht viel Literatur, in der die Ergebnisse selbstorganisierter Wohnprojekte in den Niederlanden langfristig bewertet werden. Deshalb ist es schwierig vorherzusagen, wie sich der Trend zu Wohnprojekten in Zukunft entwickeln wird (Uitermark 2013). Obwohl „es sich bei allen (niederländischen) Projekten um Gemeinschaften handelt, die sich aktiv in die Gesellschaft einbringen" (Linssen 2007), besteht dennoch eine gewisse Gefahr, dass diese „städtischen Oasen" zu Inseln werden, die hauptsächlich für eine flexible, gut gebildete, betuchte Mittelklasse zugänglich sind und Züge einer Gated Community aufweisen. Das ist sicher nicht die Absicht der Bewohner, sondern eher eine Folge der Baurichtlinien und der Einbettung in das vorhandene urbane Geflecht. Die Zuteilung eines Grundstücks, insbesondere auf innerstädtischen Flächen, und der Quadratmeterpreis, besonders am Stadtrand, erfordern schon eine beträchtliche Summe, bevor der Bau überhaupt losgehen kann. Für genossenschaftliche Projekte werden, außer bei den wenigen Genossenschaftsbanken, keine geeigneten Finanzierungsmöglichkeiten angeboten. Dies kann unter anderem dazu führen, dass ökologische Ambitionen unter Druck geraten. Ungewollt aber gerät auch eine andere Zielrichtung in Gefahr: die Mischung verschiedener Einkommensgruppen innerhalb eines Projekts und der Zugang für einkommensschwache Haushalte.

TABLE 1 GIVES AN OVERVIEW OF CO-HOUSING TYPES:

type	definition	characteristics
Centraal Wonen	Following the Cohousing model: see Bakker in this issue	First generation 1980s; community-building is the central factor. Often in partnership with housing association (see: zelfbeheer)
Particulier Opdrachtgever (Private Client)	Individual self-development, inhabitants are direct clients and hire architect, contractor, etc.	Since 2000 stimulated by renewed national policies and facilitated in municipalities with plots, guidance and 'catalogues'.
CPO Collectief Particulier Opdrachtgever (Collective Private Client)	Collective self-development, equivalent of Baugruppe (building groups)	Aim is individual home-ownership, however some co-management for example of common building parts, parking, playground or other remain collective after building
Klushuis (DIY house)	In inner-city areas instead of plots, old volumes are sold at relatively low price with an obligation for renovation and self-use	Policy for gentrification, attractive for 'starters' on the housing market who can make it affordable by self-building.
Zelfbeheer (Self-management)	The residents do not own the premises but form an association	Numerous projects in large cities, and in other regions for which WBVG is a partner (often former squats)
Co-creatie	Developer-led housing project with more options or influence of (future) residents	Market response to the National Policy and the increasing demand of diverse, tailor-made housing
eco-villages and intentional communities	Larger scale initiatives that aim for holistic renewal: energy-transition, food-production and so on.	Movement since 1980s has regained momentum through the new self-development policies and paralysation of the building sector as a consequence of the financial crisis.

Table 1: mapping the Dutch co-housing trend (L. Tummers, august 2014)

CO-HOUSING IN THE FUTURE

In the Netherlands, self-managed co-housing initiatives are the pioneers for low-impact, high-quality housing. The lack of affordable, tailor-made housing is one of the incentives for collaborative housing initiatives. In the light of the high ambitions of most recent initiatives the results are relatively modest in practice. Yet most projects are ahead of their time in construction, especially in terms of energy-saving. However, a glossary of housing plans demonstrates that in recent projects the household units are relatively conventional with some shared spaces as new additions some of them practical, such as parking areas or bike sheds, while others facilitate community building in the form of playground or function rooms (Tummers 2012).

There is not much literature available that critically evaluates the performances of Dutch self-managed co-housing over time, so it is therefore difficult to predict how the self-managed co-housing trend will develop (Uitermark 2013). Although 'all (Dutch) examples of projects consist of communities with active relations to society' (Linssen 2007), there is also a certain risk that the 'urban oases' become islands accessible mainly for resilient, well-educated, affluent middle-class people and have features similar to 'gated communities'. This is not the intention of the inhabitants, but rather a consequence of building regulations and the weaving into the existing urban tissue. The allocation of plots, especially in inner city areas, and the square-metre price for land, specifically in suburban extensions, already require a considerable sum before building can even begin. For cooperative projects, the financial arrangements that are needed are not amongst the current products offered by banks, except for the rare cooperative banks. Amongst other things, this may put the ecological ambitions under pressure. Involuntary, it also puts restrictions on another ambition: the mix of incomes in the project and the accessibility for low-income groups. Formal housing distribution regulations, for example, do not allow institutional participation for middle- and high-income households.

Developers, administrators as well as construction parties often remain hesitant towards collective living projects and communal facilities. Procedures and regulations for building permits and financing are not adapted to collectives as clients. New plans and developments are mostly geared towards individual home-ownership and lotification, which makes it more difficult to achieve the same urban qualities as collective development.

/ Projekt Vrijburcht in Ijburg, Amsterdam: „Meer dan wonen achter je eigen voordeur" (Mehr als nur hinter der eigenen Haustür leben) // Gebäude mit zwei Flügeln, zentraler Eingang, Innenflur, Haustypen mit unterschiedlichen Preisen, öffentliche Funktionen
Project Vrijburcht in Ijburg, Amsterdam: 'Meer dan wonen achter je eigen voordeur' (More than only live behind your own front door): building with 2 wings, central entrance, inner corridor, mixed price housing types, public functions /

/ Einzelhäuser in Ijburg, Amsterdam: teure Grundstücke, keine nachbarschaftliche, urbane Qualität
Individual houses in Ijburg, Amsterdam: expensive plots; no neighbourhood/public quality /

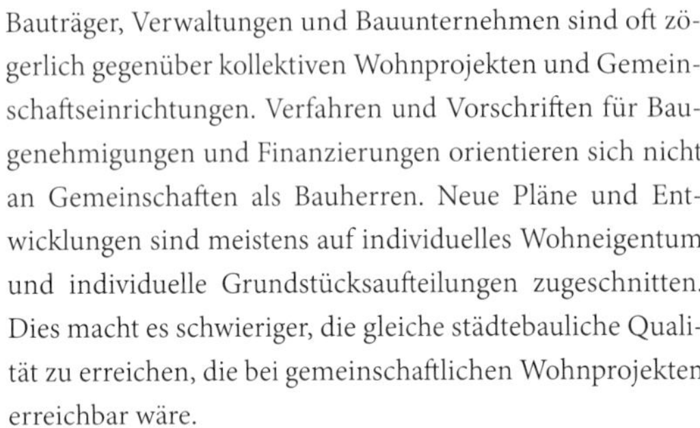

Bauträger, Verwaltungen und Bauunternehmen sind oft zögerlich gegenüber kollektiven Wohnprojekten und Gemeinschaftseinrichtungen. Verfahren und Vorschriften für Baugenehmigungen und Finanzierungen orientieren sich nicht an Gemeinschaften als Bauherren. Neue Pläne und Entwicklungen sind meistens auf individuelles Wohneigentum und individuelle Grundstücksaufteilungen zugeschnitten. Dies macht es schwieriger, die gleiche städtebauliche Qualität zu erreichen, die bei gemeinschaftlichen Wohnprojekten erreichbar wäre.

Letztendlich bleiben aber noch weitere Fragen offen: Ändern CPO-Projekte die Planung von *top-down* zu *bottom-up* und sind sie mehr als nur Werkzeuge der Gentrifizierung? Und inwieweit können öffentliche Aufgaben in Zukunft an selbstorganisierte Gemeinschaften übertragen werden? Mit abnehmenden Leistungen des Wohlfahrtsstaates müssen Wohnprojektgruppen möglicherweise mehr Verantwortung für Pflegeleistungen im Gesundheitsbereich übernehmen, einerseits als Alternative zu standardisierten oder institutionalisierten Angeboten und andererseits, weil dies die einzige Option ist. Das setzt die soziale Nachhaltigkeit selbstorganisierter Wohnprojekte unter Druck, auch wenn die vorhandenen Projekte zukunftsweisende Beispiele sind. Es bleibt abzuwarten, wie dies in einem größeren Umfang funktionieren kann.

AUTORIN: LIDEWIJ TUMMERS

Lidewij Tummers, 1999 Gründung des Planungsbüros Tussen Ruimte – für Wohnprojekte und Erneuerbare-Energie-Konzepte.
Seit 2006 Assistentin an der Architekturfakultät der TU Delft, wo sie derzeit über Wohnprojekte als Pioniere in der Anwendung ökologischer Energiekonzepte promoviert. Schwerpunkte ihrer Forschung: die Rolle von BürgerInnen in Planungssystemen, räumliche Kriterien für inklusive Planung, dezentralisierte Erneuerbare-Energie-Netzwerke, partizipative Planungsprozesse, Gender-Perspektiven in der räumlichen Planung.
Diverse Artikel zu Gender und Planung sowie Wohnprojekten (http://www.rali.boku.ac.at/ilap/gdus-network/) und (www.genderSTE.eu).

www.bk.tudelft.nl/urbanism
E-Mail: l.c.tummers@tudelft.nl

Tussen Ruimte, Rotterdam
www.tussen-ruimte.nl
E-Mail: post@tussen-ruimte.nl

Finally, there remain more questions: Can CPO projects be seen as a change from top-down to bottom-up planning and more than mere tools for gentrification? In how far can the public role be transferred to self-organised communities in the future? With the deterioration of the welfare state, housing collectives will probably need to take more responsibility for (health-)care, on the one hand as alternatives to standardised or institutionalised offers, on the other hand because this is the only option for lack of alternatives. This puts the social sustainability of self-managed co-housing under pressure, although the existing projects are hopeful examples. It remains to be seen, how this will work on a larger scale.

AUTHOR: LIDEWIJ TUMMERS

Lidewij Tummers, in 1999 establishment of Tussen Ruimte – technical consultants for grass-root housing coops and renewable energy initiatives.

Since 2006 Tutor at the Faculty of Architecture TU Delft, where she is currently writing a dissertation on co-housing as pioneers of eco-engineering. Central research themes are: the position of citizens in planning systems, spatial criteria for inclusive design, decentralised renewable energy networks, participatory design processes and a gendered perspective of spatial planning. She has published a number of papers and chapters on Gender & planning as well as on co-housing (http://www.rali.boku.ac.at/ilap/gdus-network/) and (www.genderSTE.eu).

www.bk.tudelft.nl/urbanism
e-mail: l.c.tummers@tudelft.nl

Tussen Ruimte, Rotterdam

www.tussen-ruimte.nl
e-mail: post@tussen-ruimte.nl

LITERATUR /DE/ LITERATURE /EN/

// Ache, Peter, Micha Fedrowitz (2012): „The Development of Co-Housing Initiatives in Germany." *Built Environment* 38, Nr. no 3 (Juli 2012): 395–412.

// Almere, Gemeente (2010): „IBBA 2006-2014."

// BBSH ,Besluit Beheer Sociale Huursector' (1992): http://www.aedes.nl/content/dossiers/bbsh.xml dd. 16-10-2014.

// Bouwmeester, Henk (2005): „bewoners bouwen de buurt. Collectief Particulier Opdrachtgeverschap in de woningbouw." Rapport van SEV realisatie in opdracht van Ministerie VROM.

// Bresson, Sabrina, Lidewij Tummers (2014): „L'habitat participatif autogéré en Europe : vers des politiques alternatives de production de logements ?" *Metropoles*, no. Politiques alternatives de développement urbain (September 2014). http://metropoles.revues.org.

// Cüsters, John (2014): Wonen in zelfbeheer. Nieuwe kansen voor huurders op zeggenschap en lagere woonlasten. Amsterdam: Nederlandse Woonbond, 2014.

// Dammers, E., Hanna Lára Pálsdottir, Lia van den Broek, Alexandra Tisma, Like Bijlsma (2007): Particulier opdrachtgeverschap in de woningbouw. Rotterdam: Nai Uitgevers. http://www.kei-centrum.nl/view.cfm?page_id=1901&item_ty.

// Hacquebord, Jeanet (2009): „Duurzame Stadsoases". 23. Wooninnovatiereeks. http://www.ikcro.nl/php/indexvarvar.php?varvar=object&thesaurusname=ikc-thema&id=305318&concept=Ruimtelijke+ordening&soortlist=nieuws&days=7.

// Ham, Marijke van den, Geurt Keers (2010): „CPO: markt voor bouwers". P14870. Amsterdam: Rigo in opdracht van St. RRBOUW. www.rigo.nl.

// Jong, Els de (2013): „Generaties verbinden, inspiratie vinden. Inspirerende voorbeelden van intergenerationele projecten in wonen, zorg en welzijn". AEDES-Actiz kenninscentrum Wonen & Zorg. http://www.kcwz.nl/doc/nieuws/Generaties_verbinden_inspiratie_vinden.pdf.

// Kompier, Vincent (2011): „Starchitecture Versus Archipunctuur. De Bloei van Het Fenomeen Baugruppen in Berlijn." *Architectuur Lokaal #77*: 14–15.

// Kruk, Jelk (2010): „Duitse Toestanden. Leren van het Tübingen model." Archined. http://www.archined.nl/nieuws/2010/februari/duitse-toestanden.

// Kuenzli, Peter, en Arie Lengkeek (2004): *Urban Jazz. Pleidooi Voor de Zelfgebouwde Stad*. Rotterdam: uitgeverij 010.

// Lans, Jos van der, Pieter Hilhorst (2013): *Sociaal doe-het-zelven. De idealen en de politieke praktijk*. Amsterdam: AtlasContact.

// Linssen, Mechtild (2007): Bouwen met je buren, niche of gat in de markt? (Building together: niche of new market?) Essay. Amsterdam: BNA/Stichting STAWON

// Overdijk, Carien (2010): De tijd is rijp voor zelfbouwers. http://www.binnenlandsbestuur.nl/achtergrond/2010/07/de-tijd-is-rijp-voor-zelfbouwers.274310.lynkx

// Platform 31 (2013): Kansen voor (C)PO in een stagnerende woningmarkt. http://kennisbank.platform31.nl/pages/28709/Kansen-voor-CPO-in-een-stagnerende-woningmarkt.html

// Poldervaart, Saskia, B. Kesler en Harrie Jansen (Hg. eds.) (2001): *Contemporary Utopian Struggles. Communities between Modernism and Postmodernism*. Amsterdam: Aksant

// Qu, Lei, Evert Hasselaar (2011): *Making room for people: Choice, voice and liveability in residential places.* Amsterdam: Techne Press.

// Remkes, Johan, Jan Pronk (2000): „Mensen Wensen Wonen. Nota wonen in de 21ste eeuw." Ministerie VROM.

// Tellinga, Jacqueline (2010): „De Almeerse werkwijze." S&RO 91 (3): 36–42.

// Tummers, Lidewij (2013): „Co-Housing: Pioneers of Eco-Engineering." Tarragona: ENHR, 2013. http://www.enhr2013.com/paper-submission/list-of-papers/.

// Tummers, Lidewij (2012): „Nieuwe Huisvestingscollectieven: Duurzame Pioniers?" VHV Bulletin 39 (3): 24–29.

// Tummers, Lidewij (Hg. ed.) (2012): „Self-Managed Cohousing: Born out of Need, or New Ways of Life." Proceedings of Le Studium & Université François Rabelais, conference held in Tours http://alter-prop.crevilles-dev.org/ressources/items/show/1267.

// Uitermark, Justus (2013): „Spontane stedenbouw als politiek." socialevraagstukken.nl. http://www.socialevraagstukken.nl/site/2013/01/03/spontane-stedenbouw-als-politiek/#_edn1.

// Woude, Henk van der (2012): *Community Architecture in Nederland*. Bussum: Toth.

GEMEINSCHAFTSWOHNPROJEKTE FÜR ÄLTERE IMMIGRANTEN IN DEN NIEDERLANDEN

EINFÜHRUNG

Die ersten niederländischen Cohousing-Projekte für Senioren (*groepswonen van ouderen*) wurden in den 1980er Jahren von aktiven „Menschen in ihrer nachfamiliären Phase“ (Eltern, deren Kinder das Haus verlassen haben) gegründet, die beim Nachdenken über ihre Zukunft zu dem Schluss gekommen waren, dass sie ihr Leben nicht in einer Einrichtung beschließen wollten. Diese Projekte sind sehr ähnlich wie Mehrgenerationenwohnprojekte (Centraal Wonen). Jedes Paar oder jede Einzelperson hat einen eigenen Wohnbereich und die Gemeinschaftsbereiche, wie zum Beispiel Versammlungsraum, ein Garten oder ein Gästezimmer, werden geteilt. Die meisten Cohousing-Projekte für ältere Menschen umfassen zehn bis 30 Haushalte, das heißt, sie sind etwas kleiner als die niederländischen Mehrgenerationenwohnprojekte (Jansen, 2008). Das Konzept dieser gemeinschaftlichen Seniorenwohnprojekte sieht vor, unabhängig zu wohnen, aber zusätzliche Gemeinschaftsbereiche zu teilen. Im Unterschied zu einigen Wohnprojekten in anderen Ländern nehmen die Bewohner jedoch nicht regelmäßig zusammen ihre Mahlzeiten ein. Die Projekte sind nicht darauf ausgerichtet, Hausarbeit zu teilen, bieten aber einen guten sozialen Rahmen und die Möglichkeit informeller Unterstützung und Betreuung, wenn es nötig ist. Die Seniorenwohnprojekte sind meist in neu gebauten, „maßgeschneiderten“ Wohngebäuden untergebracht und wegen der zusätzlichen Gemeinschaftseinrichtungen teurer als Standardwohnraum.

Es gibt in den Niederlanden eine Vielzahl von älteren Immigranten mit unterschiedlichen Hintergründen:

Menschen aus Suriname, eine ehemalige Kolonie der Niederlande, kamen ins Land, um zu studieren und kehrten nie mehr in ihr Heimatland zurück oder verließen es, als Suriname 1975 unabhängig wurde.

Menschen aus Niederländisch-Indien kamen in den 1950er Jahren und sprechen mehrheitlich Niederländisch.

Es gibt auch viele ältere Immigranten, die als Vertragsarbeiter in die Niederlande gekommen waren. Lange Zeit glaubten sie, nur vorübergehend dort zu bleiben. Aber es kam anders. Ihre Kinder wurden Niederländer und sie wollten das Land nicht verlassen, in dem ihre Kinder lebten, außerdem waren sie mittlerweile heimisch geworden. Ein weiterer Grund zu bleiben war die hervorragende Gesundheitsversorgung. Die meisten älteren Menschen dieser Gruppe sprechen nicht Niederländisch. In den Niederlanden können sie nicht ohne Weiteres mit ihren Kindern im selben Haus wohnen, wie das für ältere Menschen in ihrem Herkunftsland üblich wäre. Die Wohnungen sind zu klein und durch das Zusammenleben verringern sich die Zahlungen der Altersrente oder die Sozialleistungen. Das führt dazu, dass sie nicht wissen, wie sie ihr Leben als Senioren in dem fremden Land gestalten können. In dieser Hinsicht sind sie wieder die Pioniere, als die sie einst in die Niederlande gekommen waren.

In den 1990er Jahren gab es in den Niederlanden nur eine kleine Anzahl älterer Immigranten der ersten Generation, aber die Zahl wuchs schnell. Den Mitarbeitern von Sozialeinrichtungen, die mit diesen älteren Immigranten arbeiteten, schien es damals, dass das Konzept des gemeinschaftlichen Wohnens von Senioren auch den Bedürfnissen älterer Immigranten in den Niederlanden entsprechen könnte. Sie hatten den Vorteil beobachtet, den es für Immigranten bedeutete, in der Nähe anderer Senioren zu wohnen, die dieselbe Sprache sprechen und denselben kulturellen Hintergrund haben. Das hilft, das Sicherheitsgefühl älterer Menschen zu stärken, die sich in der holländischen Gesellschaft verloren fühlen. Die Senioren können sich wie gewohnt umeinander kümmern, soziale Kontakte pflegen und gemeinsame Gewohnheiten pflegen, das heißt eigenes Essen, Festlichkeiten und gemeinsame Interessen. Ein weiterer Vorteil ist eher praktischer Natur: Wenn ältere Immigranten Hauspflege benötigen, kann dies einfacher auf eine kultursensible Weise organisiert werden, wenn es eine Nähe zu anderen Immigranten im Rahmen des Gemeinschaftswohnprojekts gibt. Die ersten Projekte für ältere Immigranten in den Niederlanden wurden, wie die Projekte für Nichtmigranten, extra neu gebaut und auf die Bedürfnisse zugeschnitten. Die ersten beiden Projekte entstanden für Senioren aus Suriname in Den Haag und Amsterdam in den Jahren 1992 bzw. 1993.

/ Wintergarten von Wi Kontren,
Wohnprojekt für Senioren aus Suriname, Amsterdam
Winter garden Wi Kontren, Surinam senior Cohousing, Amsterdam /

BESCHREIBUNG DER GEMEINSCHAFTSWOHNPROJEKTE FÜR ÄLTERE IMMIGRANTEN

Zur Zeit gibt es schätzungsweise ca. 300 Cohousing-Projekte für Senioren in den Niederlanden, von denen 50 Projekte für ältere Immigranten bestimmt sind. Es gibt Gemeinschaftswohnprojekte für verschiedene kulturelle Gruppen. Die meisten Projekte richten sich an Menschen aus Suriname, China oder der Türkei, wobei sich die Projekte hauptsächlich in den großen Städten Amsterdam, Rotterdam, Den Haag und Utrecht konzentrieren. Dies sind die Orte, an denen die meisten Immigranten leben und an denen sich die Organisationen befinden, die sich auf Gemeinschaftswohnprojekte spezialisiert haben.

Aus finanziellen Gründen und auch wegen der Flexibilität werden nur wenige architektonische Anpassungen an die Kultur der älteren Immigranten vorgenommen. Bei der Gestaltung wird jedoch insbesondere darauf geachtet, wo die Toilette liegt, und wenn möglich gibt es eine separate Küche. In den meisten Fällen werden die Initiativen für Gemeinschaftswohnprojekte älterer Einwanderer von einem professionellen Sozialarbeiter betreut, der sich mit Migrantengruppen auskennt und über Fachwissen über die Gründung von gemeinschaftlichen Wohnprojekten verfügt.

MIGRANT SENIOR COHOUSING IN THE NETHERLANDS

INTRODUCTION

The first projects of senior Cohousing ('groepswonen van ouderen') in the Netherlands were started in the 1980s by active 'empty nesters' (parents after their children have left home) who had thought about their future and decided that they did not want to end their lives in an institution. These Cohousing projects are very much like the multi-generational Cohousing projects (Centraal Wonen). Each couple or individual have their own house and share the communal spaces, such as a meeting room, a garden or a guestroom. Most Cohousing projects for the elderly have between 10 and 30 households, somewhat smaller than the multi-generational projects in the Netherlands (Jansen, 2008). The idea of these elderly Cohousing projects is to live independently but with an additional communal area. There is a big difference to Cohousing projects in other countries, as the groups do not have common meals on a regular basis. The projects are not aimed at sharing household tasks, but offer a good social framework and the possibility for some informal support and care when required. These senior Cohousing projects are mostly newly built 'tailor-made' housing projects and more expensive than standard housing due to the communal extras.

/ Seniorenwohnprojekt Het Kvartell in der ökologischen Siedlung EVA Lanxmeer, Culemborg

Senior Cohousing project Het Kvartell in the Ecovillage EVA Lanxmeer, Culemborg /

In the 1990s only a very small number of elderly first generation migrants were living in the Netherlands, but this grew quickly. At that time social welfare staff who were working with these elderly migrants had the idea that the concept of senior communal living would also suit the needs of migrant seniors in the Netherlands. They also observed the benefits for ethnic seniors in living in the proximity of other seniors who speak the same language and share the same culture, which can be very reassuring and empowering for elderly people who feel lost in Dutch society. The seniors continue to look after each other, enjoy social contact and the same habits, such as having their own food, festivities and mutual interests. Another benefit is more practical; if the elderly migrants need home care, this can be better organised in a culturally sensitive way by the fact that they live near each other in the Cohousing project. The first projects for elderly migrants in the Netherlands were based on those for non-migrants, i.e. newly built and tailor-made. The first two projects were for elderly Surinam people in The Hague and Amsterdam and started in 1992 and 1993.

There is a great variety of elderly migrants in the Netherlands:

People from Surinam, a former colony of the Netherlands, came to study here and never returned when Surinam became independent in 1975.

People from the Dutch East Indies came in the 1950s. Most of them speak Dutch.

There are also a lot of elderly immigrants who came here as contract workers. For a long time they thought they would only stay temporarily in the Netherlands. But things worked out differently. Their children were born Dutch and it would have been hard on them to leave the country where their children were living. Besides, they had lived in the Netherlands themselves for so many years. Another reason to stay was the provision of health care, which is far better than in their home country. Most elderly people in this group do not speak Dutch. In the Netherlands they cannot easily live with their children in the same house, as is usual for elderly people in their countries of origin. The houses are too small and living together lowers old age pension payments or social security. Thus, they do not know how to shape their lives as seniors in a foreign country. In this respect, they are like the pioneers they once were when they first came to the Netherlands.

DESCRIPTION OF THE COHOUSING PROJECTS FOR ELDERLY IMMIGRANTS

It is estimated that there are currently some 300 senior Cohousing projects in the Netherlands, of which about 50 are for elderly immigrants. There are Cohousing projects for a variety of cultures. Most projects are established for Surinam, Chinese or Turkish people. The senior Cohousing projects for elderly immigrants are mainly concentrated in the major cities of Amsterdam, Rotterdam, The Hague and Utrecht. These are the places where most immigrants live and also where the specialised organisations in the field of Cohousing are located.

For financial reasons as well as flexibility, there are only a few special architectural adaptations to the cultures of the senior immigrants. The design especially takes into account the location of the toilet and if possible there is a separate kitchen.

In most cases, the initiatives for immigrant senior Cohousing projects are supervised by a welfare professional with special knowledge of the immigrant group and a specialist in starting Cohousing projects.

/ Wi Kontren, Wohnprojekt für Senioren aus Suriname, Amsterdam

Wi Kontren, Surinam senior Cohousing, Amsterdam /

NOTWENDIGE UNTERSTÜTZUNG

Eine Auswertung von vier frühen Projekten für ältere Immigranten zeigt, dass die Senioren äußerst zufrieden mit dieser Wohnform des Zusammenlebens unter ihresgleichen sind. Bemerkenswerterweise ergaben sich für die Mitglieder der Gruppe in einem Wohnprojekt mehr Möglichkeiten, Menschen aus unterschiedlichen Kulturen zu treffen, da es für sie einfacher war, zusammen mit den anderen Mitgliedern ihrer Gruppe nach außen zu gehen. Ein Unterschied, der sich im Vergleich zu Gemeinschaftswohnprojekten niederländischer Senioren zeigte, war, dass die Bewohner die Gemeinschaftsräume weniger intensiv nutzten und Hilfe von außen brauchten, um gemeinschaftliche Aktivitäten und Selbstverwaltung zu organisieren (de Jong 1998).

living room
kitchen
room
room

7.5m

/ Wohnung in Harmonica
Privat apartment Harmonica /

GEMEINSCHAFTLICHES WOHNEN IN STANDARDWOHNUNGEN

Für alle älteren Immigranten, aber auch allgemein für alle Senioren mit niedrigem Einkommen stellte sich das Problem, dass die neu gebauten Wohnprojekte ziemlich teuer waren. Ein Mitarbeiter von Woongroepenwinkel, einer Organisation, die die Gründung gemeinschaftlicher Wohnprojekte unterstützt, entwickelte für Rotterdam eine kostengünstigere Alternative: das Zusammenleben in vorhandenen Wohnblocks oder neu errichteten Wohnprojekten, die jedoch nicht speziell auf die Anforderungen zugeschnitten wurden. In vielen Fällen wird das Gebäude nicht nur von der Wohngruppe, sondern auch von anderen Bewohnern genutzt. Ein weiterer Vorteil dieses Modells ist, dass die älteren Immigranten nicht so isoliert sind und bessere Möglichkeiten haben, auch andere Menschen zu treffen. Die Entwicklung eines solchen Projekts ist einfach. Es sind nur geringfügige Renovierungsarbeiten erforderlich, um eine der Wohnungen in Gemeinschaftsräume umzufunktionieren. Vor allem in Rotterdam wurden verschiedene Projekte auf diese Weise begonnen. Eine Auswertung von drei Projekten, die in normalen Wohnblocks untergebracht waren, zeigte, dass dies eine sehr gute Alternative zu maßgeschneiderten Projekten bietet, jedoch auch, dass die Gruppen dort Schwierigkeiten mit der Selbstverwaltung hatten (de Jong 2006).

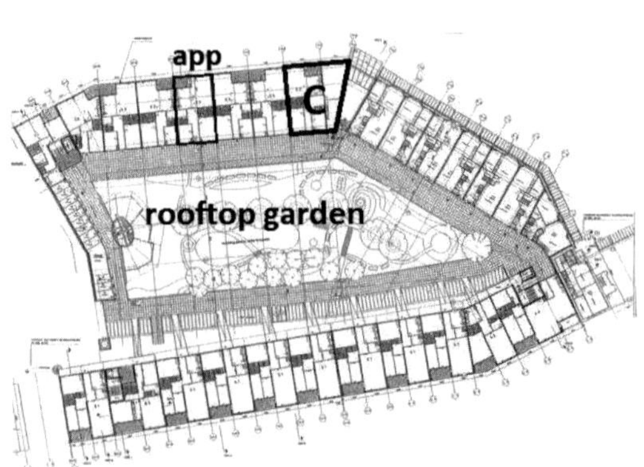

/ Harmonica, türkisches Seniorenwohnprojekt in einer Standardwohnanlage, Rotterdam
Harmonica, Turkish Cohousing in standard housing complex, Rotterdam /

AUSDAUER IST GEFRAGT

Dennoch dauert es oft sechs Jahre oder länger, bis ein Gemeinschaftswohnprojekt bezugsfertig ist. Es ist schwierig, einen Standort zu finden und die Tatsache, dass die niederländischen gemeinnützigen Wohnungsbaugesellschaften unter der Finanzkrise leiden, hat es noch schwieriger gemacht. Da es so lange dauert, bis ein Standort gefunden ist, fällt die Initiative während dieser Zeit oft auseinander. Wenn die Gebäude dann bezugsfertig sind, ist es schwierig, wieder neue Gruppenmitglieder zu finden. Auf der Grundlage dieser Erfahrungen wurde eine neue Initiative mit dem Namen Stichting Woonsaem /1/ ins Leben gerufen. Die Organisation unterstützt Gruppen älterer Immigranten bei der Gründung neuer Gemeinschaftswohnprojekte.

SCHLUSSFOLGERUNG

In den Niederlanden gibt es seit den 1990er Jahren Gemeinschaftswohnprojekte für ältere Immigranten und es werden weiter neue initiiert. Es verlangt jedoch einen großen Einsatz, diese Projekte in Gang zu bringen und bis zur Einzugsphase weiterzuentwickeln. Es ist bemerkenswert, dass vergleichsweise so viel Arbeit in die Anfangsphase der Projekte gesteckt wird, obwohl doch die Einzugsphase genauso bedeutend und für ältere Immigranten nicht immer einfach ist. Tatsächlich ist es fraglich, ob das niederländische Gemeinschaftswohnmodell für Senioren überhaupt so kultursensibel ist, wie angenommen wird.

Meiner Meinung nach wäre es eine gute Alternative, sich auf die Kinder dieser älteren Immigranten zu konzentrieren. Aktuelle Studien (Yerden 2013) zeigen, dass viele ältere Immigranten immer noch erwarten, dass ihre Kinder für sie sorgen, wenn sie es brauchen. Wenn diese Kinder die Selbstverwaltung eines Wohnprojekts für ihre Eltern übernehmen würden, könnte dies eine großartige Lösung sein. Sie könnten Aufgaben teilen, wie zum Beispiel das Kochen von Mahlzeiten, Einkaufen und sie könnten ihre Zeit dort verbringen. So werden alle Vorteile, die Senioren im Zusammenleben erfahren, vereint, ohne dass sie sich um die Selbstverwaltung kümmern müssten, und es würde die Haushalts- und Betreuungslast der Kinder verringert, indem sie sie teilen.

AUTORIN: ELS DE JONG

Els de Jong, Sozialforscherin mit Schwerpunkt Wohnen und besondere Wohnformen, partizipative Planung, qualitative und quantitative Evaluationsstudien (post occupancy evaluation research, POE)
Wono, Bureau voor woononderzoek

www.wono.nl
E-Mail: edejong@wono.nl

/1/ Siehe www.woonsaem.nl für Informationen über diese Initiative und eine vollständige Liste von Gemeinschaftswohnprojekten für ältere Immigranten in den Niederlanden

SUPPORT NEEDED

An evaluation of four early projects for elderly immigrants showed that the seniors were very satisfied with living among the same kind of people. Remarkably, the members of the group had more opportunities to meet people from different cultures while living in Cohousing as it was easier for them to go out together with other members of their group. One difference noted to the Cohousing projects for the Dutch seniors was that these inhabitants did not use the communal room very intensively, and that they needed external support for organizing communal activities and self-management (de Jong 1998).

COHOUSING IN STANDARD HOUSING

For most immigrant seniors and in general for all seniors with a low income, there was the problem that these newly built projects were rather expensive. In Rotterdam, the specialist from 'Woongroepenwinkel', the organisation that helps to develop these communal living projects, devised a less expensive alternative: living together in existing housing blocks or in newly built projects, but which were not tailor-made. In many cases the building is not only used by the Cohousing group, but also by other inhabitants. An additional benefit of this design is that the group of immigrant seniors is not too isolated and has more chances to meet other people. The development of these projects is simple. Only very little renovation is needed for creating a meeting place as one of the apartments is dedicated as a communal space. Several projects, especially in Rotterdam, were started in this way. An evaluation of three projects in normal housing blocks showed this to be a very good alternative to the tailor-made projects, but also showed that the groups had difficulties with self-management while living there (de Jong 2006).

PERSEVERANCE NEEDED

Nevertheless, it often takes six or more years to complete a Cohousing project. It is very difficult to find a location, and as the non-profit housing corporations in the Netherlands are suffering due to the financial crisis, it has become even more difficult. As finding a location takes such a long time, the group who initiates the project often falls apart during the lead-up. Then, after the houses have been built, it is difficult to find new group-members. Having learned of these experiences, a new initiative was initiated called Stichting Woonsaem /1/. This organisation helps groups of senior immigrants to start new Cohousing projects.

CONCLUSION

Cohousing projects for elderly immigrants have existed in the Netherlands since the 1990s. New ones are still being initiated. However, it is a great struggle to start these projects as well as to develop them up to the phase when the Cohouse is inhabited. It is remarkable that so much interest is invested in the initial phase of the projects, although the inhabitation phase is equally important and not easy for immigrant seniors. In fact, it is questionable whether the Dutch model of senior Cohousing is as culturally sensitive as is assumed.

In my opinion a very good alternative would be to focus on the children of the elderly immigrants. Recent research (Yerden 2013) shows that many elderly immigrants still expect their children to provide care when they need it. If these children arranged the self-management of a Cohouse for their parents, this would be a great solution. They could share tasks such as cooking meals, shopping and spending time. It combines all the benefits for the seniors of living with other seniors without the self-management and it diminishes the household and care load for the children by sharing it amongst each other.

/ A Pousada, Seniorenwohnprojekt für Kapverdier, Rotterdam

A Pousada, Senior Cohousing Project for Cape Verdean, Rotterdam /

AUTHOR: ELS DE JONG

Els de Jong, social researcher, specialised in housing studies, post occupancy evaluation research (POE), with experience in both quantitative and qualitative research methods. Special interest in Cohousing, participatory planning, sustainable and healthy housing, housing and care.
Wono, Bureau voor woononderzoek

www.wono.nl
e-mail: edejong@wono.nl

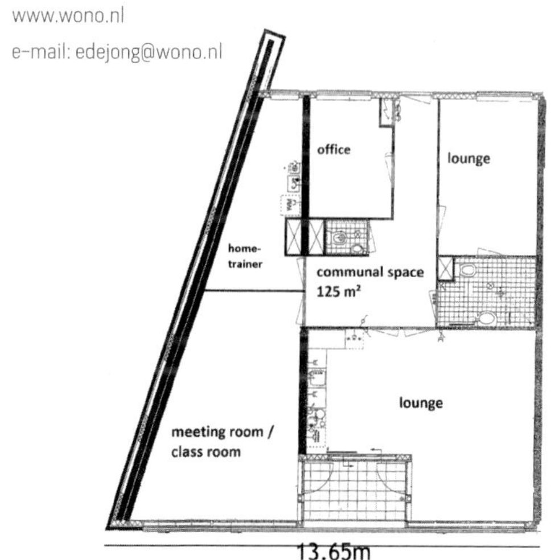

/ Gemeinschaftsräume in Harmonica

Communal space Harmonica /

LITERATUR /DE/ LITERATURE /EN/

// de Jong, E.; R. Niclaes (1998): *Groepswonen van allochtone ouderen. Evaluatie van vier projecten*. Rotterdam: SEV

// de Jong, E. (2006): *Bijzondere woonvormen in gewone woningen. Woongroepen van allochtone ouderen in Rotterdam*. Rotterdam: Steunpunt Wonen

// Jansen, H. e. (2008): *Gemeenschappelijk wonen op leeftijd*. Utrecht: Verwey-Jonker Instituut en Federatie Gemeenschappelijk Wonen

// Yerden, I. (2013): *Tradities in de knel. Zorgverwachtingen en zorgpraktijk bij Turkse ouderen en hun kinderen in Nederland*. Amsterdam: UvA (mit englischer Zusammenfassung with english summary)

/1/ See www.woonsaem.nl for this initiative and for a complete list of immigrant senior Cohousing in the Netherlands

BAU- UND WOHNGRUPPEN IN FRANKREICH

/DE/

/EN/

PRIVATE BUILDING COLLECTIVES AND LIVING COMMUNITIES IN FRANCE

BRUNO PARASOTE

In Frankreich drücken die Begriffe *habitat participatif* (teilhabendes Wohnen), *habitat groupé* (gruppiertes Wohnen) oder *autopromotion immobilière* (selbstorganisierte Bauträgerschaft) den Willen der BürgerInnen aus, mit vereinten Kräften ein gemeinsames Wohnprojekt zu verwirklichen.

In den meisten Fällen sind es Wohnprojekte für fünf bis 15 Familien, die sich entschieden haben, ihren Wohn- und Lebensraum gemeinsam zu gestalten. In der Regel handelt es sich um Bauvorhaben in der Form von Mehrfamilienhäusern oder gruppierten Einfamilienhäusern, die jedoch ohne externen Bauträger verwirklicht werden, was in Frankreich äußerst ungewöhnlich ist. Die Leitung eines Projektes aus der Hand des Bauträgers in die Hände der BürgerInnen zu übertragen, bedeutet, dass Wohngebäude nicht mehr ein gewöhnliches Marktprodukt sind, sondern auch ein Ausdruck von persönlicher Entfaltung. Sein eigenes Bauvorhaben von Beginn an mitzugestalten, ist außerdem ein Mittel, um auf sein Umfeld Einfluss zu nehmen und Akteur einer nachhaltigen Stadtentwicklung zu werden.

Bereits in den 1970er/80er Jahren wurden in Frankreich einige Hunderte Modellgebäude errichtet, die das Ziel hatten, das Miteinander der Bewohner zu fördern, insbesondere durch die Bereitstellung von Gemeinschaftsräumen. Es wurden Waschküchen eingerichtet und gemeinsame Maschinen angeschafft, Gästewohnungen oder Party- und Versammlungsräume angeboten. Bekannte Beispiele sind La Fonderie in Vanves, Les Saules in Meylan oder Anagramm in Villeneuve d'Ascq. Obwohl diese Projekte in ihren sozialen Aspekten bis heute ein Erfolg sind, wurden sie in den folgenden zwei Jahrzenten nicht mehr fortgeführt. In diesem vom „Cocooning" geprägten Zeitraum sind die Gemeinschaftswohnprojekte in Vergessenheit geraten.

Als in den frühen 2000er Jahren der Begriff Nachhaltigkeit in den Vordergrund rückt, werden die alternativen gemeinschaftlichen Wohnformen wiederentdeckt. Projekte wie La Salière in Grenoble oder Eco-logis in Strasbourg sind Bau- und Wohngemeinschaften, die gemeinsam genutzte Räume anbieten und zudem das Einsparen von Energie als klare Zielsetzung formulieren. Dank dieser Vorreiter entsteht eine neue Welle der gemeinschaftlichen Wohnprojekte in fast allen städtischen Ballungsräumen in Frankreich.

Terms like 'habitat participatif' (participative living), 'habitat groupé' (group living) or 'autopromotion immobilière' (self-organised developers) express the commitment of citizens to create Cohousing projects together, combining their efforts.

In most cases, these are projects for 5-15 families who have decided to work together to actively influence the buildings and environment they live in. Usually, these building projects construct apartment buildings or groups of detached houses without any external project developer – a procedure which is extremely unusual in France. The transfer of the project management from the developer to the citizens themselves means that residential buildings are no longer a market product, but rather an expression of personal development. In addition, the experience of designing your own building project from the very beginning is a means of exerting influence on your environment and of becoming an active player in urban development yourself.

As early as in the 1970/80s, several hundred model buildings were built in France, which aimed at promoting the togetherness of inhabitants, in particular by providing common rooms. Laundries were installed, machines were bought together, guest apartments or party and meeting rooms were created. 'La Fonderie' in Vanves, 'Les Saules' in Meylan or 'Anagramm' in Villeneuve d'Ascq are well-known examples of this. Although these projects have been successful to date in terms of their social aspects, they were not continued in the following two decades. In this period of time, which was characterised more by cocooning, Cohousing projects fell into oblivion.

When the concept of sustainability became more prominent in the early 2000s, alternative forms of living together were rediscovered. Projects such as 'La Salière' in Grenoble or 'Eco-logis' in Strasbourg were initiated by private building initiatives and flat-share projects that provide commonly used spaces and declare energy savings as a clearly postulated aim. Thanks to these pioneers, a new wave of flat-share communities (referred to as Cohousing projects in the following) emerged in almost all urban agglomerations in France.

/ Ökologisches Wohnprojekt Eco-Logis, Strasbourg
Ecological Cohousing project Eco-Logis, Strasbourg /

/ La Salière, Grenoble /

Die Gemeinden sehen in dieser neuen Wohnform Vorteile, sodass auf Impuls der Stadtgemeinschaft Strasbourgs ein nationales Netzwerk für die Initiierung von Wohnprojekten entstanden ist. Es wurde von elf Gemeinden am 19. November 2010 im Europaparlament in Strasbourg gegründet, als Krönung eines Forums für ökologische Stadtviertel (*écoquartiers*) und gemeinschaftliche Wohnprojekte. Dieses Netzwerk hat sich seitdem erweitert, da sich fast alle großen Gemeinden Frankreichs daran beteiligen. Es ist eine Plattform für den Erfahrungs- und Wissensaustausch der Akteure und die Verbreitung dieser Bau- und Wohnform. Es ist aber auch eine lobbyistische Einrichtung, die die Politik von der Notwendigkeit überzeugen will, Wohnprojekte aktiv zu unterstützen.

Am 1. Juni 2013 wurde der Verein „Coordin'action" gegründet, der die einzelnen regionalen Verbände der Wohnprojekte auf nationaler Ebene koordiniert. „Coordin'action" entwickelte ein gemeinsames Webportal und organisierte am 19. und 20. Oktober 2013 die „Tage der offenen Tür der Wohnprojekte", an denen alle beteiligten Projekte in ganz Frankreich gleichzeitig für die Öffentlichkeit zugänglich waren. Der Verein hat auch das Ziel, die Interessen der Wohnprojekte gegenüber der Politik zu vertreten, insbesondere bei der Ausarbeitung eines neuen Wohngesetzes Mitte 2013, das sogenannte Gesetz *Duflot*, benannt nach der Ministerin, die den Gesetzesentwurf vorgeschlagen hat.

Die Gesetzesänderung gab Anlass, an den französichen Staat heranzutreten, mit der Forderung, im Rahmen des neuen Wohngesetzes entsprechende Rahmenbedingungen für eine geeignete Rechtsform der Bau- und Wohngemeinschaften zu schaffen. Die Nationalversammlung stimmte dem Vorschlag zur Schaffung einer neuen Rechtsform für Wohnkooperativen zu, wobei auf einen Großteil der vom Verein eingebrachten Vorschläge Rücksicht genommen wurde.

Nachfolgend eine kleine „Tour de France" anhand von beispielhaften Baugemeinschaften in den Regionen Bretagne, Elsass und französische Alpen:

/ La Petite Maison, Rennes /

1990er JAHRE: LA PETITE MAISON IN RENNES, BRETAGNE

La Petite Maison (das kleine Haus) wurde 1987 auf einem Grundstück von 950 Quadratmetern erbaut und besteht aus vier Wohneinheiten. Zu Beginn gab es den Verein „La Grande Maison" (das große Haus), der Wohnprojekte im Westen Frankreichs ins Leben rufen wollte (mittlerweile nennt sich der Verein „PARASOL"). Daraus entwickelte sich eine Baugruppe, die mit der Petite Maison ein erstes kleines, aber ambitioniertes Bauvorhaben realisiert hat.

Das Gebäude wurde so konzipiert, dass eine angenehme und familiäre Wohnatmosphäre mitten in der Stadt möglich ist, ohne dass dafür Mehrkosten entstehen. Die architektonische Form ist hybrid, zwischen Wohnung und Einfamilienhaus. Diese untypische Gestaltung ist zunächst irreführend, aber dadurch entstehen einzigartige Raumsituationen. Auf bautechnischer Ebene wurde besonderer Wert auf nachhaltige Baumaterialien gelegt. Damit war das Wohnprojekt einer der Vorreiter nachhaltigen Bauens, das in den frühen 1980er Jahren in Frankreich noch nicht im Vordergrund stand. Die Konstruktion ist zum Großteil aus Holz (Tragwerk, Fassaden und Terrassen). In einem zweiten Schritt wurden Holzöfen und eine Photovoltaikanlage installiert.

Aus rein juristischer Sicht hat der Westen Frankreichs den Vorteil, eine starke Kultur der Kooperativen zu besitzen, mit der die Akteure der Bauwirtschaft umzugehen wissen. Somit wurde die Baugruppe gut beraten und entschied sich für die Gründung einer sogenannten Société Civile Coopérative de Construction (SCCC). Die Bank Crédit Mutuel stellte die notwendigen Garantien für die einzelnen Familien. Die SCCC leitete das gesamte Bauvorhaben, vom Kauf des Grundstücks über den Abschluss der Verträge mit den Architekten bis hin zur Gestaltung der Zuwege und Leitungen und zur Überwachung der Bauarbeiten. Das Projekt erfuhr viel Unterstützung und Akzeptanz bei den institutionellen Akteuren und Banken, was leider nicht auf alle Baugemeinschaften Frankreichs zutrifft. Aus diesem Grund wird dem neuen Wohngesetz *Duflot* große Bedeutung zur Verbesserung der Rechtslage beigemessen.

Bezüglich der sozialen Aspekte ist La Petite Maison durchaus nicht klein. In einer Charta wurden soziale Werte (Vermeiden der Isolierung der Bewohner etc.) festgehalten, die sich auch in der Architektur des Gebäudes spiegeln. Diese Werte sollen auch nach eventuellen Bewohner- bzw. Besitzerwechseln beibehalten werden. Die Terrassen und Gärten sind als Gemeinschaftsräume gestaltet. Das Gebäude ist um einen gemeinsamen grünen Innenhof organisiert, dies bringt den Willen sich zu treffen und auszutauschen zum Ausdruck. Und vor allem hat dieses kleine Haus sein *Café Gilbert*, einen Gemeinschaftsraum, in dem sich die Bewohner und deren Freunde, für die auch ein komfortables Gästezimmer eingerichtet ist, gerne treffen. Der soziale Gedanke dieses Vorhabens geht aber noch weiter, da die Bewohner sich gegen die Immobilienspekulation einsetzen. Zwar kann legal keine Antispekulationsklausel in einem Kaufvertrag vorgesehen werden, aber eventuelle Kaufvorhaben werden der Versammlung der SCCC zur Diskussion und Genehmigung vorgelegt. Zwei Wohnungen wurden bisher verkauft und der Kaufpreis wurde von der SCCC aufgrund der finanziellen Bedürfnisse der Verkäufer und der aktuellen Marktpreise festgelegt.

As municipalities see this new form of living in a positive light, the municipality of Strasbourg set the ball rolling for the creation of a national network to initiate Cohousing projects. Eleven municipalities then founded this network in the Strasbourg European Parliament on 19 November 2010 as the highlight of a forum promoting ecological neighbourhoods (écoquartiers) and Cohousing projects. This network has grown since then, because almost all major municipalities in France participate in it. It is a platform for exchanging experiences and knowledge among the parties involved and it disseminates information about this form of building and living. But it is also a form of lobbying to convince policy makers about the necessity of actively supporting Cohousing projects.

On 1 June 2013, the association 'Coordin'action' was established to coordinate the individual regional Cohousing project associations at a national level. 'Coordin'action' developed a common Internet portal and organised 'Open days at Cohousing projects' on 19 and 20 October 2013, when all participating projects in France opened their doors to the public. The association goal was to represent the interests of Cohousing projects vis-à-vis policy makers, in particular with respect to drawing up a new Housing Act in mid-2013. This is the so-called 'Duflot' Act, named after the minister who proposed the draft.

Amending the act prompted interested parties to approach the French government to demand that an appropriate legal framework be put in place to support private building initiatives and Cohousing projects as part of the new Housing Act. The National Assembly agreed to the proposal for the creation of a new legal form for housing cooperatives and the proposals made by the association were taken into consideration in the process.

In the following we will go on a petite 'Tour de France' looking at exemplary private building initiatives in the regions Brittany, Alsace and the French Alps:

1990s: 'LA PETITE MAISON' IN RENNES, BRITTANY

'La Petite Maison' (the small house) was built in 1987. It is spread across a piece of land that is 950 m² and consists of 4 residential units. At the beginning, there was an association called 'La Grande Maison' (the large house) which aimed at initiating Cohousing projects in Western France (the association name is now PARASOL). This project developed into a new private building initiative which, with 'Petite Maison' carried out its first small, but ambitious building project.

The building concept makes it possible for the residents there to live in a pleasant and homey atmosphere in the heart of the city at a reasonable cost. The architectural form is hybrid, something between apartment and detached house. At first glance, this atypical design is misleading, but it creates unique spatial situations. As far as structural engineering is concerned, special emphasis was placed on sustainable building materials. In this respect, the Cohousing project was a pioneer in sustainable building, an aspect that was not yet widespread in France in the early 1980s. The construction design is mainly made of wood (structure, facades and terraces). In a second step wood stoves and a photovoltaic system were installed.

From a mere legal point of view, Western France has the advantage of a traditionally strong cooperative culture, and players in the building industry know to handle this well. This means that the private building initiative obtained valuable advice and decided to establish a so-called Société Civile Coopérative de Construction (SCCC). The Crédit Mutuel bank provided the bank guarantees necessary for the individual families. The SCCC itself managed the entire building project, from purchasing the piece of land to negotiating the contracts with the architects, to designing the access ways and pipelines and monitoring the construction work. The project experienced a great deal of support and acceptance from institutional parties and banks, which is unfortunately not always the case for private building initiatives in France. Finally, the new 'Duflot' Housing Act is expected to improve the legal situation considerably.

/ La Petite Maison, Rennes /

As far as social aspects are concerned 'La Petite Maison' is not small at all. Social values (to avoid inhabitants being isolated, etc.) are written down in a charter and are also reflected in the architecture of the building. These values are to be maintained even if inhabitants and/or owners change. The terraces and gardens are designed as common spaces. The building is arranged around a common green patio, expressing the wish to meet each other and interact. And above all, this small house has its 'Café Gilbert', a common space in which inhabitants and their friends, who can be accommodated in a comfortable guest room, like to meet. However, the social idea of this project goes further, since the inhabitants try to avoid real estate speculations. Although it is legally not possible to include an anti-speculation clause in a purchase contract, inhabitants must present possible purchases to the SCCC meeting for discussion and approval. Two flats have been sold so far and the purchase price was fixed by the SCCC in line with the financial needs of the vendors and current market prices.

/ La Petite Maison, Rennes /

2000er JAHRE: ECO-LOGIS IN STRASBOURG, ELSASS

Die Projektidee zu Eco-Logis entstand mit einem grenzüberschreitenden Besuch von sieben Strasbourger Bürgern im benachbarten Freiburg i. Breisgau. Als die Gruppe Anfang der 2000er Jahre das nachhaltige Freiburger Stadtviertel Vauban entdeckte, in dem 80 Prozent der Wohngebäude von Baugruppen realisiert sind, wurde ihr die Lebensqualität bewusst, die diese alternative Bauweise ermöglicht. Voller Enthusiasmus wurde ein Bürgerverein gegründet, der sich zum Ziel setzte, ein ähnliches Stadtviertel in Strasbourg zu initiieren. Aus stadtplanerischer Sicht bot sich eine einmalige Gelegenheit, da die Stadt Strasbourg zum damaligen Zeitpunkt ein brach liegendes Industrieareal in der Nähe der Stadtmitte und direkt an der Straßenbahnlinie erworben hatte, dessen Gestaltung noch offen stand. Nachdem die Stadtverwaltung ihr Interesse an diesem Vorhaben bekundet hatte, folgte eine intensive Überzeugungsarbeit, sodass der Verein bis zu 150 aktive Mitglieder zählte.

/ Ökologisches Wohnprojekt Eco-Logis, Strasbourg
Ecological Cohousing project Eco-Logis, Strasbourg /

Leider wurde das Vorhaben nach einem Regierungswechsel nicht mehr im selben Maße unterstützt, sodass schlussendlich die Stadt Strasbourg der Baugruppe 2007 nur ein Grundstück für den Bau eines Mehrfamilienhauses mit elf Wohneinheiten zur Verfügung stellte. Dennoch wurde der Wille der Familien, ein nachhaltiges Vorbildgebäude zu bauen, nicht gebremst. Die Baugruppe traf sich über fünf Jahre hinweg mindestens einmal im Monat, um das Programm zu definieren, einen Architekten zu beauftragen, die wesentlichen bautechnischen Entscheidungen zu treffen, die juristischen Aspekte zu klären – und sich bei Kaffee und Kuchen besser kennenzulernen.

Aus juristischer Sicht war das Vorhaben nicht einfach. Die Stadtverwaltung sah die Baugruppe als normalen Bauträger an und verlangte von ihr, als Voraussetzung für eine Baugenehmigung bereits vor Erwerb des Grundstücks einen Entwurf vorzulegen. Konkret bedeutete das, dass die damalige Gruppe von sechs Familien einen Architekten engagieren und die erste Planungsphase finanzieren musste (ca. 40.000 Euro), ohne eine Garantie zu haben, dass ihr das Grundstück überhaupt verkauft werden würde. Ferner verlangte die Stadtverwaltung die Gründung einer Société Civile Immobilière d'Attribution (SCIA), die unter das Unternehmensrecht fällt. Somit musste für den Erwerb des Grundstücks die Mehrwertsteuer von 19,6 Prozent bezahlt werden, anstatt wie im Fall einer Kooperative nur die Übertragungsrechte von 5 Prozent. Eine zusätzliche finanzielle Belastung war, dass der ursprünglich genannte Verkaufspreis schließlich höher angesetzt wurde.

Trotz der so entstandenen Mehrkosten bemühte sich die Baugruppe, die ursprüngliche energetische, soziale und ökologische Qualität des Gebäudes beizubehalten. Eine wesentliche Entscheidung, um die Mehrkosten zu dämpfen, lag in der Reduzierung der Gemeinschaftsräume. Ein großer Versammlungsraum mit einem Gästeappartement von insgesamt 100 Quadratmetern wurde auf ca. 30 Quadratmetern reduziert und vom Erdgeschoss auf das Unter- bzw. Gartengeschoss verlegt. Somit konnte eine zusätzliche Vierzimmerwohnung vermarktet werden. Auch die Gestaltung des gemeinsamen Gartens war nicht mehr Gegenstand des Architektenvertrags und wurde auf einen späteren Zeitpunkt verschoben. Weitere Kosten konnten dadurch gespart werden, dass die Ausgestaltung der einzelnen Wohnungen (Malerarbeiten, Parkettverlegen etc.) zum Großteil von den Bauherren selbst realisiert wurde.

An der Energieeffizienz und den Baumaterialien wurde jedoch nicht gespart. Die horizontale und vertikale Tragstruktur ist aus massiven Holz, die 30 Zentimeter dicke Dämmung aus Holzfasern und ein Großteil der Fassade ist ebenfalls mit Holz bekleidet. Eco-Logis ist das erste moderne Gebäude Strasbourgs, dessen Struktur ausschließlich aus Holz besteht. Mit einem Energieverbrauch von insgesamt 42kWh/m^2/a erhielt das Gebäude im Jahr 2011 den 1. Preis der Region Elsass im Rahmen des Förderprogramms für Niedrigenergiegebäude.

Elf Familien zogen im August 2010 ein und eine arbeitsintensive Phase begann, um den gemeinsamen Garten auszugestalten, kleine private Gemüsegärten mit Kompost einzurichten, die Gemeinschaftsräume auszustatten und alle großen und kleinen Entscheidungen für das Funktionieren im Alltag festzulegen. Auch die Kinder treffen sich regelmäßig in einem Komitee und dürfen ihre Ideen zum Beispiel für die Ausgestaltung des Gartens einbringen.

/ Ökologisches Wohnprojekt Eco-Logis, Strasbourg
Ecological Cohousing project Eco-Logis, Strasbourg /

2000s: 'ECO-LOGIS' IN STRASBOURG, ALSACE

The project idea for 'Eco-Logis' came into being when seven Strasbourg citizens visited the neighbouring German city of Freiburg i. Breisgau, across the border. When the group learned about the Freiburg's sustainable city district Vauban at the beginning of the 2000s, in which 80 per cent of buildings were realised by private building initiatives, they became aware of the quality of life which this alternative way of building provides. They enthusiastically established a citizens' association that pursued the aim of initiating a similar city district in Strasbourg. From the urban planning point of view there was a unique opportunity, since, at that time, the city of Strasbourg had acquired a piece of industrial wasteland close to the city centre and located directly next to a tram line. No urban planning was yet available for this area. After the city administration showed its interest in the project, the association worked intensely and was able to gain 150 active members.

Following a change of government however, the project was unfortunately no longer supported in the same way and finally the city of Strasbourg gave a piece of land to the private building initiative in 2007 which only allowed them to build one multi-family house with 11 residential units. Nevertheless, the families were determined to build a sustainable model building. The private building initiative met over a period of five years at least once a month to define the programme, commission an architect, make essential decisions regarding structural engineering, find out about legal aspects – and get to know each other over a cup of coffee and a piece of cake.

From the legal point of view this was not an easy project. The city administration treated the private building initiative like a normal developer and wanted them to present a draft prior to the acquisition of the piece of land as a prerequisite for obtaining a building permit. This actually meant that the group of six families had to commission an architect and finance the first planning stage (approx. 40,000 euros), without having any guarantee that the plot would be sold to them at all. Furthermore, the city administration demanded the setting up of a Société Civile Immobilière d'Attribution (SCIA) which is subject to company law. As a consequence the initiative had to pay 19.6 per cent VAT on the acquisition price for the piece of land instead of only 5 per cent for the transfer of rights, which is what cooperatives must pay. Another financial burden resulted from the fact that the originally agreed purchase price was higher in the end.

Despite these additional costs the private building initiative tried to maintain the originally planned quality of the building in terms of energy and social and ecological aspects. By deciding to reduce the size of the common spaces, additional costs were lowered considerably. A large assembly room and a guest apartment totalling 100 m² were reduced to approx. 30 m² and relocated from the ground floor to the basement and/or garden floor. This allowed for the sale of an additional four-roomed flat. The design of the common garden was also excluded from the architects' contract and postponed to a later point in time. Further costs could be reduced, because owners mostly decorated their flats themselves (painting, parquet floor, etc.).

However no cuts were made as far as energy efficiency and construction materials were concerned. Both the horizontal and the vertical supporting structure are made of massive wood, the 30 cm thick insulation is of wood fibres and a large part of the facade is also lined with wood. 'Eco-Logis' is the first modern building in Strasbourg with an exclusively wooden structure. With an energy consumption totalling 42 kWh/m²/a the building was awarded the first prize in the Alsace region in 2011 as part of the programme promoting low-energy buildings.

After the 11 families moved in, in August 2010, a work-intensive phase began to design the common garden, to install small private kitchen gardens with compost facilities, to equip common rooms and to reach decisions concerning everyday matters, both large and small. Children also meet regularly in a committee and were able to contribute their ideas to the gardening design, for example.

/ Ökologisches Wohnprojekt Eco-Logis, Strasbourg

Ecological Cohousing project Eco-Logis, Strasbourg /

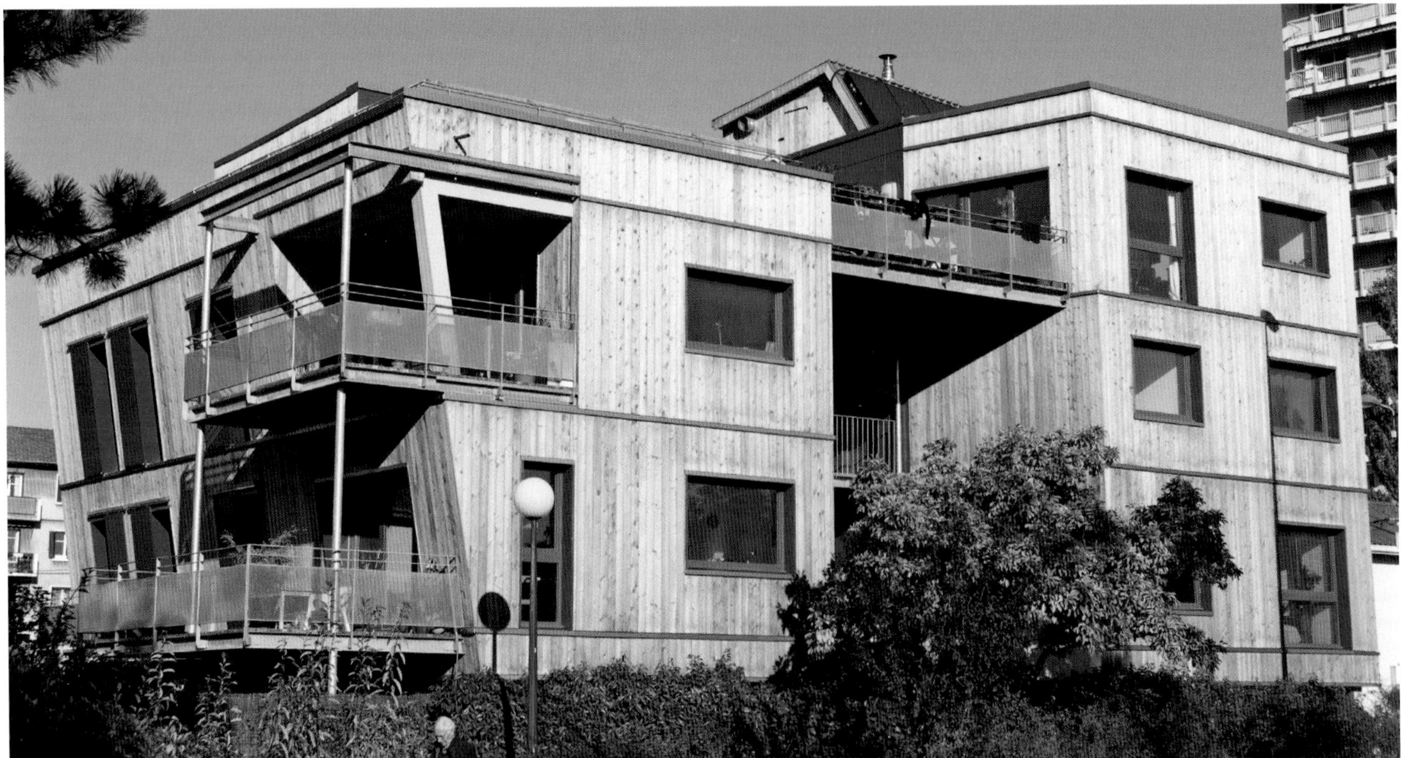

/ La Salière, Grenoble /

2000er JAHRE: LA SALIÈRE IN GRENOBLE, ALPEN

Die Baugruppe von La Salière, die aus fünf Familien besteht, wünschte ausdrücklich ein modernes Gebäude, in dem die Gemeinschaftsräume eine zentrale Stelle einnehmen. Das gesamte Erdgeschoss von 110 Quadratmetern wurde diesen Räumen gewidmet. Da die in den Etagen liegenden Wohnungen eine größere Fläche in Anspruch nehmen, wurde das Gebäude als umgedrehtes Trapez entworfen. Dies zeigt, wie sich die Gebäudeform den Wünschen der Baugruppe anpasst und die künftigen Bewohner ein großes Mitspracherecht beim Entwurf ihrer Wohnungen haben. Das Ergebnis ist bemerkenswert und wurde von zahlreichen Architekturzeitschriften lobend erwähnt.

Das Gebäude entfaltet sich um einen zentralen Laubengang, der einerseits den Zugang zu den einzelnen Wohnungen ermöglicht und andererseits als zentrale Quelle für natürliches Licht fungiert. Die obersten beiden Geschosse bestehen aus Maisonettewohnungen. Die Balkone sind so ausgerichtet, dass direkte Einblicke vermieden werden und so eine gewisse Intimität gewahrt wird. Die Dachterrasse hingegen ist als gemeinsame Erholungsfläche gedacht und somit jedem Bewohner zugänglich. Auf nachhaltige Baumaterialien und eine anspruchsvolle Energieeffizienz wurde großer Wert gelegt.

Aber auch die sozialen Aspekte sind bei der Salière nicht zu kurz geraten. Solidarität wird groß geschrieben und laut Aussage der Bewohner wird ihr sogar eine größere Bedeutung beigemessen als den ökologischen Aspekten. Dieser Gedanke drückt sich unter anderem bei der Wahl des Grundstücks aus, das sich bewusst in einem sensiblen Stadtviertel befindet. Die Mitglieder der Baugemeinschaft kannten sich vor Beginn ihres Abenteuers nicht, dennoch stand das solidarische Verhalten im Vordergrund.

Konkret kommt dies insbesondere bei den finanziellen Regelungen zur Geltung. Die Angebote der Unternehmen werden gemeinsam unterzeichnet. Die Rechnungen werden zwar falls möglich an die einzelnen Wohnungsbesitzer ausgestellt, aber alle Bewohner bürgen miteinander für die Zahlung. Falls einer der Bauherren in Zahlungsschwierigkeiten geraten sollte, wird sein Anteil von den anderen Mitgliedern getragen werden müssen. Ferner werden die Gemeinschaftsräume von der gesamten Baugruppe finanziert, jedoch nicht prozentual zu der Fläche oder Anzahl der Bewohner der einzelnen Wohneinheiten, sondern aufgrund einer Aufteilung, die die Investitionskapazität jeder Familie berücksichtigt. Auch die Gemeinschaftskosten werden nach diesem Prinzip bezahlt. Die Höhe der zu zahlenden Nebenkosten wird nach den Einnahmen jeder Familie (nach Vorlage der Gehaltsabrechnung) bestimmt.

AUTOR: BRUNO PARASOTE

Bruno Parasote, Bau- und Stadtplanungsingenieur, Bewohner von Eco-Logis Strasbourg

Bruno Parasote ist Autor des Buches *Autopromotion, habitat groupé, écologie et liens sociaux – Comment construire collectivement un immeuble en ville?*, éditions Yves Michel, 239 Seiten, 2011

E-Mail: bruno.parasote@wanadoo.fr

2000s: 'LA SALIÈRE' IN GRENOBLE, ALPS

The private building initiative 'La Salière', consisting of five families, expressly wanted a modern building in which common rooms play a central role. The entire ground floor with a surface of 110 m² was dedicated to these rooms. Since the flats on the upper floors occupy a larger space, the building was designed as an upside down trapeze. This shows how the form of the building adapts to the wishes of the building initiative and that the future inhabitants had a major say in the design of their flats. The result is remarkable and was praised by a number of architectural magazines.

The building unfolds around a central pergola which, on the one hand, provides access to the individual flats and, on the other, functions as a central source of natural light. The two top floors are maisonette flats. The balconies are attached in such a way that they are sheltered from direct sight by others and a certain privacy is maintained. The roof terrace, however, is planned as a common recreation space and is accessible for all residents. Great emphasis was placed on sustainable construction materials and good energy efficiency.

But social aspects are also essential in the 'Salière' project. Solidarity is paramount and according to the inhabitants even more important than ecological aspects. This concept is evident in the piece of land which was consciously chosen in a mixed neighbourhood. The members of the initiative did not know each other at the beginning of this adventure but nevertheless solidarity was paramount.

This is especially evident in the financial arrangements. Offers from building companies are signed jointly. Invoices are issued to individual owners where possible, but all residents guarantee the payment jointly. If any of the owners has difficulties with payments, his/her share has to be borne by the other members. In addition, common rooms are financed by the entire initiative, however not on a pro rata basis related to the surface or number of inhabitants of the individual residential units, but in line with a scheme which considers the investment capital of each family. Joint costs are also paid according to this principle. The amount of the operating costs to be paid is calculated based on the income of each family (based on income).

/ La Salière, Grenoble /

/ La Salière, Grenoble /

AUTHOR: BRUNO PARASOTE

Bruno Parasote, Building and urban planning engineer, residing at Eco-Logis Strasbourg

Bruno Parasote is author of the book *Autopromotion, habitat groupé, écologie et liens sociaux – Comment construire collectivement un immeuble en ville?*, éditions Yves Michel, 239 pages, 2011

e-mail: bruno.parasote@wanadoo.fr

COHOUSING IN GROSSBRITANNIEN /DE/

IM 21. JAHRHUNDERT

/EN/ UNDERSTANDING COHOUSING

IN THE UK FOR THE 21ST CENTURY

MARTIN FIELD

Es ist sehr angebracht, dass dieser Beitrag über Cohousing in Großbritannien für eine Publikation auf dem europäischen Festland geschrieben wird. Die Entwicklung zeitgenössischer Cohousing-Nachbarschaften in Nordeuropa bleibt ein Quell großer Faszination und Inspiration für viele, die diese erfolgreiche Entwicklung gerne nach Großbritannien übertragen würden. Es besteht besonderes Interesse an den spezifischen Voraussetzungen für die Gründung neuer Projekte in anderen Ländern. Der größere Kontext, in dem neue gemeinschaftsorientierte Projekte realisiert werden können, ist bei uns ein viel diskutiertes Thema. Dabei gibt es immer sehnsüchtige Blicke darauf, in welchem Ausmaß und mit welchem Tempo diese Entwicklungen in anderen Ländern stattfinden.

Zwar sind die Voraussetzungen in Großbritannien heute besonders günstig, um neue staatliche Programme anzustoßen, gleichzeitig müssen wir aber zur Kenntnis nehmen, dass sich nur ca. 10.000 der 24 Millionen Wohnungen im Gemeinschaftseigentum von Wohnungsbaugesellschaften befinden oder vom öffentlichen Wohnungssektor verwaltet werden (Kooperativen, Treuhandgesellschaften, Cohousing-Modelle, Selbsthilfe-Projekte etc. ...). Initiatoren von Wohnprojekten wissen sehr genau, mit welchen Hindernissen sie bei der Suche nach geeigneten Grundstücken und Finanzierungsmöglichkeiten rechnen müssen.

Initiativgruppen, die sich auf den Weg machen, ihre eigene zukünftige Wohnsituation zu planen, hadern mit der Art und Weise, in der die überwiegende Mehrheit moderner Wohnanlagen und Quartiere in Großbritannien gebaut wird. Unseren Markt beherrschen Wohnungsspekulanten, große Immobilienunternehmen, deren großer Einfluss auf Grundstücksvergabe und Baugenehmigungsverfahren zum Tragen kommt, wo immer neue Wohngebiete entwickelt werden. Eben diese Situation hat die Initiativgruppen motiviert, über alternative, vom „Mainstream" abweichende Modelle nachzudenken und Vorstellungen zu entwickeln, wie sie an der Gestaltung einer Umgebung teilhaben können, die sich an den Bedürfnissen der dort lebenden Menschen orientiert statt an den Prämissen von Kapitalinteressen und Finanzinvestoren. In Großbritannien ist „Mainstream-Wohn-und-Siedlungsbau" das große Geschäft. Cohousing und andere gemeinschaftsorientierte Projekte stellen diese Strategie sehr offensiv infrage.

It is appropriate that this piece on Cohousing in the UK is being prepared for a continental publication. The original development of contemporary Cohousing neighbourhoods in Northern Europe remains a source of great fascination and inspiration to many who wish to extend such success into the UK and who are always interested to hear about what particular mechanisms might exist in other countries to support new projects. The wider context for how and where new community-centred projects could be realised is a much-debated issue in the UK, and there are always wistful glances at any different rate that this may take place in other countries.

While the current time is about the most optimistic for new UK schemes to be pushed forward, it is nevertheless the case that only approximately 10,000 properties out of the UK's 24 million dwellings are collectively owned or managed by the 'mutual housing sector' (which include cooperatives, land trusts, Cohousing schemes, self build projects, and others...). There is a constant awareness in community groups of the obstacles they have to face here in finding suitable land and finances to make their schemes happen.

The ambition of groups to plan for their own futures is at odds with how the vast majority of modern housing and neighbourhoods are built in the UK, for this is zealously controlled by large-scale speculative businesses with extensive power over the building sites and planning approvals that will be used to style new residential development. It has been, however, precisely that context which has motivated groups to dare to think of something different from 'the mainstream', and to imagine how to participate in the creation of local environments shaped around the needs of the people living there, rather than just being shaped around capital finance and other impersonal investments. 'Mainstream' residential development in the UK is 'Big Business' and Cohousing and other community-centred projects challenge that approach in a very direct way.

Für diejenigen, die nur wenig darüber wissen, mit welcher Geschwindigkeit sich Cohousing in Großbritannien entwickelt, ist sicher eine Chronologie der wichtigen und inspirierenden Meilensteine von Interesse. Cohousing-Projekte weisen gemeinsame grundsätzliche Charakteristika auf, die sie von anderen gemeinschaftlichen oder kooperativen Modellen unterscheiden:

/ a / Gestaltung und Entwicklung schaffen „intendierte" Plätze und Räume, die zur Interaktion einladen;
/ b / die Größe der Nachbarschaft ist auf eine handhabbare „Gemeinschaftsdynamik" ausgerichtet;
/ c / alle Wohneinheiten sind in sich abgeschlossen;
/ d / in der Regel sind ein Gemeinschaftshaus und weitere Gemeinschaftseinrichtungen vorgesehen;
/ e / die BewohnerInnen eines Cohousing-Projekts entscheiden gemeinsam über alle Aspekte der Entwicklung und des Lebens in ihrer Nachbarschaft.

/ Community Project, Sussex /

Das erste dieser „neuen" Projekte (in Abgrenzung zu den „alternativen Kommunen" der 60er Jahre) war das Community Project in Ost-Sussex, das 1997 gegründet wurde. Die Initiativgruppe kaufte damals ein viel diskutiertes Dorfkrankenhaus auf einem ca. 49.000 Quadratmeter großen Grundstück. Die Projektentwicklung umfasste den Umbau von drei großen Wohnblöcken – zuvor als Personalunterkünfte genutzt – in 16 Eigentumswohnungen. Das alte Krankenhaus wurde zu einem großen Gemeinschaftshaus umgebaut, in dem sich verschiedene Gemeinschaftseinrichtungen und Büros befinden. Später wurden vier weitere Einfamilienhäuser in Selbstbauweise errichtet. Im Jahr 2009 zählte die Gemeinschaft 40 Erwachsene (aller Altersgruppen) und 40 Kinder.

In den folgenden Jahren entstanden weitere Cohousing-inspirierte Wohnprojekte. Die Bauherren teilten größere Grundstücke auf, um hier eine Mischung von Einfamilienhäusern und Gemeinschaftsflächen zu bauen. Allerdings sollte es bis zum Jahr 2000 dauern, bis das erste Cohousing-Neubauprojekt an den Start ging. Die Gruppe erwarb ein Grundstück auf der grünen Wiese nahe der Stadtmitte von Stroud in Gloucestershire. Die ersten BewohnerInnen zogen 2003 ein. Stroud Springhill Cohousing umfasst heute 35 Häuser und Wohnungen mit einem bis fünf Zimmern sowie einen Gemeinschaftsgarten und ein dreigeschossiges Gemeinschaftshaus für mehr als 80 BewohnerInnen aller Altersgruppen.

Der nächste wichtige Meilenstein für Cohousing in Großbritannien war die Entwicklung des Threshold Centre, einer Gemeinschaft auf der Cole Street Farm in Gillingham, Dorset, die 2012 ca. 22 Mitglieder hatte, vom Teenager bis zu SeniorInnen über 70 Jahre. Nachdem das Center seit 2004 als eine Art Pilotprojekt entwickelt worden war, erhielt die Gruppe 2008 eine Baugenehmigung und öffentliche Fördermittel, um ein Cohousing-Projekt mit 14 Wohneinheiten auf dem Bauernhof zu errichten. Darüber hinaus waren Ferienunterkünfte, ein Gemeinschaftshaus, Gästezimmer, ein ökologisches Energieversorgungssystem und ein Gemeinschaftsgarten für die Nahrungsmittelproduktion geplant. Entscheidend für dieses Projekt ist, dass es in Partnerschaft mit einer lokalen Wohnungsbaugesellschaft entwickelt wurde, auf der Basis eines langfristigen Pachtvertrags. So entstanden Gemeinschaftseigentum und preiswerte Mietwohnungen – die erste derartige Cohousing-Partnerschaft in Großbritannien.

Als nächstes wurde Lancaster Cohousing Forgebank gegründet, ein Neubauprojekt in Lancashire. Dieses Projekt setzte seinen Schwerpunkt explizit auf Ökologie. In einer umgebauten Mühle und weiteren Gebäuden auf dem Grundstück entstanden 41 Wohneinheiten und ein Gemeinschaftshaus, dazu weitere Gemeinschaftseinrichtungen, Werkstätten und Ateliers. Alle Wohneinheiten sind im Einzeleigentum errichtet und haben ein bis drei Zimmer. Sämtliche Wohneinheiten haben Passivhausstandard. Da das Grundstück am Ufer des Flusses Lune liegt, wird hier auch hydroelektrische Energie erzeugt. Die Anlage wurde in der zweiten Jahreshälfte 2013 bezogen.

/ Lancaster Cohousing Forgebank, Lancashire /

/ Stroud Springhill Cohousing, Stroud in Gloucestershire /

For those with only a sketchy understanding of the pace of modern cohousing development in the UK, it is worth listing some significant and inspirational milestones. All have basically displayed the characteristics that distinguish Cohousing projects as different from other kinds of collaborative or cooperative schemes:

/ a / design and development creates 'intentional' places and spaces to encourage interaction;
/ b / the neighbourhood's size and scale will be sustainable for local 'community dynamics';
/ c / all dwellings and accommodation are self-contained;
/ d / there is provision of a 'common house' and other shared facilities;
/ e / the Cohousing residents control all aspects of developing and living in their neighbourhood.

The first such project in 'modern times' (i.e. as distinct from 'alternative' communities established in the 1960s) was the Community Project in East Sussex, established in 1997 when the pioneering group members bought a discussed village hospital site of 23 acres. Project development involved the reshaping of three large accommodation blocks previously used for hospital personnel into 16 dwellings for private ownership, and the old central hospital block was converted into large 'common house', along with other shared facilities and offices. Four further ownership houses were added later to the project on a 'self-build' basis. In 2009 the community numbered about 40 adults (of all ages) and 40 children.

A couple of Cohousing-inspired communal living projects were created in the following few years by groups sub-dividing larger properties into a mixture of homes and other shared spaces, however it was not until a cohousing project acquired a greenfield site in 2000 close to the town-centre of Stroud in Gloucestershire that the first UK new-built cohousing community would commence. The first residents moved in during 2003, and Stroud Springhill Cohousing now has 35 houses and flats – from 1-bed to 5-bed in size – plus shared gardens and a 3-storey common house, for a total of more than 80 residents, ranging from infancy through to older age.

/ Community Project, Sussex /

/ Stroud Springhill Cohousing, Stroud in Gloucestershire /

The next key milestone in UK Cohousing was the development of the Threshold Centre – a community (in 2012) of approximately 22 people, ranging from the mid-teens to over-70 years of age, at Cole Street Farm Gillingham in Dorset. Having operated on the farm as a 'pilot' community from 2004, the Centre obtained planning permission and public sector grant funding in 2008 to create a cohousing scheme of 14 dwellings out of the farmhouse and adjacent 'holiday' accommodation, plus a common house with shared facilities and guest rooms, green energy systems and a community garden for food produce. Crucially the project has been in partnership with a local housing association, building a combination of long-leasehold, shared-ownership and affordable rental dwellings – the first such Cohousing partnership in the UK.

The next UK new-built Cohousing scheme has been the Lancaster Cohousing project at Forgebank in Lancashire, a deliberate eco-focused project that has built 41 new dwellings and common house, alongside other community facilities, workshops and studios based within a converted mill building and other buildings that have been reused on the development site. The residential dwellings are all for ownership, from one-bed to three-bed in size, and all properties have been built to 'PassivHaus' standard. Due to the site location based on the bank of the River Lune, other work is connecting the project to future renewable energy supply from local hydro-electric production. All residents had moved in by second half of 2013.

/ Threshold Centre, Gillingham in Dorset /

Auch das neueste Cohousing-Projekt ist ein ökologisch inspiriertes Neubauprojekt: LILAC („Low Impact Living Affordable Community" – preiswert und energiesparend leben in Gemeinschaft) entstand auf dem Grundstück einer ehemaligen Schule in Bramley in Leeds. Ende 2013 zogen 39 Erwachsene und neun Kinder in die 20 Wohnungen und Häuser (ein bis vier Zimmer) plus Gemeinschaftshaus und gemeinsame Freiflächen. Der Modellcharakter von LILAC besteht in der Entwicklung eines Wegs zu gemeinsamem Eigentum, einer Verknüpfung von Cohousing und Ökologie mit genossenschaftlichen Prinzipien, sodass die Gemeinschaft für ein breites Spektrum von Haushalten erschwinglich wird. Dies beinhaltete eine innovative ökologische Bauweise unter anderem mit Strohballen, kombiniert mit einem besonderen Arrangement bei der Zeichnung von Geschäftsanteilen. Dabei zahlen die Mitglieder 35 Prozent ihres Monatseinkommens, um ihren Anteil abzuzahlen und die Nebenkosten der Gemeinschaft zu decken.

Neben diesen fertiggestellten Projekten erhielt inzwischen auch „Older Womens Cohousing" in London (OWCH) eine Baugenehmigung für ihr Projekt in Barnet. Darüber hinaus haben noch weitere Gruppen Grundstücke erwerben können, zum Beispiel das „K1 Projekt" im Umland von Cambridge. Andere befinden sich im Planungsprozess oder haben bereits Anträge auf Baugenehmigung eingereicht, um mit dem Bau beginnen zu können.

Wie man den oben aufgeführten Details entnehmen kann, ist die Zahl der realisierten Cohousing-Projekte in Großbritannien bescheiden. Das Cohousing Network verzeichnet auf seiner Liste 14-16 bestehende Projekte und mehr als 60 weitere Gruppen im Gründungsprozess. Die hohe Anzahl an Projekten zeigt: Ein so großes Interesse an Cohousing-Idealen wie heute hat es bisher in Großbritannien wohl noch nie gegeben!

Die Gruppen planen entweder als Neubauprojekte auf der „grünen Wiese" oder sie nutzen Grundstücke und Gebäude für ihre Zwecke um. Die meisten bestehenden Projekte sind generationenübergreifend und familienzentriert, auch wenn es sich die OWCH-Gruppe zur Aufgabe gemacht hat, beharrlich spezifische, an den Interessen und Bedarfen älterer Menschen orientierte Konzepte für die Entwicklung von Cohousing zu fordern. Dieser Trend ist sehr ernst zu nehmen, denn OWCH ist nicht mehr die einzige Gruppe, die sich ausschließlich aus älteren Mitgliedern zusammensetzt. Und Beharrlichkeit war bei vielen Projekten gefragt (und notwendig): Die OWCH-Gruppe hatte sich bereits 1998 gegründet. Es dauerte also 15 Jahre, bis ein geeignetes Grundstück gefunden und die Baugenehmigung erteilt wurde. Die Lancaster-Gruppe brauchte acht Jahre vom Projektstart bis zum Einzug. Eine so lange Startphase fordert viel Engagement, Mühe und Geduld. Andernorts fühlten sich Gruppen gezwungen, eine neue Perspektive zu entwickeln, weil nicht genügend Fortschritte erzielt werden konnten und deshalb zu viele Mitglieder absprangen.

Im Hinblick auf Kosten und Bezahlbarkeit ist festzustellen, dass viele Gruppen anfangs zwar das Ziel hatten, bezahlbaren Wohnraum und einen Mix von Eigentumsformen zu schaffen (Einzeleigentum, Miete etc.), die wenigsten dies aber wie gewünscht umsetzen konnten. Für die Gemeinschaftsprojekte Lancaster und Stroud wurden die Grundstücks- und Entwicklungskosten in erster Linie vom allgemeinen Immobilienmarkt beeinflusst und nicht von gemeinschaftlichen Eigentumsarrangements wie im Beispiel von LILAC. Dies hat dazu geführt, dass diese ersten Projekte nur in der Lage waren, Grundstücke auf der Basis von langfristigen Pachtverträgen zu übernehmen. Wohnen zur Miete basiert in der Regel auf privaten Verträgen zwischen Mitgliedern, die Eigentümer sind, und Mitgliedern, die eine Mietwohnung suchen, statt zwischen der Cohousing-Gemeinschaft und dem Mieterhaushalt. Solche privaten Arrangements haben Auswirkungen auf die Frage, wer oder wer nicht Mitglied der Gemeinschaft ist und mitbestimmen darf.

Das Maß, in dem die oben genannten Cohousing-Projekte vom Einzeleigentum geprägt sind, hat bei einigen Kommentatoren zur Bewertung von Cohousing als etwas „Exklusivem" geführt. Auf den ersten Blick scheint es, als würde Cohousing nur eine Option guter Qualität für Bessergestellte sein, nicht aber für Personenkreise, die man als „besitzlos" bezeichnen würde. Diese Kritik hält jedoch einer näheren Betrachtung nicht stand, da sich viele Cohousing-Initiativen sehr intensiv darum bemühen, eine Bandbreite verschiedener Varianten anzubieten. Manche haben sich sogar aufgelöst, als sich dieses Ziel als nicht realisierbar erwies. Zudem finden sich unter den aktuellen Initiativen viele Gruppen, die sich verpflichtet haben, preiswerten Wohnraum im Eigentum und zur Miete zu bauen. Das oberflächliche Bild von Cohousing muss dementsprechend revidiert werden und die Vielfalt der in Planung befindlichen neuen Projekte berücksichtigen.

Was wird die Zukunft dem Cohousing in Großbritannien bringen – welche Faktoren werden zukünftig eine wichtige Rolle spielen, wie wird sich die Bewegung in den kommenden Jahren entwickeln? Was mit Sicherheit behauptet werden kann: Cohousing wird nicht von der Bildfläche verschwinden. Dafür ist es zu eng verbunden mit dem breiten Bedürfnis nach einem ökologischem Lebensstil oder anderen selbstversorgenden und wenig-invasiven Lebensformen. Cohousing verkörpert die „Do-It-Yourself-together-Herangehensweise" an Nachbarschaftsbildung und wird sich auch künftig unterscheiden von gewinnorientierten und anonymen Mainstream-Siedlungen, die für „jeden" gebaut sind, der des Weges kommt.

Die zurzeit aufkommenden Projekte kommerzieller Immobilienfirmen (wie „Findhorn" in Schottland) werden wahrscheinlich nicht den gleichen „Gemeinschaftsgeist" entwickeln wie die etablierten Cohousing-Modelle, die durch die BewohnerInnen selbst aufgebaut wurden. Es ist wichtig, in diesem Zusammenhang darauf hinzuweisen, dass die Cohousing-Modelle, die bis heute entstanden sind, kaum Unterstützung erhielten durch Netzwerke oder professionelle Organisationen, wie sie in anderen europäischen Ländern oder den USA zur Verfügung stehen. Es wird Mut machen, Privatunternehmen zu gründen, die Basisprojekte unterstützen und nicht unterdrücken. Das Cohousing-Netzwerk hat sich sehr bemüht, die Entwicklung von Fachkompetenz und von Methoden für Gruppenprozesse zu unterstützen,

The most recent Cohousing project has also been an eco-inspired new-build development, the LILAC ('Low Impact Living Affordable Community') project on the site of a previous school at Bramley in Leeds. By the end of 2013, 39 adults and 9 children moved into the 20 flats and houses (1-bed to 4-bed in size), plus common house and shared outdoor spaces. A pioneering feature of LILAC has been their development of a 'mutual ownership' route to combine cohousing and 'green' development with 'mutual cooperative' principles to make the community affordable to a wide range of households. This has involved innovative use of 'eco-' and 'straw bale' construction techniques, alongside an asset-sharing arrangement where members contribute 35 per cent of their individual monthly incomes to cover their 'equity share' and the core running costs of the overall community.

Aside from these completed projects, the 'Older Womens Cohousing' project in London (OWCH) has secured formal planning approval for their project in Barnet, while a number of other groups have agreed or acquired sites (like the 'K1 project' in the Cambridge area) and are about to submit, or have already submitted, formal planning applications for the build phase.

/ LILAC, Bramley in Leeds /

What will be noted from the above details is that the number of such Cohousing projects in the UK remains modest – the UK Cohousing Network lists 14–16 established projects and a further 60+ groups progressing individual new proposals, which probably represents the highest visible level of UK interest in Cohousing ideals there has ever been. Projects have been new-build on 'green sites' and have made reuse of sites and some existing buildings. Almost all of them set up to date have been intergenerational and family-centred, although the OWCH group have been persistent in promoting the demands that older peoples' desires for a particular approach to Cohousing development should also be taken seriously, and they are now no longer the only group comprised just of 'older' members. And persistence has been fundamental (and necessary) in many projects : the OWCH group first came together in 1998, so it has taken 15 years to find a suitable site and get the formal planning approval. The Lancaster group took about 8 years from starting the project, to finally moving in. Such long 'lead-in' times have demanded much commitment, effort and patience from the groups involved – in other places groups have felt compelled to put their focus towards other futures because there has been insufficient progress to hold 'Cohousing' members together. In terms of costs and affordability, while many groups have started with the desire to provide affordable accommodation and a mix of housing tenures in a single scheme (ownership, rent, etc.) for a range of households and original members, this has not proved to be an easy ambition to satisfy. For schemes like the Community Project, Lancaster and Stroud the site and development and purchase costs were subsequently shaped more by the wider housing market than by any collaborative ownership arrangement like that devised by LILAC. In practice this has meant that those first projects have only really been able to provide properties for long-term leasehold ownership. Rental opportunities have been private agreements subsequently created between owning-members and those seeking to rent, rather than between the Cohousing community and the renting household, and such private arrangements are not without their implications and repercussions for who is or who is not 'a member' of the community. The extent that the above Cohousing projects have been dominated by building properties 'to own' has also been a factor in how 'Cohousing' has been interpreted by some commentators as something that is a bit 'exclusive', as it can look as if it is only providing good quality accommodation for those fairly well-off, and not able or prepared to help those considered to be 'socially dispossessed'. It is not a criticism that really stands up to closer inspection, as it is clear that many Cohousing initiatives have tried hard to provide a range of properties for their different members – some even disbanding when that could not be done. It is also clear that amongst the range of current initiatives there are many groups who are committed to building and providing mixed-tenure and affordable properties for ownership and rent, and any superficial picture of 'Cohousing' will have to change to take account of the variety of new projects being planned.

So where is Cohousing in the UK heading for the future – what factors are likely to be of importance for how it develops in the years ahead? Certainly the manner in which Cohousing aspirations naturally connect with wider desires for 'eco'-lifestyles or for other 'self-sufficient' or 'low impact' ways to live, is unlikely to disappear : Cohousing typifies the 'do-it-yourself-together' approach to creating neighbourhoods, and will remain distinct from the speculative and anonymous mainstream development, built for whomsoever comes along. The recent emergence of projects being set up by commercial developers (such as at 'Findhorn' in Scotland) could therefore be a little at odds with the spirit of how the established UK Cohousing schemes have been set up and driven forward by residents themselves. That being said, Cohousing schemes to date have had little formal help by way of supportive structures or professional organisations of the kind available in other European countries or in the USA, and it will be encouraging for private sector bodies to emerge in the UK that are able to support grass-roots projects and not over-shadow them. The UK Cohousing Network has been working hard to build the skill-sharing abilities and other dynamics of 'group development', in tandem with other organisations in the 'mutual sector' and associated professionals. The growing confidence of Cohousing groups to progress their plans and partnerships at local levels is testament to the growing benefits of such a sharing

/ Lancaster Cohousing Forgebank, Lancashire /

in Zusammenarbeit mit anderen Organisationen aus der Gemeinwesenarbeit und assoziierten Professionellen. Die zunehmende Zuversicht der Cohousing-Gruppen, ihre Pläne verwirklichen zu können, sowie neue Partnerschaften auf lokaler Ebene bezeugen den wachsenden Nutzen dieses Austauschs von Kompetenzen.

Inzwischen sind mehr Informationen über Cohousing in seiner speziellen britischen Ausprägung in Büchern, Zeitschriften und auf Webseiten verfügbar. Darüber hinaus gibt es eine wachsende Anzahl von universitären Forschungsprojekten, die die Qualität des „Gemeinschaftslebens“ und den Einfluss von Cohousing auf kommunale Dienstleistungen untersuchen. So wächst auch das Verständnis über Faktoren, die dazu beitragen, neue Ideen zu entwickeln und voranzutreiben.

Es ist auch als eine besondere Unterstützung für alle Arten gemeinschaftsorientierter Projekte anzusehen, dass die britische Wohnungspolitik inzwischen das ganze Spektrum des Wohnungsneubausektors dazu ermutigt, den Wohnungsbau voranzutreiben und der gemeinnützige Sektor aufgefordert wird, neue Ideen dazu beizutragen. So erschien 2011 ein mit Regierungsmitteln geförderter „Aktionsplan zur Förderung des Wachstums von Selbstbau-Wohnungsbau“; darin fanden Gemeinschaftsinitiativen wie Cohousing ausdrückliche Unterstützung. Im Zuge dessen wurde auch eine neue Wohnungsbauförderung eingeführt, die Kredite für Gemeinschaftsprojekte zugänglich macht. Ein Teil der Mittel ist explizit für den Bau preisgünstiger Mietwohnungen vorgesehen. Dies kann als lange überfällige Anerkennung der Regierung gewertet werden, dass es möglich ist, im qualitätsvollen Wohnungsbau sowohl Mietwohnungsbau als auch andere Eigentumsformen zu integrieren und dass dies heute moderner, allgemein anerkannter Standard ist.

Abzuwarten bleibt, ob weitere und welche spezifischen Hindernisse die Fortentwicklung von Cohousing-Projekten hemmen werden – mehr, als dies in der Vergangenheit der Fall war. Es gibt in Großbritannien heute einen erheblichen Widerstand gegen den Bau neuer Wohnanlagen und Gemeinschaftsinitiativen haben bereits feststellen müssen, dass sie nicht automatisch mit der Unterstützung der eingesessenen Bewohner rechnen können, wenn diese grundsätzlich keine neuen Gebäude wollen – ungeachtet eventueller Gemeinschaftsqualitäten eines Projekts. An manchen Orten (auch solchen, die ganz offensichtlich über kein geeignetes Grundstück verfügen) ist es naheliegend, dass sich die Bestrebungen für ein Cohousing-Projekt auf brachliegende innerörtliche Grundstücke oder alte Gebäude konzentrieren – „retrofitting“ der Cohousing-Identität! Einige Gruppen schlagen diesen Weg ein und es wird spannend sein, ihre Fortschritte zu beobachten und zu sehen, wie die Lebendigkeit der Cohousing-Ideale sich in vielfältiger Weise beweisen wird.

AUTOR: **DR. MARTIN FIELD**

Dr. Martin Field, Professor und Forscher an der University of Northampton, England

Mitherausgeber *Cohousing in Britain: a Diggers & Dreamers Review*, ein 200-seitiger Kommentar zu aktuellen Cohousing-Projekten im Vereinigten Königreich, veröffentlicht 2011 Diggers & Dreamers Publications/ Edge of Time Ltd.

(www.diggersanddreamers.org.uk / www.edgeoftime.co.uk)
ISBN 978-0-9545757-3-1

Die Website von UK Cohousing Network www.cohousing.org.uk enthält Details aller erwähnten Gruppen und weiterer Initiativen.

E-Mail: martin.field@northampton.ac.uk

of expertise. More material on Cohousing development with particular UK characteristics is also now available in books and magazines and on websites, so a more comprehensive understanding of the elements for creating and carrying new ideas forward is becoming that much more wide-spread. There are furthermore an increasing number of university research projects now looking to examine the value and impact of Cohousing aspirations on local services and the quality of 'community life'.

It is also a particular help to all kinds of community-centred projects that national UK government policy to stimulate house-building is encouraging all parts of the broad housing and development sectors to increase overall housing production, and the 'mutual' sector has been encouraged to bring new ideas forward alongside all others. 2011 saw the publication of a government-sponsored 'Action Plan to Promote the Growth of Self Build Housing' which gave explicit support to community-led initiatives like Cohousing and to new arrangements from the government ministry to make loan finance available for community-build schemes. There is a requirement that some of this finance is directed towards the creation of 'affordable' rental housing, however there is at least (at the moment) the recognition by the government that community aspirations to provide high-quality local housing can include both affordable housing and other tenures, and that all is acceptable in the modern age.

Whether or not there are particular constraints that will reduce Cohousing opportunities in the future – more than they have in the past – remains to be seen. There is a significant degree of resistance to all kinds of proposals for new housing development in the UK, and community-led initiatives have already found that they cannot expect to be automatically supported by other local people who may not want any new building at all, regardless of a scheme's 'community' credentials. In some places (including those with no obvious space for new-build development) it is likely that aspirations for Cohousing 'development' will be focused on trying to bring the basic principles to impact upon existing places and street properties – that is, 'retrofitting' a Cohousing identity! A few UK groups are embarking on this course of action, and it will be exciting to follow their progress and see how the vibrancy of Cohousing ideals is demonstrated through more than one kind of collective work.

AUTHOR: DR MARTIN FIELD

Dr Martin Field, Senior Lecturer/Researcher, University of Northampton, England

Guest Editor *Cohousing in Britain: a Diggers & Dreamers Review*, a 200-page commentary on recent UK Cohousing developments, published in 2011 under a 'creative commons' licence by Diggers & Dreamers Publications/Edge of Time Ltd.

(www.diggersanddreamers.org.uk / www.edgeoftime.co.uk)
– ISBN 978-0-9545757-3-1

The website of the UK Cohousing Network is www.cohousing.org.uk and holds details of all groups mentioned and other initiatives.

e-mail: martin.field@northampton.ac.uk

/ Threshold Centre, Gillingham in Dorset /

COHOUSING IN DER TSCHECHISCHEN REPUBLIK /DE/

/EN/ COHOUSING IN THE CZECH REPUBLIC

VERONIKA BEŠŤÁKOVÁ

Lassen Sie mich damit beginnen, dass es unseres Erachtens keinen Sinn macht, unvergleichbare Dinge miteinander zu vergleichen. Das trifft auch auf einen Vergleich des aktuellen Standes der Entwicklung in Dänemark oder der Bundesrepublik Deutschland mit dem in der Tschechischen Republik oder anderen postsozialistischen Ländern zu. Es kann also nicht der Schluss gezogen werden, dass die Tschechische Republik beim Cohousing „hinterher hinkt". Dänemark wird allgemein als das Land betrachtet, in dem Cohousing zuerst entwickelt wurde, aber auch Deutschland hat eine lange Geschichte in der Entwicklung von Modellen gemeinschaftlichen Wohnens.

Deshalb sollten wir mit einem kurzen Blick auf die unterschiedlichen historischen Hintergründe beginnen. Während im damaligen Westeuropa der Diskurs über Wohnqualität (nach den Prinzipien der Charta von Athen) bereits vor Jahrzehnten begonnen hatte, wurden die sozialen Aspekte der gebauten Umwelt in der tschechischen Gesellschaft lange unterschätzt.

Vor dem Hintergrund der spezifischen politischen Situation in der zweiten Hälfte des 20. Jahrhunderts (einige Jahrzehnte Sozialismus, ersetzt durch eine überstürzte Transformation in eine kapitalistische Gesellschaft) wurde in der Tschechoslowakei und der Tschechischen Republik die Diskussion über soziale und gesellschaftliche Einflüsse von Architektur und Stadtplanung erst vor wenigen Jahren von ArchitektInnen, StadtplanerInnen und engagierten BürgerInnen angestoßen.

Das Konzept des Cohousing wurde 2008 von dem amerikanischen Architekten Charles Durett in der Tschechischen Republik vorgestellt. Die international bekannte „Ikone" des Cohousing hielt damals in Prag einen Vortrag über Cohousing und Gemeinschaftswohnmodelle für SeniorInnen. Der Vortrag brachte erstmalig Menschen zusammen, die das Interesse an gemeinschaftlichem Wohnen verband und insofern kann dies als die Initialzündung für die Cohousing-Bewegung in der Tschechischen Republik bezeichnet werden.

Anfang 2009 wurde der erste Internetauftritt auf Tschechisch in der Öffentlichkeit präsentiert: www.cohousing.cz. Zu Beginn wurde hier eine einfache Übersetzung ausgewählter Kapitel des Buches *Cohousing: A Contemporary Approach to Housing Ourselves* (Kathryn M. McCamant and Charles Durrett, Ten Speed Press, 1994) eingestellt.

Zeitgleich gründete sich ein informelles nationales Netzwerk „Cohousing CZ". Die Initiatorinnen waren Veronika Bešťáková, Ivana Hlobilová und Anita Michajluková. Die Hauptziele der Plattform sind

/1/ Cohousing und Gemeinschaftswohnmodelle für SeniorInnen in der Öffentlichkeit bekannt zu machen;
/2/ den Wissenstransfer und Erfahrungsaustausch über Best-Practice-Modelle in anderen Ländern und zwischen den tschechischen Projekten zu organisieren;
/3/ die Forschung über Cohousing mit den Anforderungen und Herausforderungen der tschechischen Gesellschaft zu verbinden;
/4/ und die Organisations- und Netzwerkarbeit auf der lokalen, nationalen und internationalen Ebene zu fördern.

First of all, we are persuaded that it is rather irrelevant to compare the incomparable matters, i.e. the current-state-of-the-art in Denmark or Germany with those in the Czech Republic or other post-socialistic countries and, to conclude that the Czech Republic is quite 'late' in the topic. Denmark is generally regarded as a country of Cohousing's origin and Germany has a long-term history of collaborative housing solutions too.

Therefore, we should start with a brief view of quite different historical backgrounds. While formerly called 'Western Europe' the discourse about the quality of housing (in terms of the Athens Charter principles) started already several decades ago, the social and sociable aspects of built environment still remain underestimated in Czech society. Due to specific political situation during the second half of the 20th century in Czechoslovakia and the Czech Republic (several decades of socialist era, replaced by a precipitous transformation into capitalist society), the discussion about social and sociable impacts of architecture and urban planning only started to be initiated several years ago by architects, urban planners and involved citizens.

The concept of Cohousing was introduced to the Czech Republic in 2008 when American architect Charles Durrett, well-known world-wide icon of Cohousing, gave a lecture in Prague about Cohousing and senior Cohousing. The lecture brought together people interested in community-based housing and thus, it would be considered as a starting point of the Cohousing 'movement' in the Czech Republic.

In early 2009, first Internet presentation in Czech, www.cohousing.cz, was launched, initially as a simple translation of selected chapters from the book *Cohousing: A Contemporary Approach to Housing Ourselves* (Kathryn M. McCamant and Charles Durrett, Ten Speed Press, 1994). At the same time, informal nation-wide network, 'Cohousing CZ', was created too (initiators: Veronika Bešťáková, Ivana Hlobilová and Anita Michajluková). From the beginning, the main objectives of the platform are

/1/ to increase public awareness of Cohousing and senior Cohousing;
/2/ to transfer knowledge and to share experiences both from foreign best practices and among Czech communities;
/3/ to connect academic research on Cohousing with the requirements and challenges of Czech society; and
/4/ to promote organisation and networking activities at local, national and international levels.

/ Vortrag und Diskussion „Was ist Cohousing", Tisnov, 30. 11. 2013
Lecture and discussion 'What is Cohousing', Tisnov, 30. 11. 2013 /

Seit 2009 haben wir Cohousing-Projekte in Österreich, Niederlande, Großbritannien, Schweden und Dänemark besucht. Seit 2013 haben sich weitere Mitglieder, ExpertInnen im Bereich Cohousing, unserer Initiative angeschlossen. Erste konkrete Ideen für ein Cohousing-Projekt, „Kde domov můj?" (Wo ist mein Zuhause? (Dies ist der Anfang der tschechischen Nationalhymne!)), entwickelten sich 2009 in Prag. Das Projekt war unmittelbar durch den Besuch von Cohousing-Projekten in den USA sowie durch einen Artikel über Gemeinschaftsprojekte in Hamburg inspiriert. Innerhalb eines halben Jahres sammelten sich Interessierte mit unterschiedlichem sozialem Hintergrund um die Initiatoren, die Familie Hajzler, und begannen mit der Arbeit zur Realisierung ihres Projekts. Im Frühjahr 2010 führten unterschiedliche Meinungen und Standpunkte zur Spaltung der Gruppe in „Kde domov můj?" und „Český cohousing" (tschechisches Cohousing).

Nach mehr als drei Jahren intensiver Suche nach NachbarInnen, vielen Treffen mit verschiedenen AkteurInnen und Bemühungen, das öffentliche Bewusstsein für das Thema zu stärken, zog die Familie Hajzler in ein klassisches InvestorInnenprojekt an den Stadtrand von Prag. Sie konnten und wollten nicht länger auf eine Verbesserung der Rahmenbedingungen für ein Gemeinschaftsprojekt in der Tschechischen Republik warten. Aber sie sind und bleiben aktive BewohnerInnen in ihrer Nachbarschaft. Die zweite Gruppe „Český cohousing" bestand bis Ende 2012. Die Mitglieder (junge Familien, Paare und Singles) trafen sich fast jede Woche und organisierten zahlreiche Veranstaltungen zum Thema Cohousing in Prag, um weitere Mitglieder zu werben. Die Gruppe war sehr alternativ orientiert. Aus diesem Grund war es nicht einfach, zu einer gemeinsamen Vision für das Projekt zu kommen.

Angesichts der Finanz- und Wirtschaftskrise 2010, die insbesondere auch die Baubranche traf, entstanden neue InvestorInnenprojekte in der Tschechischen Republik. Sie richteten ihre Aufmerksamkeit und finanziellen Mittel verstärkt auf die halböffentlichen und öffentlichen Räume, um so Nachbarschaftsentwicklung und -beziehungen zu fördern. InvestorInnen begannen, das Cohousing-Konzept als Marketinginstrument zu nutzen. Aber die tschechische Gesellschaft war und ist immer noch sehr misstrauisch gegenüber jeglicher Art von Gemeinschaftsräumen, -flächen und -aktivitäten. Zudem haben InvestorInnen große Probleme, Eigentumswohnungen zu verkaufen.

Ab 2011 begannen Medien (Zeitschriften, Internet, Radio und Fernsehen) und Wissenschaft dem Thema Cohousing mehr Aufmerksamkeit zu widmen. Im Frühjahr 2011 wurde „Cohousing CZ" von einer neuen Cohousing-Initiative kontaktiert, der „Těšíkovská Bydlina" in Zentralmähren/Moravia. Die Gruppe hat ein großes Gebäude zum Wohn- und Seminarhaus ausgebaut. Zwei kleinere Wohnhäuser und Ställe liegen in einem abgelegenen, waldigen Tal. Die Ländereien werden für den Nahrungsmittelanbau und für Tierhaltung genutzt. Die Projektgruppe ist noch dabei, ihre Ziele zu formulieren und weitere Mitglieder zu suchen. Dieses Projekt kann eher als eine Stammeslebensgemeinschaft bezeichnet werden, die nach den Prinzipien der „Permakultur" wirtschaftet.

Ebenfalls im Jahr 2011 starteten die Architekten Unitarch.eu (Michal Kohout, David Tichý und Martin Agler) eine Internetseite mit einem Prototypen von „Cohousing Start" für junge Leute und „Cohousing Plus" für Ältere, JKA-Cohousing. Sie gründeten darüber hinaus eine Nichtregierungsorganisation „The Centre for Quality of Housing", deren Schwerpunkt auf der Erforschung von Cohousing liegt. Außerdem integrieren die Architekten das Cohousing-Konzept in ihre Lehre an der Architekturfakultät der Tschechischen Technischen Universität in Prag. Kürzlich, Ende 2013, gründeten sie dort auch eine wissenschaftliche Plattform „CTU Social Group", die den Schwerpunkt auf die sozialen Aspekte der gebauten Umgebung legt. Sie kooperieren hierbei mit den Architektinnen Veronika Bešťáková und Jana Kubcová.

Im Jahr 2012 gründete sich eine vierte Cohousing-Initiative namens „Cohousing 9 Pramenů" (Cohousing 9 Quellen) in Nordmähren. „Cohousing 9 Pramenů" wird sich auf dem Land niederlassen, vorerst als kleine Ansiedlung von vier Einfamilienhäusern mit einem Gemeinschaftshaus. In den nächsten drei bis fünf Jahren sollen fünf weitere Grundstücke für neue Mitglieder zur Verfügung stehen. Das gemeinsame Ziel dieser Gruppe ist es, nachhaltige Entwicklung zu fördern sowie Nachbarschaftshilfe und Gemeinschaft zu leben.

/ Cohousing-Projekt 9 Pramenů, Starý Jičín
Cohousing project 9 Pramenů, Starý Jičín /

Seit 2012 sind auch einige Mitglieder der ehemaligen Gruppe „Český cohousing" unter dem Namen „Kmen" (der Stamm) weiterhin aktiv. Sie leben in Říčany u Prahy in der Nähe von Prag. „Kmen" umfasst zurzeit vier Familien, die gemeinsam ein großes Einfamilienhaus mieten und bewohnen. Jede Familie hat nur ein privates Zimmer. Sie teilen sich eine kleine Küche, Ess- und Wohnzimmer, Gästezimmer und Büro. Momentan ist es eine Art Wohngemeinschaft, in der sich die Mitglieder auch die Hausarbeit teilen. In naher Zukunft möchte „Kmen" die Cohousing-Idee für sich weiterentwickeln und dann getrennte Haushaltseinheiten schaffen mit privaten Küchen und Räumen, aber einem großen Gemeinschaftshaus.

Veronika Bešťáková promovierte 2013 zum Thema „Elderly People Housing within the Context of Population Ageing: The Case of Cohousing and Senior Cohousing" (Seniorenwohnen im Kontext einer alternden Gesellschaft: Eine Fallstudie über Cohousing und Senioren-Cohousing) an der Architekturfakultät der CTU in Prag. Es ist die erste kompakte Darstellung über Cohousing in Tschechien.

Since 2009, we have visited Cohousing communities in Austria, Holland, Great Britain, Sweden and Denmark. Since 2013, new members, experts on Cohousing, have come to expand our range.

Accidentally together, but independently, first concrete Cohousing intention, 'Kde domov můj?' (Where is my home?), emerged in Prague in early 2009. The project was inspired directly by visiting of Cohousing communities in US on the one hand and, by an article of the same name about collaborative housing forms in Hamburg, Germany, on the other hand. Within a half-year, the initiators, Hajlzer's family, gathered together interested persons (of 'mixed' social structure) and they started to work on the project. In spring 2010, because of different opinions and points of view, the group was divided in two groups, 'Kde domov můj?' and 'Český cohousing' (Czech Cohousing). After more than three years of intensive searching for neighbours, lots of meetings with different actors, and working on raising of public awareness, Hajzler's family moved to a classical developer project on the outskirts of Prague. They could wait no more for favourable conditions for the Cohousing development in the Czech Republic. But, they remain to be active inhabitants within the neighbourhood they live in. Second group, Český Cohousing, existed till the end of the year 2012. Their members (young families, couples and singles) came together almost every week and organised public presentations about Cohousing in Prague in order to search for new members. The group was rather alternatively focused. Therefore, it was not facile to find a common underlying vision of the project.

In 2010, in light of the economic and financial crisis within the building industry, newly conceived developers' projects emerged in the Czech Republic – i.e. first intentions to focus attention (and finance) to semi-private and public spaces in order to support neighbours relations. Even, developers used the Cohousing concept as a marketing move. But, Czech society was (and still is) very distrustful towards any kinds of shared spaces, facilities and activities, and developers have a lot of difficulty in selling flats.

In 2011, more significant concern for Cohousing appeared from general public, academic research, and media (newspapers, Internet, radio, television). In spring 2011, Cohousing CZ was contacted by new Cohousing intention, 'Těšíkovská Bydlina' (Těšíkov's Bydlina) in Central Moravia. Existing spacious building adapted for families living and seminars organisation, two chalets and stable are located in an uninhabited valley surrounded by the forest. The land is used both for growing and as pastures. Up to now, the project is looking for its vision and for new members. Finally, the project could be seen rather as a sort of intentional community based on 'permaculture' and 'tribe settlement'.

In 2011, architects from Unitarch.eu (Michal Kohout, David Tichý and Martin Agler) launched website with a prototype of 'Cohousing Start' for the youths and 'Cohousing Plus' for the elderly, JKA-Cohousing. The same architects established a non-governmental organisation, 'The Centre for Quality of Housing' whose one of the research focus is on Cohousing. In addition, these architects deal with Cohousing concept within their teaching at Faculty of Architecture, Czech Technical University in Prague. Recently (at the end of 2013), they created a scientific platform, 'CTU Social Group', at the Faculty of Architecture, focused on social aspects of built environment (together with architects Veronika Bešťáková and Jana Kubcová).

In 2012, fourth Cohousing intention emerged, 'Cohousing 9 Pramenu' (The 9 Sources Cohousing) in Northern Moravia. Cohousing 9 Pramenů will be built in rural area as a small group of four individual single-family houses that will be accompanied by a common house. Within next three to five years, five neighbouring lots will be available for new members. Up to now, the first single-family house has been completed. The main interest of the Cohousing is to promote sustainable development, neighbourly cooperation and a sense of community.

/ Cohousing-Projekt 9 Pramenů, Starý Jičín
Cohousing project 9 Pramenů, Starý Jičín /

Some members of former Český Cohousing continue, since 2012, as a group named 'Kmen' (The Tribe), situated close to Prague, in Říčany u Prahy. Kmen is currently composed of four family units that rent a spacious single-family house. Each family has only one private room and shares small common kitchen, large dining/living room, social facilities, guest room and office room. For the time being, it is a sort of co-location with households chores partly shared. But, in the near future, Kmen wants to approach the Cohousing ideas, i.e. a type of housing with separate household spaces, including private kitchen and private social facilities and large common house.

In early 2013, Veronika Bešťáková has finished the dissertation, 'Elderly People Housing within the Context of Population Ageing: The Case of Cohousing and Senior Cohousing' (Faculty of Architecture, CTU in Prague), first compact piece of work about Cohousing in Czech. The main scope of the dissertation is Cohousing concept as a housing solution 1) with extensive common facilities; and 2) as a limited variant of a wider group of collaborative housing forms. In particular, the dissertation deals with senior Cohousing, i.e. 'ageing in community' compared in dissertation with 'ageing in institutions' and 'ageing in place' concepts. One outcome of the dissertation is the fact that there are many barriers and challenges in the (senior) Cohousing implementation within the Czech environment community so far. According to the dissertation's results and practical experiences from emerging communities in the Czech Republic, as primary obstacles would be considered a lack of awareness and incorrect pictures about this alternative housing solution in the Czech society.

Das Forschungsinteresse der Dissertation liegt auf Cohousing, zum einen als einer Wohnform mit umfangreichen Gemeinschaftsflächen, zum anderen als einer Variante vielfältiger Formen des gemeinschaftlichen Wohnens. Ganz speziell befasst sich die Dissertation mit gemeinschaftlichem SeniorInnenwohnen. So wird zum Beispiel das Konzept des „Gemeinsam Altwerdens" dem „Altwerden in Institutionen" und dem „zuhause Wohnenbleiben mit ambulanten Pflegehilfen" gegenübergestellt.

Die Dissertation kommt zu dem Ergebnis, dass bei der Realisierung von Cohousing-Projekten für SeniorInnen in Tschechien noch viele Barrieren und Herausforderungen zu bewältigen sind. Die wissenschaftlichen Ergebnisse und praktischen Erfahrungen junger Gemeinschaften in Tschechien benennen als Haupthindernisse ein fehlendes Bewusstsein und falsche Vorstellungen bezüglich dieser alternativen Wohnform in der tschechischen Gesellschaft.

/ Vortrag und Diskussion „Was ist Cohousing", Tisnov, 30. 11. 2013
Lecture and discussion 'What is Cohousing', Tisnov, 30. 11. 2013 /

Ende 2013 wurde „Cohousing CZ" von einer Gruppe im Alter 50+ aus Mähren (Moravia) kontaktiert, die sich für generationenübergreifendes Wohnen interessierte (dies könnte als sechstes Cohousing-Ziel verstanden werden). Bis heute arbeitet diese Gruppe an einem Konzept und sucht nach einem Grundstück, wobei sie ökologischen Aspekten der Architektur einen hohen Stellenwert beimisst.

Anfang 2014 wurde „Cohousing CZ" vom deutschen wohnbund e.V. kontaktiert, ebenso vom ungarischen „Community Living"-Netzwerk und dem französischen OPHEC (Office de Promotion de l'Habitat Ecologique Coopératif). Dieser Beitrag ist eine Reaktion auf die Anfrage des wohnbund e.V., einen Beitrag für eine Publikation über neue Wohnformen in Europa zu schreiben. Das ungarische „Community Living" strebt bilaterale und internationale Kooperationen an, nicht nur zwischen den postsozialistischen Ländern. OPHEC initiiert unter anderem eine europäische Cohousing-Vereinigung und ein Forschungsnetzwerk.

In diesem Zusammenhang ist Jana Kubcová zu erwähnen, Architektin und Promovendin, die in ihrer Dissertation an der Architekturfakultät der CTU in Prag dänische Mehrgenerationen-Cohousing-Projekte untersucht: „Cohousing: Analysis of Danish Housing Projects". Bisher hat Jana Kubcová eine Tiefenanalyse von ca. 60 existierenden Mehrgenerationenprojekten durchgeführt. Sie konzentriert sich dabei auf allgemeine Projektcharakteristika wie Architektur und Städtebau, soziale Faktoren, praktische, organisatorische und juristische Strategien und Systeme von Cohousing-Gemeinschaften. Jana Kubcová beteiligt sich außerdem an der Verbreitung von gemeinschaftlichem Wohnen in der Tschechischen Republik und kooperiert in diesem Zusammenhang mit der informellen nationalen Plattform „Cohousing CZ". Sie unterstützt Gründungsinitiativen und hält öffentliche Vorträge über Cohousing.

Cohousing ist in der tschechischen Republik weiterhin eine wenig bekannte Wohnform. Oftmals haben Leute eine falsche Vorstellung von den Kosten von Gemeinschaftseinrichtungen und -flächen oder auch über die formelle und informelle Organisation von Gemeinschaft.

Nach einer Umfrage von Veronika Bešťáková (2011) sind Tschechen davon überzeugt, dass Gemeinschaftseinrichtungen eine Quelle des Konflikts zwischen NachbarInnen darstellen. Aktuellere Forschung und ExpertInnengespräche kommen allerdings zu dem Ergebnis, dass tschechische SeniorInnen durchaus an einer Wohnform Interesse zeigen, in der Einrichtungen und Aktivitäten geteilt werden (vgl. das Projekt „HELPS – Housing and Home-care for the Elderly and Vulnerable People and Local Partnership Strategies in Central European Cities", 2011 – 2014). Wir konnten ein hohes Maß an Misstrauen der Mainstream-Gesellschaft gegenüber dem Cohousing-Konzept auf der einen Seite und unkritischen Enthusiasmus auf der anderen Seite feststellen.

Bei allen in Gründung begriffenen oder auch nicht funktionierenden Gemeinschaften stellen wir eine große Angst fest, sich feste Regeln zu geben. Die Formulierung von Zielvorstellungen bleibt meistens relativ ungenau, um neue Mitglieder nicht abzuschrecken und Konfliktpotenzial zu minimieren.

Alle Projekte legen ihren Fokus auf Nachhaltigkeit und Ökologie. Ihre Ideologie drückt den Wunsch aus, die Gesellschaft zu verändern, indem man seinen eigenen Lebensstil verändert (nach dem Konzept vivre autrement (anders leben)), wie es in Frankreich benutzt wird (Dick Urban Vestbro, Proceeding from the international collaborative housing conference in Stockholm, 2010).

Abgesehen von dem fehlenden gesellschaftlichen Bewusstsein, das die Verbreitung von Cohousing in der Tschechischen Republik behindert, gibt es ein Defizit an Erfahrung mit Beteiligungsprozessen auf lokalem und individuellem Niveau. Dazu kommt ein Defizit beim aktiven öffentlichen Engagement in Entscheidungsprozessen. Und, die tschechische Gesellschaft ist immer noch traumatisiert durch die lange totalitäre Geschichte des Landes.

Dennoch ist auch die tschechische Gesellschaft mit einem dramatischen demografischen Wandel konfrontiert. Dieser geht einher mit ökologischer Bedrohung und verlangt eine Qualität der gebauten Umwelt, welche die Kommunikation zwischen BewohnerInnen fördert (soziale Inklusion) und deren Streben nach gegenseitiger Hilfe und Selbsthilfe gerecht wird. Dies könnte der Schlüssel sein, um für die aktuellen und künftigen Herausforderungen Antworten zu finden. Aus diesem Grund ist es wichtig, mehr Informationen über Gemeinschaftswohnformen zu finden und bereits gemachte Erfahrungen unter den Zielgruppen zu verbreiten, um die Etablierung von Cohousing und gemeinschaftlichen Wohnformen in der tschechischen Ökologiebewegung zu unterstützen und zu fördern.

AUTORIN:
DIPL. ING. ARCH. DR. VERONIKA BEŠŤÁKOVÁ

Dipl. Ing. Arch. Dr. Veronika Bešťáková
Architekturfakultät der CTU in Prag, Tschechische Republik
Initiatorin und Mitglied „Cohousing CZ"

E-Mail: veronikabestakova@centrum.cz

At the end of 2013, Cohousing CZ was contacted by a group of people 50+ from Moravia interested in intergenerational Cohousing (that might be considered as a sixth Cohousing intention). Up to now, they search for both the vision of the project and the site while preferring ecological aspects of architecture.

In early 2014, Cohousing CZ was addressed by German Wohnbund, Hungarian 'Community Living' network and French OPHEC (Office de Promotion de l'Habitat Ecologique Coopératif). This article is just a reaction to the Call for Papers from Wohnbund. Hungarian 'Community Living' addresses Cohousing CZ in order to promote bilateral or international cooperation not only within the post-socialist countries. And, OPHEC initiates, besides other things, European Cohousing Association and research network.

It is convenient to mention Jana Kubcová, architect and PhD student, who discusses Danish multigenerational Cohousing communities in her dissertation at the Faculty of Architecture (CTU in Prague), Cohousing: Analysis of Danish Housing Project, to be completed in 2014. So far, she has elaborated an in-depth analysis about 60 multigenerational existing projects. She focuses on overall monitoring of project characteristics, including basic characteristics, architectural and urban characteristics, social factors, practical, organisational and legal strategies and systems of Cohousing communities. She also participates in collaborative housing dissemination in the Czech Republic, e.g. cooperates with national informal public platform Cohousing CZ, supports emerging communities in the Czech Republic and gives lectures about Cohousing for the public.

Cohousing still remains fewer known housing solutions in the Czech Republic. Often, people have false notions about the costs of common spaces and facilities or about formal and informal organisation of the community. According to the questionnaire survey of Veronika Bešťáková (2011), Czechs are persuaded that common spaces are a source of conflicts among neighbours. But, more recent surveys and expert discussions (2013) demonstrate for example that Czech senior citizens are interested in housing with shared facilities and activities (project HELPS – Housing and Home-care for the Elderly and Vulnerable People and Local Partnership Strategies in Central European Cities, 2011 – 2014). We could find also a high rate of no-confidence of the mainstream society towards Cohousing concept, on the one hand, and, an uncritical enthusiasm of the special minorities, on the other hand. From all emerging (or defunct) communities, we can read a fears for establishing the obligatory and fixed rules. The visions seem to be still rather vague and large in order to attract new members and to avoid potential conflicts. All projects are focused on sustainability, ecology and some sort of ideology, reflecting the idea that it is possible to change society by changing everyday life to be compared with a concept vivre autrement (living differently), used in France (Dick Urban Vestbro, Proceeding from the international collaborative housing conference in Stockholm, 2010). Apart from the lack of awareness that obstructs the implementation of Cohousing in the Czech Republic, a lack of experience with participation process at both local and individual levels, and a lack of active involvement of the public in decision-making process would be considered other obstacles. And, Czech society is still stigmatised by the long-term totalitarian history.

In any case, Czech society is also confronted with dramatic demographic trends accompanied by ecological threats and quality of built environment that foster communication among inhabitants (social inclusion) and their mutual help and self-help (self-determination) may be the key answer how it is possible and relevant to face both present and future challenges. Therefore, more relevant information about collaborative housing forms and the dissemination of results among the potential target groups would contribute to the cohousing and collaborative housing implementation within the Czech environment community.

/ Workshop „Gemeinschaftliches Wohnen", Brno, 21. 11. 2013
Workshop Cohousing, Brno, 21. 11. 2013 /

AUTHOR:
ING. ARCH. VERONIKA BEŠŤÁKOVÁ PH.D.

Ing. arch. Veronika Bešťáková Ph.D.
Faculty of Architecture, CTU in Prague, Czech Republic
Initiator, member of Cohousing CZ

e-mail: veronikabestakova@centrum.cz

DÄNEMARK, /DE/

PIONIERLAND FÜR COHOUSING

/EN/ DENMARK,

PIONEER COUNTRY FOR COHOUSING

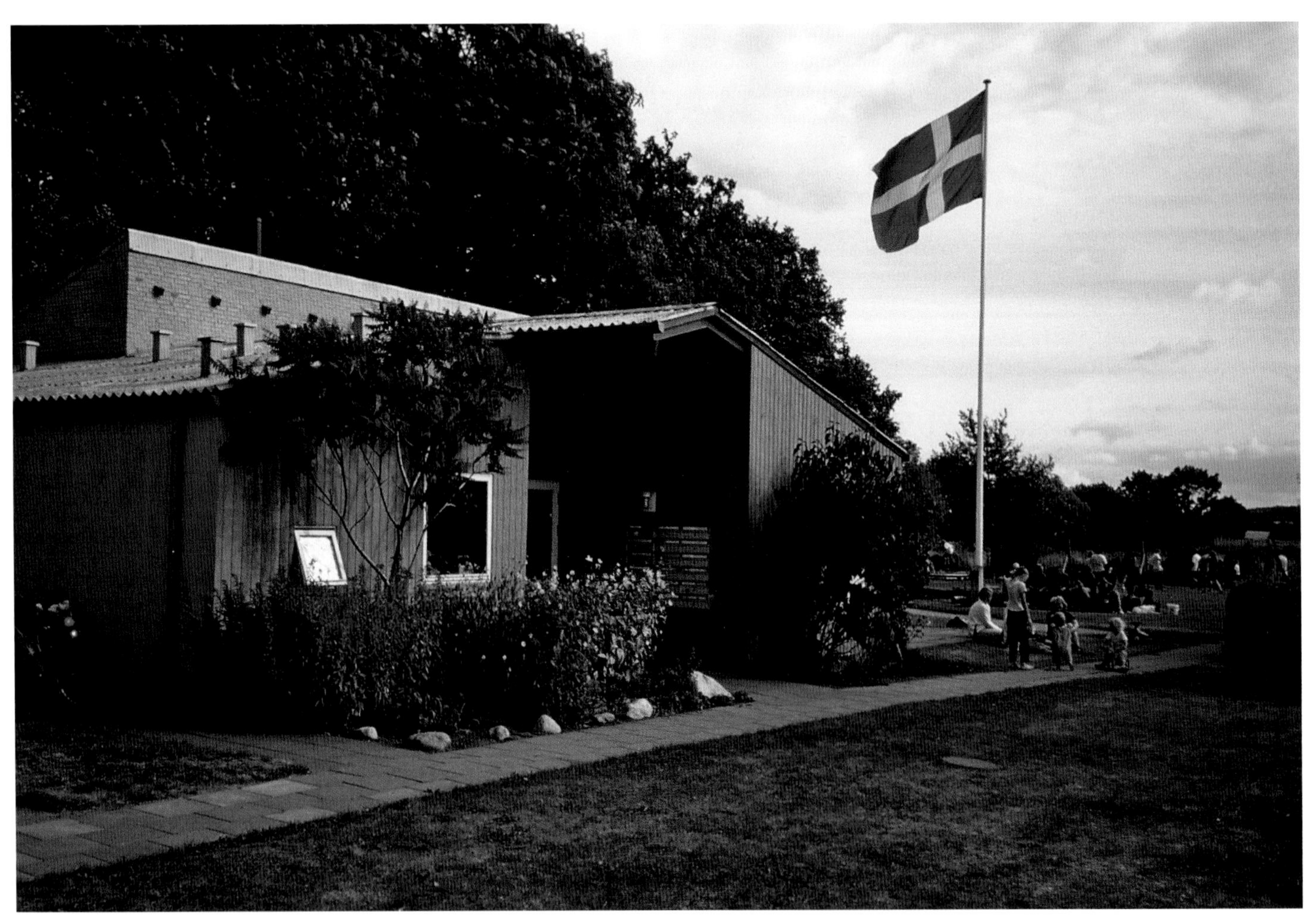

BRITTA TORNOW

// Gemeinsames Essen sechs Tage die Woche. Take-away ist auch o.k.
// Kochen oder Abwaschen alle sechs Wochen
// Mehr als 200 nette Nachbarn in jedem Alter
// Schicke moderne Wohnungen – und Privatleben, ganz nach Bedarf
// Ein großer gemeinsamer grüner Hof
// Cocktailparties, „Alltagsfrikadellen" und Stockbrot im Hof

// Eating together six days a week. Take-home is also okay
// Cooking or doing the dishes every six weeks
// More than 200 nice neighbours of all age groups
// Fashionable, modern flats – and a private life, fully according to needs
// A large common landscaped courtyard
// Cocktail parties, 'every-day burgers' and bread on a stick in the courtyard

Die Website von Lange Eng beschreibt treffend das gemeinschaftliche Leben eines dänischen Wohnprojekts, einer *Bofællesskab* / 1 /. Lange Eng, eines der größten und neuesten Wohnprojekte in Dänemark, wurde 2008 in Albertslund, ca. 15 Kilometer südwestlich von Kopenhagen fertiggestellt. 54 Eigentumswohnungen und ein Gemeinschaftshaus umschließen einen großen, grünen Hof mit rund 100 Obstbäumen. Das Gemeinschaftshaus bietet auf 600 Quadratmetern Fläche eine professionelle Küche und einen Speisesaal für mehr als 100 Personen, ein Kino, einen „Toberaum" für Kinder, ein Cafe und Hobbywerkstätten. An sechs Tagen in der Woche können die Bewohner am gemeinsamen Abendessen teilnehmen, das abwechselnd in Teamarbeit erstellt wird. Die Anmeldung zum Essen (inklusive eventueller Gäste) und Bezahlung, Berechnung der erforderlichen Portionen und des jeweiligen Etats für die Zutaten erfolgen über das Intranet der Wohnanlage, über das auch viele weitere Dinge geregelt werden. Lange Eng baut auf einer 40-jährigen Tradition auf: Bereits Anfang der 1970er Jahre hatte sich in Dänemark mit den *Bofællesskaber* ein eigenständiger Typ gemeinschaftlichen Wohnens etabliert. Es handelt sich dabei um Siedlungen mit großzügigen Gemeinschaftseinrichtungen, die von ihren Bewohnern gemeinsam initiiert, geplant und selbstverwaltet werden. Den Kern des gemeinschaftlichen Wohnens bildet das gemeinsame Kochen und Abendessen, das sich als Basis für das Gemeinschaftsleben bewährt hat.

Lange Eng's website aptly describes the common life of a Danish Cohousing project, a so-called Bofællesskab / 1 /. Lange Eng is one of the largest and most recent Cohousing projects in Denmark, situated in Albertslund, around 15 km southwest of Copenhagen, which was completed in 2008. 54 privately owned flats and a community house are arranged around a large green courtyard with around 100 fruit trees. The community house accommodates a professional kitchen and a dining hall for more than 100 people, a cinema, a 'play room' for children, a café and hobby workshops on a surface of 600 m^2. Six days a week, residents can join the common dinner which is prepared by alternating teams. Registering for dinner (incl. possible guests), payment, calculation of meals required and the respective budget for the ingredients is carried out on the Cohouse project's intranet which serves to organise many more matters. Lange Eng looks back to a tradition of 40 years. As early as at the beginning of the 1970s, a genuine type of Cohousing had established itself in Denmark in the form of the Bofællesskaber. These are residential estates with generous community facilities, which are jointly initiated, planned and self-managed by their residents. At the core of Cohousing is preparing meals and having dinner together, which has proven its worth as a basis for community life.

/ Bofællesskab Lange Eng, Albertslund /

/ 1 / Bofællesskab, pl. Bofællesskaber, wörtlich übersetzt Wohngemeinschaft, entspricht dem deutschen Begriff Wohnprojekt.

/ 1 / Bofællesskab, pl. Bofællesskaber, literally translated means flat-share project, but corresponds to the German concept of a Cohousing project.

Dänemark gilt als Pionierland für Cohousing. Das dänische Modell der *Bofællesskaber* hat tatsächlich viele Wohnprojekte in anderen europäischen Ländern inspiriert. / 2 / In den 1980er Jahren wurde es dann von zwei amerikanischen Architekten in die USA importiert: Charles Durrett und Kathryn McCamant bauten nach eingehendem Studium der *Bofællesskaber* die amerikanische Cohousing-Bewegung auf. / 3 /

GEMEINSCHAFTLICHES WOHNEN IM SOZIALEN WOHNUNGSBAU

Die Wurzeln gemeinschaftlichen Wohnens reichen zurück in die Mitte des 19. Jahrhunderts. Unter dem Einfluss von philanthropischem Gedankengut aus England baute ein Kopenhagener Ärzteverein 1854 die erste Siedlung mit Gemeinschaftseinrichtungen, um die Wohnverhältnisse und den Gesundheitszustand der armen Bevölkerung zu verbessern. Zu Lægeforeninges Boliger, im Volksmund Brumleby genannt, gehörten Waschhäuser und ein großes Gemeinschaftshaus, in dem auch die Konsumgenossenschaft der Bewohner tagte.

/ Brumleby (Lægeforeningens Boliger), erste Arbeiterwohnsiedlung mit Gemeinschaftseinrichtungen, Kopenhagen

Brumleby (Lægeforeningens Boliger), first social housing with common facilities, Copenhagen /

/ 2 / Auch der wohnbund hat mehrfach über Bofællesskaber berichtet. Jessen, Johann/Tornow, Britta: Neue Wohnformen in Dänemark – eine Bilanz zu Architektur, Rechtsform, Wohnalltag, in: *Wohnbund Jahrbuch* 1991 und Tornow, Britta: Blick über die Grenze – die dänische seniorbofællesskab Toftehaven in Bov, in: *wohnbundinformationen II/III/05*.

/ 3 / McCamant, Kathyn/Durrett, Charles: *Cohousing: a Contemporary approach to Housing Ourselves*. Berkeley 1988

/ 4 / 51 Prozent Eigentumswohnungen, acht Prozent private Genossenschaftswohnungen, ca. 21 Prozent private Mietwohnungen

/ 5 / Die Mitbestimmungsrechte der Mieter im sozialen Wohnungsbau wurden seit ihrer Einführung 1970 kontinuierlich ausgeweitet (*beboerdemokrati*).

Fast zeitgleich entstanden in der Kopenhagener Arbeiterschaft Bauvereine, die Eigenheime für ihre Mitglieder bauten. Vor allem auf dem Land entwickelte sich damals eine starke Genossenschaftsbewegung, indem sich die Bauern in Genossenschaftsmeiereien und -schlachtereien organisierten. Noch heute sind in der dänischen Gesellschaft Bezüge zur historischen Genossenschaftsbewegung spürbar. Die besondere Wertschätzung von Gemeinschaft prägt auch die dänische Volkshochschulbewegung (*højskolebevægelse*).Der dänische Theologe und Philosoph N.F.S. Grundvig hatte Mitte des 19. Jahrhunderts die Gründung zahlreicher Volkhochschulen initiiert, dort konnte sich die Landbevölkerung gemeinsam kulturell bilden und genossenschaftliche Organisationsformen entwickeln. Einen kürzeren oder längeren Aufenthalt auf einer der knapp 70 Højskoler – ein Stück gemeinschaftlichen Lebens auf Zeit – erleben auch heute noch viele Dänen als wichtige Erfahrung und Bereicherung ihres Lebens.

Nach den Bauvereinen entstanden ab 1912 Dänemarks erste Wohnungsgenossenschaften. Vor allem nach dem Ersten und Zweiten Weltkrieg führten Wohnungsnot und staatliche Förderprogramme dazu, dass – bis in die 1960er Jahre – zahlreiche neue Wohnungsbaugesellschaften gegründet wurden. Der gemeinnützige Sektor spielt auch heute noch eine große Rolle auf dem Wohnungsmarkt. Insgesamt 760 Wohnungsgenossenschaften und Wohnungsbaugesellschaften stellen einen Anteil von 20 Prozent des gesamten Wohnungsbestandes / 4 /; sie bauen ausschließlich Sozialwohnungen, die jedoch allen Einkommensgruppen zugänglich sind. Mietermitbestimmung ist dabei ein traditioneller Grundpfeiler: In jeder Wohnanlage wählen die Mieter eine Vertretung und entscheiden in regelmäßigen Mieterversammlungen über den Jahreshaushalt, soziale Aktivitäten und die Nutzung der Gemeinschaftsräume. / 5 /

Schon frühzeitig zeigten sich einige dänische Wohnungsbaugesellschaften aufgeschlossen gegenüber neuen Wohnformen und übernahmen bei sozialen oder ökologischen Experimenten oft die Trägerschaft. Gemeinschaftsorientiertes Wohnen ist also schon lange ein Thema im sozialen Wohnungsbau. Die Wohnungsbaugesellschaft DAB, 1942 gegründet, baute bereits 1951 ein „Kollektivhaus" nach schwedischem Vorbild, ausgestattet mit Küche und Speisesaal, Kindergarten, Freizeiträumen und Concierge sowie einem Lebensmittelgeschäft und einer Gästewohnung. Høje Søborg war ganz auf die Entlastung berufstätiger Mütter und Alleinerziehender ausgerichtet. Die Bewohner können noch heute die gleichen Angebote in Anspruch nehmen – wenn auch in reduzierter Form. Doch die Verpflichtung zur Teilnahme am gemeinsamen Essen im Restaurant ist noch immer eine Voraussetzung für den Mietvertrag.

Anfang der 1970er Jahre wuchs das Interesse für gemeinschaftliche Wohnformen. Hintergrund war die zunehmende Kritik von Fachwelt und Öffentlichkeit an der industriellen Bauweise und monofunktionalen, erlebnisarmen Neubaugebieten. Einen großen Einfluss auf den künftigen Wohnungsbau hatte ein Architektenwettbewerb für verdichteten Flachbau, den das staatliche Bauforschungsinstitut (*statens byggeforskingsinstitut*) 1971 ausgeschrieben hatte. Der preisgekrönte Entwurf spiegelt den Zeitgeist

Denmark is considered to be a pioneer country for Cohousing. Actually the Danish Bofællesskaber model has inspired many Cohousing projects in other European countries. / 2 / In the 1980s, it was then imported into the US by two American architects: Charles Durrett and Kathryn McCamant, who built-up the American Cohousing movement after thoroughly studying the Bofællesskaber. / 3 /

COHOUSING AS PART OF SOCIAL HOUSING

The roots of Cohousing date back to the middle of the 19th century. Under the influence of philanthropic ideas from England, a Copenhagen-based doctors' association built the first estate with community facilities in 1854, with the aim of improving the living conditions and the health conditions of the poor population. Lægeforeninges Boliger, popularly called Brumleby, included washhouses and a large community house which also hosted the meetings of the residents' consumer cooperative. Almost at the same time, building associations that built homes for their members were established among Copenhagen workers. A strong cooperative movement developed at that time, mainly in the countryside, as farmers organised themselves in cooperative diaries and butcheries. Strong references to the historic cooperative movement are still noticeable today within Danish society. The Danish adult education centres movement (højskolebevægelse) is also characterised by this special appreciation of community. In the mid-19th century, the Danish theologian and philosopher N. F. S. Grundvig initiated the establishment of numerous adult education centres where the rural population could jointly learn about culture and develop cooperative forms of organisation. Today many Danish people still see it as an important experience and enrichment of their lives when they spend time at one of the almost 70 Højskoler – a temporary period of joint living – for a shorter or longer period.

Following the building associations, the first housing cooperatives emerged in Denmark from 1912 onwards. Above all, after World War I and II, a housing shortage and state subsidy programmes led to the establishment of numerous new housing associations – until the 1960s. The non-profit sector still plays an important role on the housing market today. A total of 760 housing cooperatives and housing associations hold a share of 20 per cent in the entire housing stock / 4 /; they build only social housing units which are however accessible to all income groups. The participation of tenants is a traditional pillar of this concept: the tenants of every residential complex elect representatives and they decide on the annual budget, social activities and the use of community premises at regular tenants' meetings. / 5 /

Early on, some Danish housing associations proved to be open towards new forms of housing, and they often assumed trusteeship for social or ecological experiments. This means, community-oriented housing has been an issue within social housing for a long time. The DAB housing association, which was founded in 1942, built a 'collective building' based on a Swedish model as early as in 1951; the house accommodated a kitchen and dining hall, a kindergarten, recreation rooms and a concierge as well as a food store and a guest apartment. The Høje Søborg project was fully oriented towards supporting working mothers and single parents. Today residents can still make use of the same offers – albeit at a reduced level. Nevertheless, the obligation to take part in the joint dinner in the restaurant is still a prerequisite for obtaining a rent contract.

/ Kollektivhaus Høje Søborg in Gladsaxe
Collective building Høje Søborg in Gladsaxe /

At the beginning of the 1970s, the interest in forms of Cohousing was growing. This was against the backdrop of increasing criticism from specialists and the public regarding industrial construction methods and mono-functional and eventless new residential areas. An architectural competition for compact low-rise buildings, which was advertised by the state construction research Institute (statens byggeforskingsinstitut) in 1971, had great influence on future housing construction. The award-winning design clearly reflects the spirit of the times: the Vandkunsten architect's office provided both innovative building solutions and a model for a future society – a society as a network of autarkic local communities. The competition led to the construction of two housing estates: Gjesing Nord near Esbjerg and Tinggården near Herfølge on Zealand, which was built by DAB in two construction phases in 1977 and 1981. The 200 flats in Tinggården are divided into 12 housing groups, each of them forming a neighbourhood with its own community house. However, not all proposals of the winning design were realised. The participation envisaged for the planning process suffered from a high fluctuation among interested people, and the option of a subsequent development of the flats by the residents themselves was not compatible with social housing regulations. Still, residents may change the

/ 2 / wohnbund also repeatedly reported on Bofællesskaber. Jessen, Johann/Tornow, Britta: Neue Wohnformen in Dänemark – eine Bilanz zu Architektur, Rechtsform, Wohnalltag, in: Wohnbund Jahrbuch 1991 and Tornow, Britta: Blick über die Grenze – die dänische seniorbofællesskab Toftehaven in Bov, in: wohnbundinformationen II/III/05.

/ 3 / McCamant, Kathyn/Durrett, Charles: Cohousing: a Contemporary approach to Housing Ourselves. Berkeley 1988

/ 4 / 51% privately owned flats, 8% private cooperative flats, approx. 21% private rented flats

/ 5 / The participation rights of tenants in social housing have continuously been expanded since their introduction in 1970 ('beboerdemokrati').

deutlich wider: Das Architekturbüro Vandkunsten lieferte nicht nur innovative bauliche Lösungen, sondern gleich noch ein Modell der zukünftigen Gesellschaft – einer Gesellschaft als Netz autarker, lokaler Gemeinschaften. Der Wettbewerb mündete in zwei Wohnbebauungen: Gjesing Nord bei Esbjerg und Tinggården bei Herfølge auf Seeland, das in zwei Bauabschnitten 1977 und 1981 von DAB gebaut wurde. Die 200 Wohnungen von Tinggården sind in zwölf Wohngruppen aufgeteilt, jede bildet eine Nachbarschaft mit eigenem Gemeinschaftshaus. Nicht alle Vorschläge des siegreichen Entwurfs wurden umgesetzt: Die vorgesehene Partizipation im Planungsprozess litt unter der hohen Fluktuation der Interessenten; die Option eines späteren Selbstausbaus der Wohnungen durch die Bewohner war nicht mit den Regeln des sozialen Wohnungsbaus vereinbar. Dennoch können die Bewohner bei Bedarf ihre Grundrisse verändern, entweder durch Zuschalträume zwischen den Wohnungen oder durch Ausbau einer Empore. Tinggården hatte weitreichenden Einfluss auf den zukünftigen Wohnungsbau. Es wird heute als Pioniersiedlung für gemeinschaftliches Wohnen angesehen.

/ Gemeinschaftshaus Teglværkshavnen, Kopenhagen
Common room Teglværkshavnen, Copenhagen /

Die Idee des gemeinschaftsorientierten Wohnens im sozialen Wohnungsbau wurde in den 1970er Jahren noch von weiteren dänischen Wohnungsbaugesellschaften umgesetzt. Vridsløselille Andelsboligforening (heute BO-Vest) baute südwestlich von Kopenhagen mehrere Wohnquartiere, die mit Gemeinschaftshäusern, Turnhallen, Cafés, Ladenlokalen, Werkstätten und Kindergärten viel Raum für gemeinsame Aktivitäten der Bewohner bieten. Die Siedlung Galgebakken in Albertslund mit 644 Wohnungen basiert auf einem Konzept kleiner Nachbarschaften um Höfe und Gassen. In einer gut ausgestatteten Werkstatt können sich die Mieter Werkzeuge und Gartengeräte ausleihen. Die Bandbreite der Bewohneraktivitäten in Galgebakken ist beeindruckend: Cafégruppe, Seniorenkneipe, Gartengruppe, Nähwerkstatt, Boules, Tauschbörse, Lebensmittelverkauf, Chor, Theater, Feste und vieles mehr. Auch Hyldespjældet (304 Wohnungen) in Albertslund ist in Wohngruppen gegliedert. Hier teilen sich die Bewohner nicht nur Gemeinschaftsräume, sondern betreiben gemeinsam einen Recyclinghof, halten sich Hühner und bauen Gemüse in großen Gewächshäusern an. Das hohe Engagement bei den Bewohnern hat nicht nachgelassen. Dies ist darauf zurückzuführen, dass diese Wohngebiete bis heute Menschen ansprechen, die sich für das nachbarschaftliche Wohnen interessieren. Da die Kommunen jedoch auch hier wie im sozialen Wohnungsbau üblich Belegungsrechte für ein Viertel der Wohnungen besitzen, ist dennoch eine soziale Durchmischung gegeben, die die Gemeinschaft manchmal auch herausfordert. Eine so große Vielfalt an Gemeinschaftsräumen findet sich in später entstandenen Wohnsiedlungen allerdings nur noch selten. Gemeinschaftshäuser gehören seitdem aber zur Standardausstattung eines Wohngebiets.

/ Fahrradwerkstatt im Gemeinschaftshaus, Grønningen, Greve
Cycle workshop in the common house, Grønningen, Greve /

ALTERNATIVE WOHNFORMEN IN DEN 1970er JAHREN

Das prominenteste Beispiel der Suche nach alternativen, kollektiven Lebensformen ist die „freie Stadt" Christiania, ein ehemaliges Kasernengelände südlich der Kopenhagener Innenstadt. Es wird seit seiner Besetzung im Jahr 1971 zum alternativen Wohnen genutzt, zahlreiche experimentelle Häuser sind im Selbstbau entstanden. In der dänischen Provinz, im äußersten Nordjütland, experimentierte das Thylejr in Form eines Festivals mit alternativen Lebensformen; mit den Jahren ist daraus eine ökologische Dorfgemeinschaft entstanden. Auch vom Thylejr gingen viele Impulse für neue Wohn- und Lebensformen aus: Vor allem im ländlichen Raum gründeten sich Kommunen und Kollektive, oft mit dem Ziel, Wohnen und Arbeiten zu verbinden und ökologisch zu leben. Das Gut Svanholm auf Seeland, das ökologische Landwirtschaft betreibt, ist ein bis heute erfolgreiches Produktionskollektiv aus jener Zeit.

/ Gemeinschaftshaus Egebjerggaard, Ballerup
Common house Egebjerggaard, Ballerup /

layout-plans when needed, either by adding rooms between flats or by developing a gallery. Tinggården had a far-reaching impact on housing construction in Denmark and is today considered to be a pioneer estate for Cohousing.

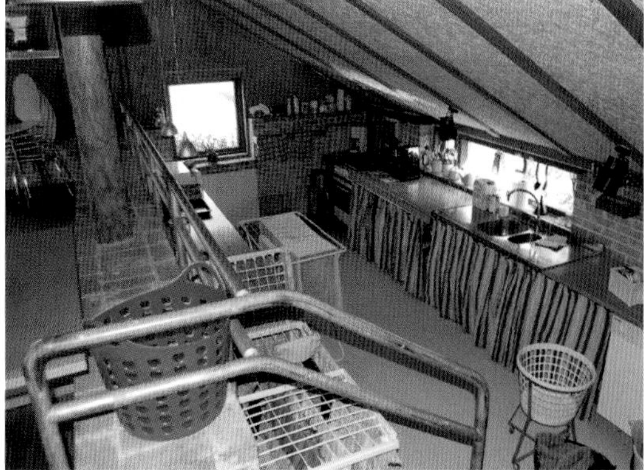

/ Gemeinschaftshaus einer Nachbarschaftsgruppe, Tinggården, Herfølge
Common house of a neighbourhood, Tinggården, Herfølge /

In addition, the ideas of community-oriented living in social housing flats were implemented by other Danish housing associations in the 1970s. Vridsløselille Andelsboligforening (now BO-Vest) built several residential quarters southwest of Copenhagen, that provide for much space for residents' common activities in community houses, sports halls, cafés, shops, workshops and kindergartens. The Galgebakken estate in Albertslund with its 644 flats is based on the concept of small neighbourhoods grouped around courtyards and alleyways. The tenants can borrow tools and gardening tools from a well-equipped workshop. Galgebakken's residents are involved in an impressive range of activities: café group, pub for senior citizens, gardening group, sewing workshop, boules, swap shops, the sale of food, choir, theatre, parties and a lot more. Hyldespjældet (304 flats) in Albertslund is also divided into housing groups. The residents here not only share the community premises but also jointly operate a recycling yard, keep chickens and cultivate vegetables in large greenhouses. The strong commitment of the residents has not diminished over the years. This has to do with the fact that these residential areas still attract people who are interested in neighbourly living. Since the municipalities have occupancy rights for a quarter of the flats, which is usual for social housing, a social mix is given, which sometimes proves to be a challenge to the community. However, such a large variety of community premises can rarely be found in housing estates which were built at a later point in time. On the other hand, community houses are now among the standard features of a housing estate.

ALTERNATIVE FORMS OF HOUSING IN THE 1970s

The most prominent example of a search for alternative, collective forms of living is the 'free city' of Christiania, a former barracks grounds south of the Copenhagen city centre. It has been used for alternative housing since it was squatted in 1971, and a number of experimental buildings have been constructed by the people themselves. In the Danish province, in the extreme north of Jutland, the Thylejr festival experimented with alternative forms of living, a project which has developed into an ecological village community over the years. Thylejr also gave many impulses for new forms of housing and living. Above all in rural areas, communes and collectives were established, often with the aim of combining living and working, and leading an ecologically sustainable life. The Svanholm farm on Zealand, which is engaged in ecological farming, is a successful production collective from this time.

/ Fristaden Christiania, Kopenhagen Copenhagen /

/ Tinggården, Pioniersiedlung für gemeinschaftliches Wohnen, Herfølge
Tinggården, Pioneer Cohousing, Herfølge /

/ Bofællesskab Hesselløkke, Sønderborg /

BOFÆLLESSKABER, DIE DÄNISCHEN WOHNPROJEKTE

Aus den Erfahrungen mit derlei Experimenten und den Wohnerfahrungen in Wohngemeinschaften und Studentenwohnheimen gingen Anfang der 1970er Jahre die ersten Bofællesskaber hervor. Nun sollte sich zeigen, ob sich das alternative Wohnen mit einem Alltag mit Familie und Berufstätigkeit vereinbaren ließ. Das Entstehen der Bofællesskaber und ihre wachsende Popularität waren auch in einer veränderten Familiensituation begründet. Seit den 1960er Jahren hatte die Berufstätigkeit der Frauen stark zugenommen / 6 /. Dänische Kinder waren entsprechend schon frühzeitig in Kindertageseinrichtungen untergebracht. Vom Leben in der Gemeinschaft erhofften sich die jungen Familien Entlastung bei der Hausarbeit und ein soziales Umfeld für die Kinder. So leben in dänischen Wohnprojekten auch überdurchschnittlich viele Alleinerziehende.

Es gibt keine genauen Zahlen über die aktuelle Anzahl der Bofællesskaber. Schätzungen gehen von mehreren Hundert aus. / 7 / Sie liegen mehrheitlich am Stadtrand oder im ländlichen Raum, vor allem im Umland der Universitätsstädte Kopenhagen, Aarhus, Odense und Roskilde. In den neuen attraktiven Wohngebieten in Kopenhagen, an der Hafenfront und in der Ørestad, findet man nur sehr wenige Bofællesskaber, dafür sind hier die Grundstückspreise zu hoch.

/ Tinggården II, Herfølge /

Ein typisches dänisches Wohnprojekt hat zwischen 15 und 25 Wohnungen; die Bandbreite geht von vier bis 80 Wohnungen. In den meisten Fällen handelt es sich um neu gebaute Siedlungen im verdichteten Flachbau. Die Wertschätzung der Gemeinschaft lässt sich schon in Platzierung und Größe der Gemeinschaftshäuser ablesen. Sie liegen meist zentral und umfassen neben einem großen Mehrzweckraum auch eine Industrieküche sowie weitere Räume wie Werkstätten, Jugendraum, Fitnessraum, Bibliothek und Fernsehraum. Eine dazugehörige Waschküche ist Standard, denn auf Waschmaschinen in der eigenen Wohnung verzichten viele Familien, um Platz und Kosten zu sparen. Die meisten Wohnprojekte nehmen eine Reduktion der privaten Wohnflächen in Kauf, um mehr Gemeinschaftsflächen zu erhalten. Grünflächen werden gemeinsam genutzt und gepflegt, außerdem gehören zu jeder Wohnung eine private Terrasse oder ein kleiner Garten. In den 1980er Jahren bildete sich ein eigenständiger Gebäudetyp heraus: Die Wohnungen werden von einem glasüberdachten Innenhof erschlossen, der zugleich als gemeinschaftlicher, wettergeschützter Aufenthaltsbereich dient.

Einige Bofællesskaber haben Industriebauten umgenutzt: Beispiele hierfür sind Jernstøberiet, ein Wohnprojekt in der ehemaligen Maschinenhalle einer Eisengießerei sowie Knavstrup teglvaerk, das in ein Verwaltungsgebäude einer Ziegelei eingezogen ist. Viele Wohnprojekte haben auch ehemalige Bauernhöfe oder Güter gekauft; hier besteht ein Teil der gemeinschaftlichen Aktivitäten in ökologischem Landbau und Tierhaltung. Die meisten Bofællesskaber verfolgen ökologische Ziele. Sonnenkollektoren, Regenwassernutzung und Gemüsegärten sind in vielen Projekten zu finden. Bei einigen ist die Ökologie das tragende Element der Gemeinschaft. Dies ist besonders ausgeprägt bei ökologischen Dorfgemeinschaften wie Økologisk Landsbysamfund in Torup bei Hundested, Hjortshøj bei Aarhus und dem oben genannten Thylejr, die auch mit ökologischen Baumaterialien, neuen Gebäudetypen und Selbstbau experimentieren. Bemerkenswert ist, dass mehrere ökologisch besonders ambitionierte Projekte von Wohnungsbaugesellschaften gebaut wurden: Bo 90 in Kopenhagen, Tubberupvaenge in Herlev und Ramshusene auf Bornholm.

PRIVATE BEWOHNERGENOSSENSCHAFTEN

Wie in Deutschland wohnen auch in dänischen Wohnprojekten überwiegend Familien aus der Mittelschicht, viele Bewohner kommen aus sozialen und pädagogischen Berufen. In den 1970er Jahren waren Bofællesskaber als Eigentumswohnungen zunächst den gut verdienenden Bevölkerungsgruppen vorbehalten. Nur vereinzelt waren die Bauherren Wohnungsbaugesellschaften und ermöglichten damit auch anderen Einkommensgruppen gemeinschaftliches Wohnen (Bondebjerget in Odense ist ein solches Beispiel). 1981 führte das Wohnungsbauministerium die öffentliche Neubauförderung von privaten Genossenschaftswohnungen ein. Die meisten Wohngruppeninitiativen gründeten fortan Bewohnergenossenschaften (*privat andelsboligforening*) als „dritten Weg" zwischen dem Wohnen im Eigentum und zur Miete. Die Förderung, verbunden mit einer Obergrenze für Baukosten und Wohnflächen, erleichterte fortan die Mischung unterschiedlicher Einkommenssituationen im jeweiligen Wohnprojekt. Als großer

/ 6 / Heute hat Dänemark mit 71,9 Prozent die höchste Quote an erwerbstätigen Frauen in der EU.

/ 7 / Das Portal unter www.bofællesskab.dk hat rund 80 Projekte registriert, Ældresagens Portal mehr als 200 Projekte, dies sind jedoch mehrheitlich Seniorenwohnprojekte.

BOFÆLLESSKABER, THE DANISH COHOUSING PROJECTS

From the experience gained in such experiments and the housing practises acquired in flat-share projects and student dormitories, the first Bofællesskaber developed at the beginning of the 1970s. The alternative housing concepts had to prove whether they were compatible with the daily family life and working. The emergence of the Bofællesskaber and their growing popularity can also be seen in connection with the changing situation of families. Since the 1960s, employment of women had increased considerably. / 6 / Accordingly, Danish children were send to childcare centres at an early stage. The young families hoped that living in a community would relieve them from housework and provide a social environment for their children. Thus, the number of single parents in Danish Cohousing projects is above average.

There are no precise data available on the current number of Bofællesskaber. Estimates put the number at several hundred. / 7 / Most of them are located in the outskirts of cities or in rural areas, above all, in the surroundings of the university towns Copenhagen, Aarhus, Odense and Roskilde. There are only very few Bofællesskaber in Copenhagen's new attractive residential areas, at the harbour front and in Örestad, because the real estate prices are too high there.

A typical Danish Cohousing project has 15 to 25 flats, whereas the margin may range from 4 to 80 flats. In most cases these are newly built estates with compact low-rise buildings. How much the community is appraised can mostly be seen from the location and size of the community houses. Usually these houses are centrally located and include, in addition to a large multi-purpose room, an industrial kitchen as well as further premises for workshops, youth room, gym, library and TV room. A laundry is standard, because many families do without having a washing machine in their own flat, in order to save space and costs. Most Cohousing projects accept less private living space to have larger community areas. Green spaces are used and gardened together, and each flat has a private terrace or a small garden. In the 1980s, a genuine building type developed: the flats are accessed from a glass-roofed courtyard which serves as a common, weather-protected accommodation space.

Some Bofællesskaber re-used industrial premises. Examples for this form of use are Jernstøberiet, a Cohousing project in the former machine hall of an iron foundry, and the Knavstrup teglvaerk project which moved into the administration building of a brickyard. Many Cohousing projects bought former farms or mansions and part of their joint activities are ecological farming and animal husbandry. Most of the Bofællesskaber pursue ecological objectives. Solar panels, the use of rainwater, and kitchen gardens can be found in many of the projects. For some, ecological issues are the constituting element of the community. This is particularly strong among ecological village communities such as Økologisk Landsbysamfund in Torup near Hundested, Hjortshøj near Aarhus and the abovementioned Thylejr; they also experiment with ecological construction materials, new building typologies and do-it-yourself construction. Remarkably, several projects that are especially ambitious in ecological matters were built by housing associations: Bo 90 in Copenhagen, Tubberupvaenge in Herlev and Ramshusene on Bornholm.

/ Bofællesskab Blikfanget, Birkerød /

/ Gewächshaus als Gemeinschaftsraum: Ökowohnprojekt Ramshusene, Bornholm
Greenhouse used as common house: Ecological Cohousing project Ramshusene, Bornholm /

PRIVATE RESIDENTS' COOPERATIVES

As in Germany, the majority of families living in Danish Cohousing projects have a middle-class background, and many residents come from social or educational professions. In the 1970s, Bofællesskaber in the form of privately-owned flats were at first reserved for population groups with a good income. Only few housing associations were building owners, providing community housing to other income groups (Bondebjerget in Odense is such an example). In 1981, the Housing Ministry introduced public subsidies for the construction of private cooperative flats. From then on, most Cohousing initiatives established residents' co-operatives (privat andelsboligforening) as a 'third option' between living in a privately-owned flat and rented flat. This kind of subsidy, coupled with an upper limit regarding

/ 6 / Today, Denmark has the highest quota of women in the workforce in the EU (71.9%).

/ 7 / Around 80 projects are registered under www.bofællesskab.dk, and more than 200 can be found under the Ældresagens portal, which are however mainly house projects for senior citizens.

Vorteil für die Umsetzung von Projekten erweist sich, dass einige dänische Banken (die im geförderten Wohnungsbau für die Kreditvergabe zuständig sind) sich schon frühzeitig auf die Finanzierung genossenschaftlicher Bauprojekte spezialisiert haben. Auch aufgrund ihrer demokratischen Entscheidungsstruktur ist die Rechtsform der Genossenschaft bei Wohnprojekten sehr verbreitet.

/ Nachbarschaft in den Kopenhagener Innenhöfen
Neighbourhood in the courtyards of Copenhagen /

Unter dem Gesamtbestand der privaten Bewohnergenossenschaften stellen Bofællesskaber nur eine kleine Minderheit dar. Viel größer ist der Anteil von Hausgemeinschaften, die aufgrund eines 1975 im Mietrecht verankerten Vorkaufsrechtes ihr Mietshaus aufgekauft haben. Das Vorkaufsrecht für die Mieter besteht immer dann, wenn ein Eigentümer sein Mietshaus verkaufen will. Voraussetzung ist, dass sie einen Genossenschaftsverein (*privat andelsboligforening*) gründen. Dies führte im Laufe der Jahre zu mehreren Tausend Neugründungen, vor allem in Gründerzeitquartieren von Aarhus und Kopenhagen; hier machen private Bewohnergenossenschaften heute bereits die Hälfte des Wohnungsbestands aus. Auch wenn die damit verbundene Selbstverwaltung auf Hausebene nicht zwangsläufig zu gemeinschaftlichem Wohnen führt, haben sich in vielen Genossenschaften gut funktionierende Nachbarschaften entwickelt. Hierzu tragen auch die mit öffentlicher Förderung begrünten, gemeinsam genutzten Innenhöfe bei, in denen sich nachbarschaftliches Leben entfalten kann.

/ Private Bewohnergenossenschaft Skydebanen, Kopenhagen
Private residents' cooperative Skydebanen, Copenhagen /

SENIORBOFÆLLESSKABER

In den ersten Jahren standen Bofællesskaber vor allem für familienorientiertes gemeinschaftliches Wohnen. Vor etwa 25 Jahren entstanden auch erste Seniorenwohnprojekte, Seniorbofællesskaber, kleine Wohnsiedlungen mit 15 bis 20 Wohnungen, deren Bewohner älter als 55 Jahre sind und bei denen keine Kinder mehr im Haushalt leben. Von einem solchen Gruppenwohnprojekt erhoffen sich Ältere ein Leben in Geborgenheit und Gemeinschaft. Außerdem sind die altengerechten Wohnungen mit kleinen, pflegeleichten Gärten und Gemeinschaftsräumen eine attraktive Alternative zum Leben im Einfamilienhaus. Die ersten Projekte wurden meist von Einzelpersonen oder Initiativgruppen initiiert, die – oft per Zeitungsanzeige – Mitstreiter suchten. Den Anschub für weitere Projekte gab dann ein vierjähriges Modellprojekt des Wohnungsbauministeriums. Das Ziel war, Kommunen und Wohnungsbaugesellschaften für das Thema zu gewinnen und Projekte – vor allem im ländlichen Raum – zu initiieren. Der Staat wollte außerdem mit der Förderung der Seniorbofællesskaber ältere Menschen motivieren, ihre Einfamilienhäuser für die jungen Familien „freizumachen". Boligtrivsel i centrum / 8 / übernahm die Prozesssteuerung in gut 60 Wohnprojekten und bereitete Interessenten auf das Leben im Gruppenwohnprojekt vor. Seither ist die Nachfrage nicht abgerissen – Ældresagen, der dänische Interessenverband für Senioren, der seit vielen Jahren neue Wohnformen für Ältere unterstützt, geht von mehr als 350 Seniorbofællesskaber aus.

/ Sitzplatz im Eingangsbereich:
Seniorbofællesskab Det Kreative Seniorbo, Odense
Meeting point in the foyer:
Seniorbofællesskab Det Kreative Seniorbo, Odense /

Anders als die altersgemischten Wohnprojekte wählen die meisten Seniorbofællesskaber die Zusammenarbeit mit einer Wohnungsbaugesellschaft oder gründen eine Bewohnergenossenschaft. Die wenigsten entscheiden sich für Eigentumsbildung, denn die Verantwortung für Wohnungseigentum wird von älteren Menschen oft als Belastung empfunden. Außerdem können sie beim Wohnen zur Miete Wohngeld in Anspruch nehmen und die Professionalität der Wohnungsbaugesellschaft nutzen. Einige Wohnungsunternehmen verfügen inzwischen über langjährige Erfahrungen mit Seniorbofællesskaber und planen inzwischen auch von sich aus Projekte. In der Planungsphase sind diese zwar mit einem erhöhten Aufwand verbunden, in der Verwaltung unterscheiden sich die Projekte jedoch kaum von anderen Beständen, denn auch dort sind selbst kleine Siedlungen als selbstständige Abteilungen mit eigener Mietervertretung organisiert. Nur in einem Punkt unterschei-

/ 8 / Verbraucherorganisation zu Wohnungsfragen, 2005 aufgelöst, weitergeführt durch BOF (Bofælleskabsrådgivning) in Ribe

construction costs and living space, allowed for a mixture of different income situations in the respective Cohousing project. The fact that some Danish banks (responsible for granting housing loans) specialised in the financing of co-operative construction projects at an early stage proved to be a great advantage for the realisation of projects. The legal form of a cooperative is widely spread among Cohousing projects, among other things because of its democratic decision-making structure.

Bofællesskaber are only a small minority among the total number of private residents' cooperatives. The number of Cohousing projects that bought their apartment building due to a pre-emption right which became anchored in the tenancy law in 1975 is much higher. Tenants have a pre-emption right, always when an owner intends to sell his/her apartment building. As a condition they must set up a cooperative association (privat andelsboligforening). This led to several thousand new residents' cooperatives, above all in the style of Victorian-era neighbourhoods in Aarhus and Copenhagen, where private cooperatives today account for half the stock of flats. Even if the self-management at house level associated with a cooperative does not necessarily result in community living, well-functioning neighbourhoods have developed in many cooperatives. Commonly used courtyards which are landscaped using public funds contribute to the development of neighbourly life.

SENIORBOFÆLLESSKABER

In the inital years, Bofællesskaber, above all, stood for family-oriented common housing. Around 25 years ago, the first Cohousing projects for senior citizens, the Seniorbofællesskaber, came into being. These are small housing estates with 15 to 20 flats, their residents are older than 55 years and no children live in their households any more. Elderly people expect a life in security and companionship from such a group project. Moreover, the age-appropriate flats with their small and low-maintenance gardens and community premises provide an attractive alternative to living in a single-family home. The first projects were often initiated by individuals or initiative groups who were looking for people interested in the same goal – often in newspaper ads. A four-year model project by the Housing Ministry provided the impulse for further projects. The project aimed at getting municipalities and housing associations interested in the issue and initiating projects – above all in rural areas. In addition, the state wanted to motivate elderly people to 'clear' their one-family houses for younger families by subsidising the Seniorbofællesskaber. Boligtrivsel i centrum / 8 / assumed process management for a good 60 house projects and prepared interested people for their life in a Cohousing project. Since then demand has not stopped. Ældresagen, the Danish senior citizen association that has supported new forms of housing for senior citizens for many years, estimates that there are more than 350 Seniorbofællesskaber.

Other than mixed-age Cohousing projects, most of the Seniorbofællesskaber opt to cooperate with a housing association or they set up their own private cooperative. Very few decide to establish ownership since elderly people often see bearing the responsibility for private ownership as a burden. In addition, they can benefit from housing allowance if they pay rent and use the professionalism of the housing association. Some housing companies have many years of experience with Seniorbofællesskaber and are now planning projects themselves. These projects require higher expenditure in the planning phase, but the management of flats hardly differs from that of other flats, because other small estates are also organised as independent divisions with their own tenant representation. Cohousing projects for senior citizens only differ from a 'normal' residential estate in one aspect: while flats are usually assigned in line with waiting lists, people interested in a Seniorbofællesskaber must (additionally) apply to the project for admission.

/ Seniorbofællesskab Toftehaven, Bov /

CONCLUSION AND OUTLOOK

Many publications on Bofællesskaber and Seniorbofællesskaber appeared between 1980 and 2000. Above all, the state building research institute SBI published project analyses and collections of examples as well as manuals on planning and process management. Today, housing research focuses less on Cohousing projects. This also applies to housing policy. State subsidies for private cooperative flats ceased in 2004 as a consequence of the liberalised housing policy following the change of government in 2001.

/ Altenwohnprojekt in der Innenstadt: Seniorbofællesskab SamBo, Havnestaden, Kopenhagen
Senior Cohousing in the city: Seniorbofællesskab SamBo, Havnestaden, Copenhagen /

A possible explanation for low public interest is that most of the Danish Cohousing projects rarely take effect beyond their own environment and also do not assume an active role in urban development, as we know from some recently founded cooperatives in Germany. A targeted integration of socially disadvantaged people such as migrants, people with low income or disabled people has hardly played a role so far. On the other hand, one explanation might be that the Bofællesskaber have already established themselves as a housing form in Denmark for a long time. Cohousing projects are continuously being established, while older ones are renewed because young families move in and are still a lively community after 40 years. Seniorbofællesskaber are displayed as a rule on the websites of housing companies together with other housing offers. Municipalities help initiatives by senior citizens to look for a plot of land. Housing associations offer project development, consultancy and housing management for self-organised senior citizens'

/ 8 / Consumer organisation for housing issues, dissolved in 2005, continued by BOF (Bofælleskabsrådgivning) in Ribe

det sich ein Seniorenwohnprojekt von einem „normalen" Wohngebiet: Während die Wohnungen normalerweise nach Wartelisten vergeben werden, müssen sich Interessenten von Seniorbofællesskaber bei diesen (zusätzlich) um eine Aufnahme bewerben.

FAZIT UND AUSBLICK

Zwischen 1980 und 2000 erschienen viele Publikationen zu Bofællesskaber und Seniorbofællesskaber. Vor allem das staatliche Bauforschungsinstitut SBI gab Projektanalysen und Beispielsammlungen sowie Handbücher zur Planung und Prozesssteuerung heraus. Heute stehen gemeinschaftliche Wohnprojekte weniger im Fokus der Wohnungsbauforschung. Dies gilt auch für die Wohnungspolitik. Die staatliche Förderung von privaten Genossenschaftswohnungen wurde 2004 eingestellt, eine Folge der Liberalisierung der Wohnungspolitik nach dem Regierungswechsel 2001.

Eine mögliche Erklärung für die geringe öffentliche Aufmerksamkeit: Die meisten dänischen Wohnprojekte wirken selten über ihr eigenes Umfeld hinaus oder übernehmen eine aktive Rolle in der Stadtentwicklung, wie wir es von einigen neu gegründeten Genossenschaften bei uns kennen. Auch die gezielte Integration von sozial Benachteiligten wie Migranten, einkommensschwachen oder behinderten Menschen spielt bisher kaum eine Rolle. Andererseits kann die Erklärung auch darin zu finden sein, dass sich Bofællesskaber in Dänemark schon lange als Wohnform etabliert haben. Kontinuierlich entstehen neue Wohnprojekte, ältere erneuern sich durch Zuzug junger Familien und verzeichnen auch nach 40 Jahren eine lebendige Gemeinschaft. Seniorbofællesskaber stehen ganz selbstverständlich neben anderen Wohnungsangeboten auf der Website von Wohnungsunternehmen. Kommunen helfen Senioreninitiativen bei der Grundstückssuche. Wohnungsbaugesellschaften bieten Projektentwicklung, Beratung und Wohnungsverwaltung für selbst organisierte Seniorengruppen an. Auch hat sich – nach den Erfahrungen des staatlichen Modellprojektes – ein standardisiertes Beteiligungsverfahren etabliert.

Die Presse vermeldet in jüngster Zeit ein steigendes Interesse an gemeinschaftlichen Wohnprojekten. Die Erklärung zum nachhaltigen Erfolg von Wohnprojekten in Dänemark liegt vielleicht darin, dass sich hier die gesellschaftliche Tradition für Gemeinschaft mit dem Interesse der jungen Generation verbindet, Familie und Berufstätigkeit zu vereinbaren und dafür die geeignete Lebensform zu finden. Viele junge dänische Familien stehen heute stark unter Druck, denn der Stress in der Arbeitswelt nimmt stetig zu. Und damit wird das Leben in einer Bofællesskab immer attraktiver.

"Die Entindividualisierung schreitet voran – doch die Gemeinschaft kehrt zurück", schreibt die dänische Religionswissenschaftlerin Christine Lind Ditlevsen in der Zeitschrift *Zukunftsorientierung* 6/2009. Als zukunftsweisendes Beispiel für die Renaissance von gemeinsamen Werten in der dänischen Gesellschaft nennt sie das Wohnprojekt Lange Eng „einen modernen Hybrid, einen firstmover für das, wovon noch mehr kommen wird". Lange Eng ist für die Wissenschaftlerin ein Beispiel dafür, dass die gemeinsame Mahlzeit in Zukunft eine größere Rolle als Katalysator für Gemeinschaft spielen könnte. Die Verpflichtung zur Teilnahme an Gemeinschaft sei in Projekten wie Lange Eng größer als anderswo und durchaus vergleichbar mit der Situation in einer Familie. Sie sieht in einem solchen Projekt einen Gegenentwurf zu den informellen und virtuellen Kontakten der modernen Gesellschaft.

AUTORIN: BRITTA TORNOW

Britta Tornow, Dipl.-Ing. Stadtplanerin, Bauassessorin
Arbeitsschwerpunkte: Soziale Stadt, Organisation von Fachstudienreisen nach Dänemark und Schweden, Forschung und Veröffentlichungen über Wohnungsbau und Stadtentwicklung in Skandinavien, Jugendwohnen und nachbarschaftliches Wohnen

E-Mail: britta-tornow@gmx.de

groups. A standardised participation procedure has established itself based on the experience gained in the state-run model project.

Recently, the press has reported an increasing interest in Co-housing projects. Maybe the lasting success of these projects in Denmark can be explained by the fact that they combine a social tradition of communities with the interest of the young generation in balancing family and profession and in finding the appropriate form for that. Nowadays, many young Danish families are under a great deal of pressure because their stress at work is steadily growing, which makes living in a Bofællesskab increasingly attractive.

'The process of deindividualisation is advancing – however the community is making a comeback', Danish theologian Christine Lind Ditlevsen wrote in the magazine Zukunftsorientierung 6/2009. She named the Lange Eng house project as a trend-setting example for the renaissance of community values in Danish society, calling it 'a modern hybrid, a first mover for something more to come'. In the academic's opinion, Lange Eng is an example of the fact that sharing meals might play a more important role as a catalyst for the community in future. In projects like Lange Eng the obligation to participate in the community is greater than in other places and is definitely comparable with a family situation. She sees such projects as an alternative design to the informal and virtual contacts within our modern society.

AUTHOR: BRITTA TORNOW

Britta Tornow, urban planner,
focus of work: community development programs;
organizing of studytrips to Denmark and Sweden;
research and publications on housing and city development
in Scandinavia; youth living and collaborative housing

e-mail: britta-tornow@gmx.de

/ Bofællesskab Lange Eng, Albertslund /

LITERATUR /DE/ LITERATURE /EN/

// Ambrose, Ivor: *Etablering af bofællesskaber – Erfaringer fra 3 projekter i Odense*. Statens Byggeforskningsinstitut. Hørsholm 1993
// Byggeriets Udviklingsråd: *Veje til Bofællesskab*. Kopenhagen 1983
// Dejgaard, Olaf: *Registrant over 42 seniorbofællesskaber*. Foreningen Bofællesskaber for Ældre. Kopenhagen 1997
// Pedersen, Max: *Seniorbofællesskaber: Hvorfor og hvordan: Evaluering af BiCs model til etableringen af seniorbofællesskaber*. Boligtrivsel i Centrum. Kopenhagen 1999
// Vedel-Petsersen, Finn; Jantzen, Erik; Ranten, Karen: *Bofællesskaber – En eksempelsamling*. Statens Byggeforskningsinstitut. Hørsholm 1988

COHOUSING IN SCHWEDEN /DE/

/EN/ COHOUSING IN SWEDEN

DICK URBAN VESTBRO

DEFINITIONEN

In der aktuellen Forschung wird Cohousing als eine „Wohnform mit Gemeinschaftsräumen und -einrichtungen" beschrieben (Vestbro, 2010). Dieser Beitrag konzentriert sich auf Projekte, in denen jeder Haushalt seine eigene private Wohnung hat. Projekte, in denen eine kleinere Gruppe ein Haus oder eine große Wohnung teilt – üblicherweise als Kommune bezeichnet – werden nicht behandelt, auch wenn sie der Familie des Cohousing angehören. Das gleiche gilt für Ökodörfer. Im schwedischen Kontext betrachten sich diese (ca. 30 bis 40 Wohneinheiten, http://ekobyar.se/ekobyar/) selbst nicht als Teil der Cohousing-Typologie. Darüber hinaus werden auch Sonderwohnformen wie studentisches Wohnen und Wohnmodelle für Menschen mit Behinderungen in diesem Beitrag nicht berücksichtigt, auch wenn sie oft die Definition von Cohousing erfüllen.

In Schweden steht das Wort *kollektivhus* (wörtlich „Kollektivhaus") für Wohnformen mit Gemeinschaftseinrichtungen. Ursprünglich bezog sich das auf die gemeinschaftliche Organisation des Wohnens, nicht aber auf die Nachbarschaft oder das Gemeinschaftsgefühl. Als der Begriff in den 1930ern erstmals aufkam, ging es darum, die Hausarbeit von Frauen zu reduzieren, um es ihnen trotz Ehe und Kindern zu ermöglichen, einer Erwerbsarbeit nachzugehen.

FRÜHE MODERNE BEISPIELE

Das erste moderne Kollektivhus in Schweden wurde 1935 in der John Ericssonsgatan in Stockholm errichtet. Geplant wurde es von dem Architekten Sven Markelius, der dort selbst viele Jahre wohnte. Der Kindergarten folgte dem Konzept der Sozialreformerin Alva Myrdal und war der erste in Schweden, in dem moderne Erziehungsmethoden angewandt wurden.

Das Ideal des effizienten Wohnens führte zum Bau von Speiseaufzügen, mit denen das Essen von der zentralen Küche in die private Wohnung transportiert wurde. Ein anderer Aspekt in dieser Hinsicht sind die Grundrisse der Wohnungen, die mit dem Ziel minimaler Anforderungen angelegt waren. Trotz der geringen Größe wurden die Wohnungen in der John Ericssonsgatan von Haushalten aus der Arbeiterklasse nicht nachgefragt. Die Mehrzahl der BewohnerInnen waren progressive VertreterInnen der Mittelklasse und Intellektuelle (Waagensen & Rubin, 1949; Caldenby & Walldén, 1979).

DEFINITIONS

Based on current research 'Cohousing' is defined as housing with common spaces and shared facilities (Vestbro, 2010). In this essay the focus is on projects where each household has its own private apartment. Projects where a smaller group of people share a villa or larger apartment – usually called communes – are excluded, although they belong to the family of Cohousing. Further, eco-villages are excluded. In the Swedish context the eco-villages (about 30-40 units, http://ekobyar.se/ekobyar/) do not consider themselves to be part of the cohousing typology. Lastly, housing for special categories such as students and persons with disabilities are excluded, although they often fulfil the definition of Cohousing.

In Sweden, the word kollektivhus (literally 'collective building') is the most frequently used term for housing with shared facilities. Originally it referred to the collective organisation of housing, but not to neighbourly collaboration or to sense of community. When the term was launched in the 1930s, the aim was to reduce women's housework in order for them to be able to retain gainful employment even when they married and had children.

EARLY MODERNIST EXAMPLES

The first modernist collective house in Sweden was built in 1935 at John Ericssonsgatan in Stockholm. It was designed by architect Sven Markelius, who lived there himself for many years. The kindergarten, established according to social reformer Alva Myrdal's concepts, was the first one in Sweden where modern educational methods were applied.

The ideal of rational living led to the construction of food lifts providing meals from a central kitchen to the individual apartments. Another aspect of this is the layout of the flats, which were designed according to the idea of minimum requirements. Despite the small apartment sizes the John Ericssonsgatan unit did not attract working class households. Progressive middle-class intellectuals were the majority of those who came to live in this building (Waagensen & Rubin, 1949; Caldenby & Walldén, 1979).

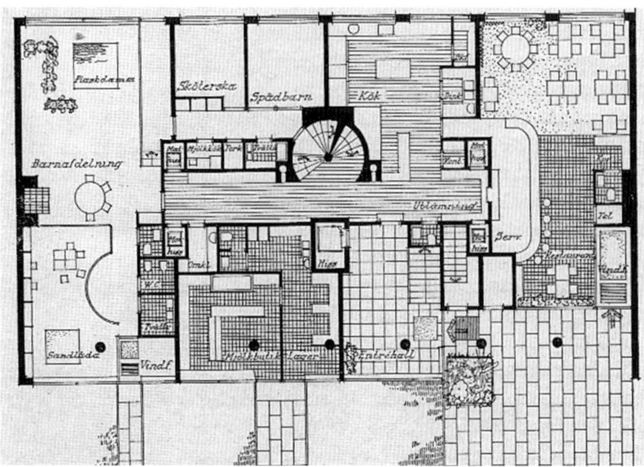

/ Das erste Kollektivhaus in Schweden, gebaut 1935 in der John Ericssonsgatan 6 in Stockholm. Speiseaufzüge in den vier Ecken des Flurs, Kindergarten auf der linken und Restaurant auf der rechten Seite
The first collective residential building in Sweden, built 1935 in John Ericssonsgatan 6 in Stockholm. Food lifts in the four corners of the corridor, the kindergarten to the left and the restaurant to the right /

Die ersten gemeinschaftlichen Wohnanlagen in Schweden basierten nicht auf der Kooperation der MieterInnen, sondern auf Arbeitsteilung. Die MieterInnen sollten von Angestellten bedient werden, auch bei der Wäsche und dem Putzen, und mit keinerlei Hausarbeit belastet werden. Dies führte wahrscheinlich zu der Bezeichnung der gemeinschaftlichen Wohnanlagen als „Speziallösung für Privilegierte". Aus diesem Grund wurde es als unmöglich erachtet, dass die regierende Arbeiterpartei diese Wohnform subventionierte (Vestbro, 1982).

Dem Projekt in der John Ericssonsgatan folgten weitere, die ebenfalls das Konzept der Haushaltführung durch Angestellte realisierten. Eines davon war das Hässelby Family Hotel, das Mitte der 1950er Jahre gebaut wurde. Es umfasste 328 Wohnungen, die alle über Flure verbunden waren. Die Gemeinschaftseinrichtungen reichten vom Restaurant, einer Caféteria, einem großen Festsaal, einer Kinderbetreuungseinrichtung, einer Turnhalle, einem kleinen Laden, einer Rezeption, einem Friseur bis zu einem Raum für Meditation (Vestbro, 1982; Blomberg et al, 1986).

1969 begann der Eigentümer der Wohnanlage, die Einrichtungen und Dienstleistungen für die MieterInnen einzustellen. Eine Gruppe aktiver BewohnerInnen protestierte gegen diese Einschränkungen, aber sie verloren den Kampf um die Essensversorgung nach einigen Jahren und das Restaurant wurde geschlossen. In dieser Situation übernahmen die Aktivisten und begannen in der Küche des Restaurants für sich zu kochen. Sie gewannen Spaß an dieser Arbeit. In der Folge organisierten sie den Einkauf, die Einteilung in Kochgruppen und den Verkauf von Essensmarken in Eigenregie (Vestbro, 1982; Blomberg et al, 1986). Das Modell der Eigenleistung und Selbsthilfe war geboren.

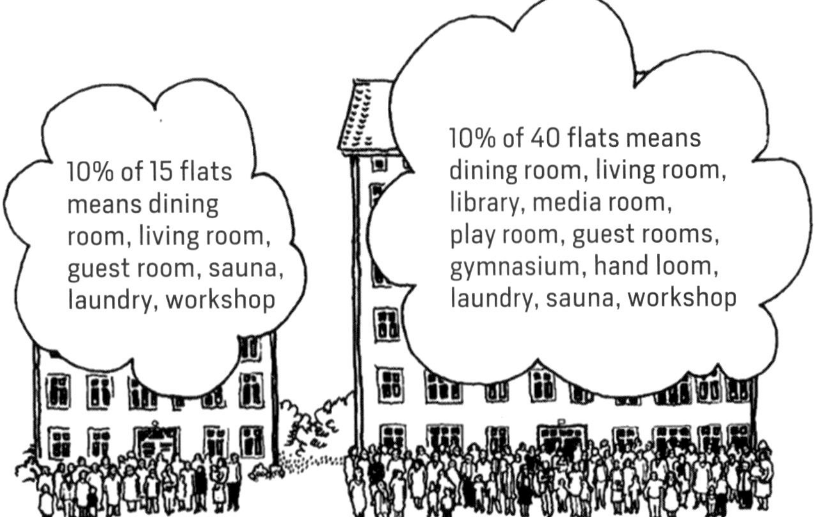

/ Die Zeichnung zeigt, wie viel Gemeinschaftsfläche geschaffen werden kann, wenn die BewohneInnen auf zehn Prozent private Wohnfläche verzichten.
The sketch shows how much of common space residents in Cohousing can acquire if they abstain from only 10 per cent of normal private apartment space. /

DIE ERFINDUNG DES MODELLS DER EIGENLEISTUNG

Zu diesem Zeitpunkt war die Idee des Modells der Eigenleistungen bereits von einer Gruppe erwerbstätiger Frauen in einem kleinen Buch mit dem Titel *Bo i Gemenskap* (BiG, Leben in Gemeinschaft) beschrieben und veröffentlicht worden. Die Gruppe stimmte nicht mit den Modernisten überein, dass Hausarbeit reduziert werden sollte. Sie äußerten dagegen die Überzeugung, dass Hausarbeit Teil der weiblichen Kultur sei und als gesellschaftlich wertvoller Beitrag betrachtet werden sollte. Sie argumentierten, dass die traditionelle Hausarbeit so mühselig sei, weil sie in jedem Haushalt jeden Tag verrichtet werden muss. BiG erklärte, dass Kochen und Kindererziehung Freude bringen würden, wenn man es gemeinsam mit anderen unternimmt. Außerdem würde es Zeit sparen. Zwischen 15 und 50 Haushalte wurden als ideale Größenordnung für den neuen Typ des gemeinschaftlichen Wohnens betrachtet. Wenn alle BewohnerInnen eine individuelle Wohnflächenreduzierung von zehn Prozent akzeptieren würden, so ständen ausreichend Flächen für Gemeinschaftseinrichtungen und -aktivitäten zur Verfügung, während die Kosten gleich blieben (Berg et al, 1982).

Die BiG-Gruppe hätte ihre Idee in einem einzelnen Projekt nach den Wünschen ihrer eigenen Mitglieder realisieren können. Sie entschied allerdings, dass ihr Modell auch anderen sozialen Gruppen zugute kommen sollte und schlug deshalb vor, dass kommunale Wohnungsbaugesellschaften die Realisierung in die Hand nehmen sollten. Um 1980 erschien die Zeit reif für die konkrete Umsetzung des BiG-Modells.

In den 1960er Jahren nahmen viele verheiratete schwedische Frauen eine Arbeit außerhalb des eigenen Haushalts auf. Sie verlangten Kindergärten und andere Formen der Dienstleistungen. Fast alle schwedischen Frauenorganisationen forderten den Bau von Gemeinschaftswohnanlagen (Woodward, Vestbro & Grossman, 1989).

In den 1970er Jahren, als junge Leute in Berlin, Boston, Kopenhagen, Stockholm und anderen Universitätsstädten in den Industrieländern kleine Wohngemeinschaften gründeten, entwickelte sich die Idee gemeinschaftlichen Wohnens fast explosionsartig. Diese Bewegung für alternatives Wohnen und Leben war eine Herausforderung für das Ideal der Kleinfamilie. Die Medien stellten die neuen alternativen Haushalte als Boheme und ihre BewohnerInnen als sexuell freizügig dar. Aber während die offizielle Gesellschaft die gemeinschaftliche Lebensform ablehnte, erkannten andere die Vorteile der gemeinsamen Haushaltsführung und der gemeinsamen Verantwortung von Männern und Frauen für Hausarbeit und Kinderbetreuung (Vestbro, 1982).

Es waren die zuvor ablehnend gestimmten kommunalen Wohnungsgesellschaften, die (jetzt unter neuer Führung) damit begannen, die meisten der neuen Experimente umzusetzen. Diese Art von Unterstützung ist fast einmalig für Schweden und nur mit den Niederlanden, vielleicht auch in begrenztem Maße mit Dänemark, zu vergleichen. In anderen Ländern wird die Entwicklung von Gemeinschaftswohnprojekten üblicherweise von einer aktiven Gruppe betrieben, die Planung und Bau selbst in die Hand nimmt.

The first collective housing units of Sweden were based not on cooperation between the tenants, but on the division of labour. The tenants were to be served by employed staff, even for laundry and room cleaning. The tenants themselves were not supposed to do any house work. This probably contributed to the labelling of collective housing as a 'special solution for privileged people'. Thus, it was considered impossible for the labour party in power to provide subsidies to collective housing (Vestbro, 1982).

The John Ericssonsgatan project was followed by other Cohouses based on services through employed staff. One of them was Hässelby Family Hotel, built in the middle of the 1950s. It consists of 328 apartments, all connected through indoor communication and with common facilities such as a restaurant, a cafeteria, a big party room, a day-care centre for children, a gym hall, a small shop, a reception, a hair-dresser, a laundry and a meditation room (Vestbro, 1982; Blomberg et al, 1986).

In 1969 the owner of family hotel started to close down the services common to all residents. A group of active residents objected, but after several years of struggle they lost the battle about the meal service, and the restaurant was closed. In this situation the activists started to cook for themselves in the restaurant kitchen. They found this work attractive. Subsequently, the purchase of food, division into cooking teams and the selling of meal tickets were organised on a long-term basis among those who participated in the new activity (Vestbro, 1982; Blomberg et al, 1986). The self-work model was born.

/ Stacken in Göteborg, umgebaut 1979,
Schwedens erstes Kollektivhaus im Eigenleistungsmodell
The Cohouse Stacken in Göteborg, built in 1979,
became Sweden's first collective house of the self-work model. /

INVENTION OF THE SELF-WORK MODEL

By this time arguments for the self-work model had already been presented by a group of professional women, in a booklet called Bo i Gemenskap (BiG, 'Live in community'). The group did not agree with the modernists that housework should be minimised. Instead, it maintained that housework was part of women's culture and should be regarded as a valuable contribution to society. They argued that the traditional housework tended to be cumbersome because it had to be done on a daily basis by each individual household. BiG stated that cooking and child rearing together with others would make it enjoyable. It would also save time. Between 15 and 50 households was considered to be an optimal size for the new type of Cohousing. If all households accept a reduction of the apartment space with 10 percent, the common area would be sufficient for communal activities, and costs would remain the same (Berg et al, 1982).

The BiG group could have chosen to implement its ideas in a single project suited to the needs of its own members. However, it considered its model to be an asset to other social groups and therefore proposed that municipal housing companies should take the lead. Around 1980 the time was ripe for concrete application of the BiG model.

In the 1960s many married women in Sweden began to work outside the home. They wanted kindergartens and other forms of services. Almost all the women's organisations in Sweden demanded that Cohousing be built (Woodward, Vestbro & Grossman, 1989).

During the 1970s the idea of communal living developed explosively when young people started to live in smaller communes in Berlin, Boston, Copenhagen, Stockholm and other university cities of industrialised countries. This alternative living movement challenged the nuclear family ideal. The media presented the new alternative households as bohemian and promiscuous. However, while official society deplored the communal way of life, others saw the advantages of sharing household work and letting both men and women share the responsibility for housekeeping and child care (Vestbro, 1982).

It was the previously hostile municipal housing companies (now under new leadership) that implemented most of the new experiments. This type of support is almost unique for Sweden, comparable only with the Netherlands and to some extent with Denmark. In other countries Cohouses are usually the result of the active group acting as the developer itself.

The first example of the new model was Stacken, built in Bergsjön, Gothenburg in 1979. In this low-status area quite a few apartments were empty because of the housing crisis. Therefore the responsible municipal housing company accepted an experiment when the architect, professor Lars Ågren, asked if he could turn one of the 10-storey tower blocks into a Cohousing unit.

Tenants for Stacken were recruited through advertising and had their apartments tailored to their own taste as the block was rebuilt. A central kitchen, a dining room and a nursery for children were arranged on the fifth floor, showing that

Das erste Beispiel des neuen Wohnmodells war der Bau von Stacken 1979 in Bergsjön, Göteburg. In der einfachen Wohngegend standen wegen der Wohnungsmarktkrise viele Wohnungen leer. Aus diesem Grund war die verantwortliche kommunale Wohnungsgesellschaft bereit, sich auf ein Experiment einzulassen, als der Architekt Prof. Lars Ågren vorschlug, einen der zehngeschossigen Wohntürme zu einem Gemeinschaftswohnprojekt umzubauen.

Die MieterInnen für Stacken fand man durch Werbung. Die Wohnungen wurden im Zuge der Sanierung nach ihren Vorstellungen umgebaut. Die zentrale Küche, der Speisesaal und die Kinderkrippe wurden im fünften Stock platziert, um zu demonstrieren, dass die Gemeinschaftseinrichtungen für die Nutzung durch die MieterInnen gedacht sind und nicht für Außenstehende. Die BewohnerInnen entwickelten eine Selbstverwaltungsstruktur, um die Kontrolle über die Hausmeistertätigkeiten, die Rekrutierung neuer MieterInnen und die Organisation der Nutzung der Gemeinschaftsräume zu übernehmen. Studien belegen, dass sich Menschen von Stacken angezogen fühlten, die ihre innersten Träume in diesem Wohnexperiment erfüllen wollten. Das bedeutete, dass sie zu Anfang diverse Konflikte zu lösen hatten, etwa über Rauchen und Alkoholgenuss, Kindererziehung und innere Demokratie (Caldenby and Walldén, 1984). Viele Haushalte verließen das Projekt wegen dieser Konflikte. Im Laufe der Zeit nahmen immer weniger Haushalte an den gemeinsamen Aktivitäten teil. 25 Jahre später wurde Stacken wiederbelebt. Es wurde von einer Gruppe junger Leute übernommen, die mit der Grundsanierung begann.

Ein weiteres Beispiel des neuen Wohnens ist Prästgårdshagen im Süden Stockholms. Die BewohnerInnen wurden über eine spezielle Warteliste des städtischen Wohnungsamtes gefunden. Prästgårdshagen war ein Neubau und die MieterInnen wurden frühzeitig gesucht, um sie an der Planung des Gebäudes zu beteiligen. Die Flächen der 31 Wohnungen wurden etwas reduziert, um Gemeinschaftsflächen schaffen zu können, ohne dass dies zu einer höheren Miete führte.

Von neuen MieterInnen in Prästgårdshagen wird mit Unterzeichnung des Vertrags erwartet, dass sie dem Verein beitreten und bereit sind, verpflichtende Eigenleistungen wie Kochen oder Putzen zu erbringen. Normalerweise kocht jede/r Erwachsene alle zwei Wochen ein Mal in einem Zweierteam. Das nimmt ca. drei Stunden in Anspruch und erfordert die Möglichkeit, die Arbeitsstelle um ca. 15 Uhr verlassen zu können. MieterInnen übernehmen auch Hausmeisterarbeiten wie das Putzen der Gemeinschaftsräume, Gartenarbeit, Schneeräumen und kleine Reparaturen. Auf diese Weise können sie die Betriebskosten reduzieren und die eingesparten Mittel in die Gemeinschaftsräume investieren.

Prästgårdshagen ist ein gutes Beispiel dafür, wie die bauliche Gestaltung die spontane Nutzung der Gemeinschaftsflächen fördern kann. In den beiden Eingangsbereichen kommt man an den Gemeinschaftsräumen vorbei, womit ihre Verbindung zu den öffentlichen Bereichen gestärkt wird. Einige Gemeinschaftsräume wurden mit Glaswänden ausgestattet, um einen Überblick zu ermöglichen.

DAS LINKÖPING PROJEKT

In Linköping wurde ein Modell entwickelt, das die Idee der Eigenleistungen mit kommunalen Betreuungseinrichtungen kombiniert. Das Gemeinschaftswohnprojekt mit dem Namen Stolplyckan machte sich dabei die Erfahrungen des Hässelby Familienhotels zunutze. Um einen wirtschaftlichen Betrieb der kommunalen Einrichtungen zu ermöglichen, umfasst das Projekt 184 Wohnungen, 35 davon für Ältere und neun für Menschen mit Behinderungen. Nebenan wurden zwei Kindertageseinrichtungen gebaut. Darüber hinaus können eine Schulsporthalle und ein Speisesaal vom Wohnprojekt aus erreicht und genutzt werden. Die Wohnungsgrößen wurden reduziert, um Gesamtkosten so gering wie möglich zu halten. Dadurch wurden 2000 Quadratmeter Gemeinschaftsfläche geschaffen, die den MieterInnen zur Verfügung stehen. Für Aufgaben wie Kochen, Malen, Filmvorführungen für Kinder, Gartenarbeit, Gästebetreuung, die Herausgabe einer eigenen Zeitung und den Unterhalt einer Website wurden zahlreiche Arbeitsgruppen gegründet (Pedersen, 1991).

Insgesamt wurden in den 1980er Jahren in Schweden ca. 50 solcher Cohousing-Projekte gebaut. Ein Dutzend wurden später „dekollektiviert". Dies ist im Wesentlichen auf den Versuch zurückzuführen, Gemeinschaftswohnen für Familien mit betreutem Wohnen für Ältere zu kombinieren, die jedoch oft einen zu hohen Betreuungsbedarf hatten, um vom generationenübergreifenden Wohnkonzept zu profitieren (Woodward, Vestbro & Grossmann, 1989).

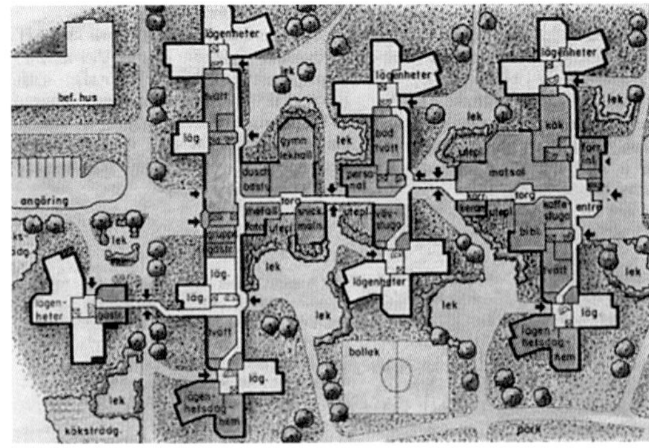

/ Lageplan von Stolplyckan Ground plan of Stolplyckan /

/ Der Speisesaal, in dem Kinder und Ältere zusammen essen The dining room where children and elderly eat together /

communal facilities were for tenants, but not for outsiders. The inhabitants formed a new type of administrative set-up in order to get full control of maintenance, recruitment of tenants and use of communal rooms. Studies showed that Stacken attracted people who wanted to fulfil their innermost dreams in this housing experiment. This also meant that they at the start had conflicts over issues such as use of tobacco and alcoholic beverages, child rearing and internal democracy (Caldenby and Walldén, 1984). Many households left the project because of the conflicts, and over time fewer households took part in communal activities. 25 years later Stacken came to life again, taken over by younger people who bought the building and started a process of substantial refurbishment.

Another example of the new model is Prästgårdshagen in southern Stockholm. Inhabitants were recruited through a special waiting list run by the municipal authority in charge of allocation of rental accommodation. The Prästgårdshagen unit was a new construction, and tenants were recruited early enough to be able to influence the design of the building. The sizes of the 31 apartments were somewhat reduced so that communal spaces could be provided without increasing rents.

/ Links: Erdgeschoss von Prästgårdshagen, erbaut 1983 durch die kommunale Wohnungsgesellschaft Familjebostäder. Legende: 2. Speisesaal, 3. Küche, 4. Waschküche, 5. Töpferei, 6. Fotolabor, 7. Sauna, 8. Ruheraum, 9. Gemeinschaftsflächen wie Kinderspielzimmer, Werkstatt, Büro (später TV Zimmer), 10. Kinderkrippe (städtisch betrieben), 11. Lager. Rechts: Schreinerei

Left: Ground floor of Prästgårdshagen, built in 1983 by the municipal housing company Familjebostäder. Legend: 2. Dining room, 3. Kitchen, 4. Laundry, 5. Ceramics workshop, 6. Photo lab, 7. Sauna, 8. Relax room, 9. Common spaces such as children's play room, workshop, office (later TV room), 10. Daycare centre (run by the municipality), 11. Storage. Right: the carpentry /

New tenants to Prästgårdshagen are, when they sign the tenancy contract, requested to join the Cohousing association of the unit, and also to agree to do compulsory work such as cooking or house cleaning. Usually each individual adult cooks in a team of two once every second week. Such a task takes about three hours, and requires that the person in charge is able to leave his/her job about 3 p.m. that day. Tenants have also taken over maintenance tasks such as the cleaning of communal rooms, gardening and lawn cutting, snow-clearance and minor repairs. In this way they have managed to reduce their housing costs and to make new investments in communal facilities.

Prästgårdshagen is a good example of designing for spontaneous use of communal spaces. When entering any one of the two entrances, all residents pass the common rooms, which strengthens their links to the public areas. Several of the common rooms are provided with glass walls, an arrangement that facilitates overview.

DAS MODELL DER „ZWEITEN LEBENSHÄLFTE“

Während die Entwicklung von Cohousing-Projekten in Schweden zurückging, trat ein anderes Modell in Erscheinung, das „zweite Lebenshälfte“ genannt wurde. Die Zielgruppe waren Personen über 40 Jahre, die keine Kinder mehr im Haushalt zu versorgen hatten. Die Idee wurde ab 1987 von einer Gruppe SeniorenInnen durchdacht und entwickelt. Sie machten sich Gedanken über ihre Lebensbedingungen im Alter und beschlossen, ein Modell zu entwickeln, in dem sich ältere Menschen gegenseitig helfen sollten, um ein besseres Leben führen zu können und weniger von kommunalen Dienstleistungen abhängig zu sein.

Das erste Beispiel ist Färdknäppen in Stockholm, das von der großen städtischen Wohnungsgesellschaft Familjebostäder 1993 gebaut wurde. Das Modell wurde später in acht anderen Gemeinschaftsprojekten in Schweden nachgebaut. (Manche dieser Projekte öffneten sich später auch für Familien mit Kindern.) In Färdknäppen wurden künftige BewohnerInnen in den Planungsprozess einbezogen. Das bedeutete, sie konnten ihren Wohnungsgrundriss nach eigenen Wünschen planen, eine Neuheit in der schwedischen Planungspraxis. Das Gebäude ist ein Wohnblock mit zwei Treppenhäusern in vier bzw. sieben Geschossen. Es beinhaltet 43 Wohnungen in Größen zwischen 38 und 74 Quadratmeter. Alle sind mit einer Küche ausgestattet. Die Gemeinschaftsflächen (insgesamt 345 Quadratmeter) umfassen eine zentrale Küche, einen Speisesaal, ein Wohnzimmer, einen Webe- und einen Hobbyraum, eine Werkstatt, einen Gymnastikraum, eine Sauna, drei Gästezimmer und zwei Computerräume.

Eine Sondervereinbarung mit der Wohnungsgesellschaft gesteht dem Wohnverein zu, die Gemeinschaftsflächen selbst zu verwalten und bestimmte Hausmeisterarbeiten zu übernehmen. Menschen mit Behinderungen bekommen Haushaltshilfe durch die Kommune und die Stadtverwaltung. Die Hausgruppe leistet oft nachbarschaftliche Unterstützung, in einer Weise, wie es in konventionellen Wohnanlagen nicht üblich ist. Arbeitsgruppen übernehmen die Verantwortung für die Gemeinschaftsräume und die Gartenarbeit. Andere Gruppen formieren sich zu einem Chor, betreuen die Bibliothek, kümmern sich um die Organisation von Festen und Unterhaltung, Sportangeboten und vieles mehr (id 22, 2012; http://www.fardknappen.se/In_English.html).

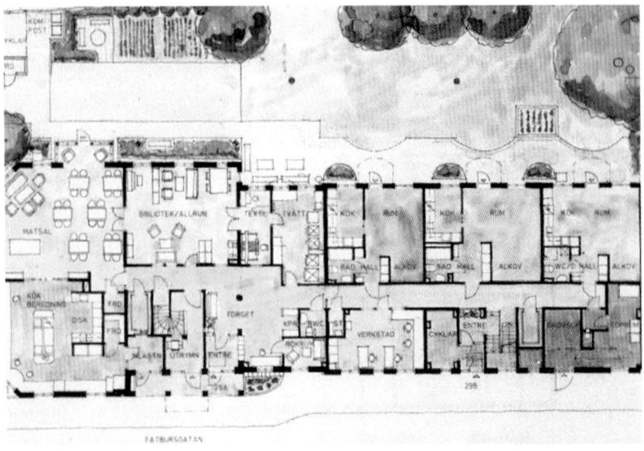

/ Erdgeschoss von Färdknäppen Ground floor of Färdknäppen /

ÜBERBLICK ÜBER DIE AKTUELLE SITUATION

Heute, im Jahr 2014, gibt es in Schweden 43 funktionierende Cohousing-Projekte. Von diesen laufen 26 wie ursprünglich geplant, während 17 ihre Angebote reduziert haben. Kleine Kommunen, Ökodörfer und Produktivgenossenschaften sind hierbei nicht berücksichtigt. Von den 43 Projekten folgen acht dem Modell der „zweiten Lebenshälfte“, zwei haben sich verabschiedet von dem alten Modell der Dienstleistungen durch Angestellte, vier sind kombiniert mit kommunalen Dienstleistungen und eines kann als Ökodorf betrachtet werden. Zehn Projekte haben alte Gebäude umgenutzt und 33 wurden neu gebaut. Die 43 Projekte umfassen insgesamt ca. 2000 Wohnungen und damit ca. 0,05 Prozent des schwedischen Wohnungsbestands (www.kollektivhus.nu).

Ursprünglich war die überwiegende Mehrzahl der Projekte im Besitz von öffentlichen Wohnungsgesellschaften. In den letzten 15 Jahren wurden, im Zuge einer Neoliberalisierung der Politik, zahlreiche öffentliche Mietwohnungen in Eigentum umgewandelt. Somit wurde es schwerer, Aktive für gemeinschaftliche Projekte zu mobilisieren. Trotzdem haben die meisten der Projekte, deren Eigentumsstruktur verändert wurde, als Gemeinschaftswohnprojekte überlebt.

Die Abbildung auf Seite 100 zeigt, dass 23 Einheiten als Mietprojekte bestehen, während elf Eigentumsprojekte sind und acht Generalmietverträge besitzen (eine Vertragsform, die dem Wohngruppenverein einen starken Einfluss zugesteht, ohne gleich die Verantwortung für das Eigentum tragen zu müssen). Nahezu alle Projekte sind urbane Mehrfamilienhäuser. Nur drei könnten als ländliche oder Umlandprojekte bezeichnet werden.

THE LINKÖPING PROJECT

In Linköping a model was developed that combined the self-work idea with care facilities run by the municipality. The Cohousing project, called Stolplyckan, drew on the experiences of Hässelby family hotel. In order to provide an economic base for the municipal services, the project comprised as many as 184 apartments, 35 of which were for elderly people and nine for the disabled. Two adjacent day-care centres for children were built. A school gym hall and a dining hall were also accessible from the Cohouse. The apartment sizes were reduced to keep down the overall costs. In this way 2,000 m^2 communal space became accessible for each tenant. Working groups were formed around tasks such as cooking, repainting, children's film shows, gardening, receiving visitors, producing an internal newspaper and maintaining a website (Pedersen, 1991).

In all, around 50 Cohouses were built in Sweden during the 1980s. A dozen of them were later 'decollectivised', mainly due to the attempt to combine Cohousing for young families with service housing for pensioners who were too dependent on care to be able to benefit from inter-generational integration (Woodward, Vestbro & Grossmann, 1989).

THE SECOND-HALF-OF-LIFE MODEL

While Cohousing development in general declined in Sweden, yet another model appeared, namely the one called 'second half of life', for people 40 and above without children at home. The idea was elaborated and concretised by a group of seniors who started this work in 1987. They were concerned about their living conditions as they grew older and decided to develop a model where middle-aged and elderly people should help each other socially, get a better quality of life and be less dependent on municipal services.

The first example of this model is Färdknäppen in Stockholm, built by the municipal housing company Familjebostäder in 1993. It was later applied in another eight other Cohouses in Sweden (some of which subsequently opened up for households with children). In Färdknäppen, would be residents participated in the design process, which meant that they were able to tailor apartments to their own wishes, something which was new in Swedish planning practice.

The building is an apartment block with two stairwells in four and seven floors respectively. It consists of 43 apartments, in size from 38 to 74 m^2. All are provided with a kitchen. The common spaces (in total amounting to 345 m^2) consist of a central kitchen, a dining room, a living room, a weaving room, a hobby room, a workshop, a gym, a sauna and three guest rooms, and two rooms with computers.

A special agreement with the housing company stipulates that the Cohousing association manages the common spaces and is in charge of certain maintenance tasks. Persons with disabilities get support in their homes from the municipality and county council, while the Cohousing members often provide human support to their neighbours in ways that do not exist in conventional housing. Working groups are in charge of care of common spaces and for gardening. Other voluntary groups are for the local choir, the library, parties and entertainment, physical exercises and much more (id 22, 2012; http://www.fardknappen.se/In_English.html).

/ Speisesaal von Färdknäppen Dining room of Färdknäppen /

OVERVIEW OF THE PRESENT SITUATION

At present (2014) there are 43 functioning Cohouses in Sweden. Of these, 26 function as originally planned, while 17 have reduced services. Smaller communes, eco-villages and production collective are not included in these numbers. Of the 43 Cohousing units, eight are for the second half of life, two are converted from the old model based on services with employed staff, four are combined with municipal services and one may be considered an eco-village. Ten consist of old buildings that have been rebuilt while 33 are new constructions. The 43 projects comprise altogether about 2000 apartments, which is equivalent to 0.05 per cent of the total housing stock in Sweden (www.kollektivhus.nu).

Originally the vast majority of projects were owned by public housing companies. During the last decade and a half, public rental housing complexes have been converted into condominium type of ownership, following neo-liberal agendas. This means that it has become more difficult to secure active participation in common activities, but most of the projects with converted ownership have survived as Cohouses.

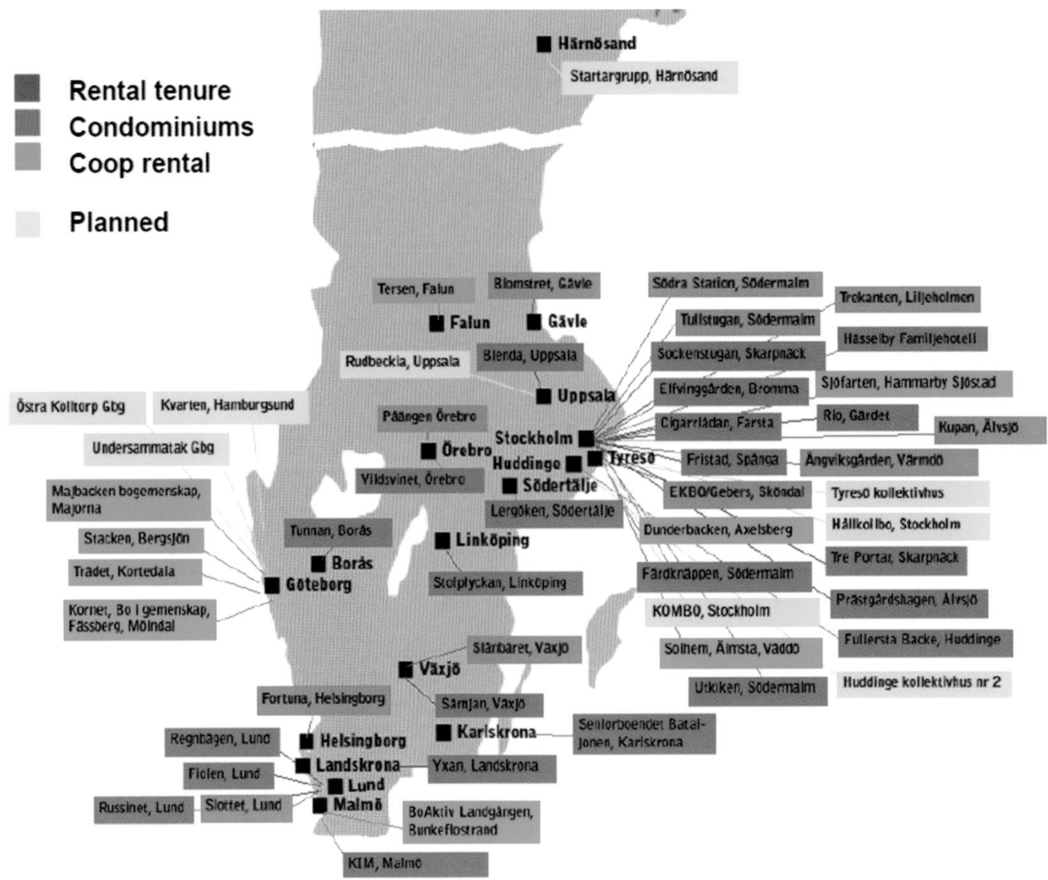

/ Karte der bestehenden schwedischen Cohousing-Projekte sowie der Gruppen, die dabei sind, ein Grundstück für ihr Projekt zu kaufen. Stand März 2014 mit Kennzeichnung der Eigentumsform

Map of existing Swedish Cohouses and groups on their way to get land for building. The situation in March 2014 is illustrated, including form of tenure /

Die Nationale Cohousing-Vereinigung, Kollektivhus NU, hat nicht nur bestehende Projekte in ihrer Mitgliedschaft, sondern auch Gründungsinitiativen. Insgesamt sind 14 solcher Initiativen Mitglieder im Verband. Auf der Karte werden neun von ihnen als „in Verhandlung mit Kommunen begriffen“ dargestellt; diese haben mit dem Planungsprozess bereits begonnen.

Es ist wichtig, darauf hinzuweisen, dass es in Schweden keine Tradition unabhängiger Baugruppen gibt, die ihre Projektentwicklung in Eigenverantwortung betreiben, wie dies etwa in Deutschland und Dänemark, in den USA und anderen Ländern der Fall ist (das Äquivalent zu Baugemeinschaften in Deutschland). Von den 52 Projekten auf der obigen Karte sind nur zwei Baugemeinschaften. Erst kürzlich wurde der Nationale Schwedische Verband für Baugemeinschaften gegründet. Seine Ziele sind die Förderung der Selbstverwaltung sowie preiswertes und qualitätsvollen Bauen und Wohnen (siehe http://www.byggemenskap.se/). Eine Baugemeinschaft kann Gemeinschaftsgefühl und Kooperationen befördern, aber dies ist nicht notwendigerweise ihr Ziel. Kollektivhus NU kooperiert mit dem Verband der Baugemeinschaften bei der Suche nach Möglichkeiten, Kosten zu reduzieren und Selbstverwaltung zu fördern.

Welche Planungsprinzipien werden in schwedischen Cohousing-Modellen genutzt? Die Doktorarbeit der Architekturwissenschaftlerin Karin Palm Lindén stellt eine der umfassendsten Studien über die Planungsprinzipien von Cohousing-Projekten dar. Das Ziel ihrer Studie war es zu klären, wie die verschiedenen Raumsysteme der Cohousing-Projekte die Spannung zwischen Gemeinschaft und Privatheit lösen (Palm Lindén, 1992a, Englische Zusammenfassung in Palm Lindén, 1992b).

Die Autorin ordnete 24 schwedische und ein dänisches Cohousing-Projekt nach folgenden Kategorien: a) Wohngebäude, b) Art der Kommunikation (Treppenhäuser, Flure oder Loggien) und c) Verortung der Gemeinschaftsflächen im Gebäude. Die Grafik auf der rechten Seite zeigt, dass sich die ausgewählten Fälle auf zwölf von 20 theoretisch möglichen Optionen verteilen. Dies ist dahingehend zu interpretieren, dass es keine typische Cohousing-Architektur gibt. Man beachte, dass eine Ansiedlung von Reihenhäusern mit gemeinschaftlichen Außenbereichen – das am weitesten verbreitete Modell in Dänemark und den USA – hier fehlt.

Die Studien Palm Lindéns zeigen, dass die Anordnung von Gemeinschaftsflächen eine wichtige Rolle für deren spontane Nutzung spielt. Zudem sind „Durchgangsbereiche“ (Eingänge, Aufzüge und Treppenhäuser) elementar für soziale Interaktion insgesamt wichtig für die Funktion eines Gemeinschaftsprojekts. Eine interessante Beobachtung ist, dass die BewohnerInnen von Wohnblocks von Gemeinschaftsräumen im Erdgeschoss angezogen werden, wenn sie das Gebäude betreten, nicht aber, nachdem sie ihre privaten Wohnungen erreicht haben (Palm Lindén, 1992a).

The overview in the figure on the left side shows that 23 units have rental tenure, while 11 are condominiums and 8 have cooperative rental tenure (a form that gives the Cohousing association a strong influence without having the burden of ownership). Virtually all projects are urban multi-household developments. Only three may be considered rural or-semi-rural.

The national association for Cohousing, Kollektivhus NU, does not only have existing Cohousing units as members, but also starter groups, i.e. groups striving to get Cohouses for themselves. Altogether 14 such groups are members. In the map, nine of them are shown on the basis that they are negotiating land allocation with the respective municipalities and have started the design process.

It may be noted that Sweden does not have a tradition of independent groups acting as house developers, such that exist in Germany, Denmark, US and other countries (the equivalent to what is called Baugemeinschaft in Germany). Of the 52 projects noted in the map only two are building communities. Recently a national Swedish association for building communities has been formed. Its purpose is to promote self-administration, cheaper types of housing and better design qualities (see http://www.byggemenskap.se/). A building community may lead to a sense of community and residential collaboration, but this is not necessarily the aim. Kollektivhus NU is collaborating with the building community association to find ways to reduce costs and promote self-administration.

	LOCATION OF COMMON ROOMS		
	All common rooms at bottom floor	Common kitchen and diningroom at bottom floor	Common kitchen and diningroom at upper floors
HIGH-RISE BUILDINGS			
One staircase system - without corridors and galleries (A)	Orion x 7, Tunnan, Pullersta gård	Katthavudet, Trädet, Bergsviken, Taljan	Stacken
- with corridors or galleries (B)	Jakobsberg C, Märsta dal, Södervärn	Prästgårdshagen, Blenda, Lina Hage	
Several staircase systems - connected on bottom floor (C)	Måttbandet, Flygtrafiken; Blomstret, Svärdet, Kapan	Fortuna	
- connected on several floors (D)	Ylan	Slottet, Angviksgården	
Central hall/yard (E)			
LOW-RISE BUILDINGS	Common rooms placed together	Common rooms split	
Corridor systems (F)	Regnbågen		
Central hall/yard (G)	(Björkåsa), Jemstøberiet		

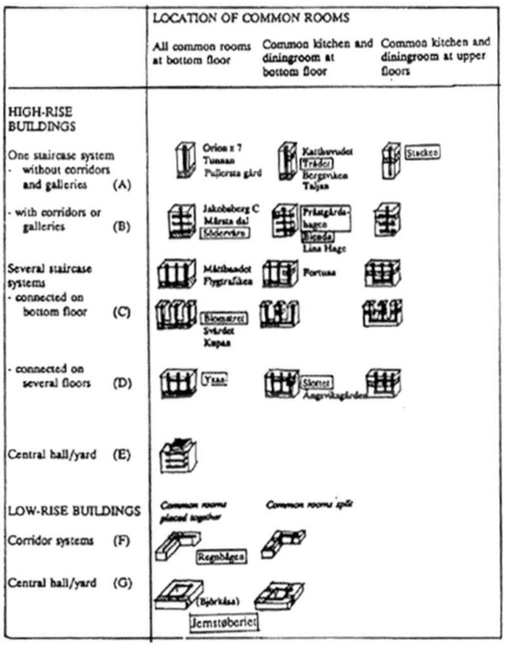

/ Überblick über Cohousing-Konzepte nach Gebäudetyp, Kommunikationssystem und Anordnung von Gemeinschaftsflächen
An overview of Cohouses, classified according to the building type, communication system and location of common spaces /

Which are the design principles used in the Swedish Cohousing models? The PhD thesis from of architect researcher Karin Palm Lindén constitutes one of the most comprehensive studies of Cohousing design principles. The purpose of her study was to clarify how the various spatial systems in Cohousing provide for community versus privacy (Palm Lindén, 1992a, summarised in English in Palm Lindén, 1992b).

The author classified 24 Swedish and one Danish Cohouse according to a) residential building type, b) type of communication (stairs, corridors or loggias) and c) location of communal spaces in the building. The figure below shows that the selected cases are distributed across 12 out of 20 possible theoretical options. The wide distribution means that there is no typical model of Cohousing design. One may note that a cluster of row houses with outdoor communication to shared spaces – the most common model in Denmark and the US – is missing

Palm Lindén's study shows that the location of common spaces has an important role for the spontaneous use of these spaces. In addition, the nature of 'transitional zones' (entrances, elevator and stairs) are crucial for social interaction and also important for the Cohouse to function as a whole. An interesting observation is that the residents may be attracted to these spaces in tower blocks with common rooms on the ground floor, when they pass the entrance, but not when they have reached their private apartments (Palm Lindén, 1992a).

CONCLUSIONS

The Swedish experience shows that municipal housing companies often build Cohouses as a result of demands from independent groups. It may be concluded that the Swedish model is a combination of bottom-up and top-down approaches.

The figure on page 102 gives a summary of the driving forces behind Swedish Cohouses, as well as the estimated effects. The earlier model with services through employed staff has been separated from the self-work model. For the former the reduction of housework and women's demand for gainful employment were the main causes. It may be concluded that the 17 projects built of this model were successful in reducing housework when this was still a heavy burden at home. It also promoted a good environment for children, especially for households with single parents.

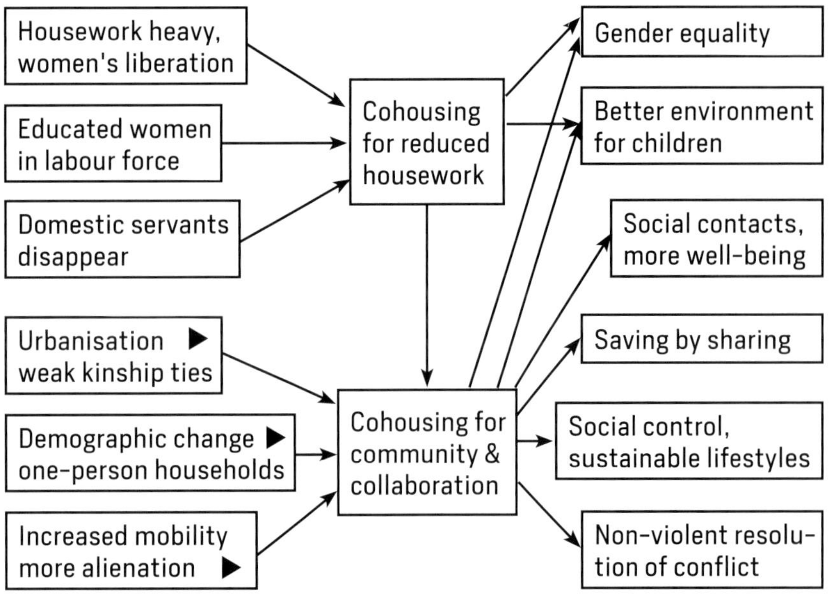

/ Das Diagramm zeigt Gründe und Effekte des schwedischen Cohousing-Modells.
Diagram showing the causes and effects of the Swedish Cohousing model /

SCHLUSSFOLGERUNGEN

Die schwedische Erfahrung zeigt, dass kommunale Wohnungsgesellschaften Gemeinschaftswohnprojekte oft dann bauen, wenn unabhängige Gruppen einen entsprechenden Bedarf anmelden. Daraus kann geschlossen werden, dass das schwedische Model eine Kombination einer *Bottom-up-* und *Top-down*-Herangehensweise ist.

Die obere Grafik fasst die Antriebskräfte zusammen, die hinter den schwedischen Gemeinschaftsprojekten stehen, ebenso wie ihre geschätzten Auswirkungen. Das frühe Modell mit Dienstleistungen durch Angestellte und das spätere Modell der Eigenleistungen sind getrennt aufgeführt. Gründe für das erste Modell waren die Reduzierung von Hausarbeit und die Forderungen der Frauen nach Erwerbsarbeit. 17 Projekte, die nach diesem Modell gebaut wurden, waren bei der Reduzierung von Hausarbeit erfolgreich zu einer Zeit, als diese noch eine große Belastung darstellte. Es förderte zudem eine gute Umgebung für Familien mit Kindern, ganz speziell für Alleinerziehende.

Hinter dem Modell der Eigenarbeit kann man Gründe wie den demografischen Wandel mit der Zunahme von Singlehaushalten sowie die soziale Isolation in Städten vermuten, in denen die Familienzusammenhänge aufgrund des Strukturwandels schwächer werden. Studien belegen, dass die gesetzten Ziele zu einem großen Teil erreicht wurden: ein gewisses Maß an Gemeinschaft im Alltagsleben, erhöhte Sicherheit und ein gewisser Grad an Nachbarschaftshilfe (Vestbro and Horelli, 2012).

In schwedischen Cohousing-Projekten spielt Nachhaltigkeit nicht die Rolle wie in Dänemark, Deutschland und den USA. Ökologische Argumente wurden allerdings in den letzten Jahren wichtiger. Gemeinsame Mahlzeiten in Cohousing-Projekten sind ein starkes Instrument, um Ressourcen zu schonen. Im Cohousing-Projekt Tullstugan in Stockholm beispielsweise schätzt man, dass gemeinschaftliches Kochen um die 1000 Einkaufsfahrten im Jahr sparen kann und dass die Nutzung privater Kochherde um 2500 Nutzungen reduziert wird (Vestbro, 2012).

Normales schwedisches Wohnen ist alles andere als nachhaltig. Ein Grund dafür ist die durchschnittliche Haushaltsgröße – die geringste auf der Welt. Junge Leute ziehen früh aus dem Elternhaus aus und die Scheidungsrate ist hoch. Hohe Lebenserwartung ist verbunden mit Partnerverlust im Alter, was wiederum in einer großen Anzahl von Singlehaushalten unter Älteren resultiert. Die Zahl der Einpersonenhaushalte hat sich in den letzten 25 Jahren mehr als verdoppelt, während Haushalte mit mehr als vier Personen immer seltener werden. Heute sind um die 75 Prozent der schwedischen Haushalte Ein- oder Zweipersonenhaushalte. In Cohousing-Projekten können Flächen und Einrichtungen geteilt werden (Vestbro, 2012).

Man kann sich die Frage stellen, warum Cohousing auf dem Wohnungsmarkt so eine geringe Rolle spielt. Ein Hauptgrund liegt im Widerstand der patriarchalischen Gesellschaft; das betrifft den privaten wie den öffentlichen Sektor. Wohnungsbau mit Gemeinschaftseinrichtungen ist oft als Bedrohung der Kleinfamilie angesehen worden. Ein anderer Grund liegt in dem Mangel an öffentlicher Information über Alternativen und den Vorurteilen gegen Cohousing, speziell unter Männern. Die Ausbreitung dieser Wohnform braucht eine starke Bewegung, die bereit ist, für Modelle der Nachbarschaft zu kämpfen, welche für alle sozialen Schichten zugänglich sind (Vestbro & Horelli, 2012).

AUTOR: DICK URBAN VESTBRO

Dick Urban Vestbro ist Architekt und emeritierter Professor am Royal Institute of Technology, Stockholm. Seine Forschungstätigkeit umfasst Cohousing, Gebäude und urbane Typologien sowie Aufwertung von Slumgebieten in Städten mit niedrigen Durchschnittseinkommen.
Er hat diverse Bücher und Artikel über Cohousing veröffentlicht.
Prof. Vestbro war Vorsitzender des Vereins Cohousing NOW in Schweden und lebt im Cohousing-Projekt Tullstugan, Stockholm.

E-Mail: dickurba@gmail.com

Behind the self-work model one may trace causes such as demographic change towards more of single households and social isolation in urban areas where kinship ties have been weakened due to rapid structural change. Studies show that the aims have been achieved to a great extent: a moderate level of community in everyday life, increased safety and a certain degree of collaboration between neighbours (Vestbro and Horelli, 2012).

In Swedish Cohousing, sustainability issues have not been as prominent as in Denmark, Germany and the US. The ecological argument has become more prominent in recent years, however. Common meals in Cohousing constitute a powerful instrument for saving resources. In the Cohouse of Tullstugan in Stockholm, for instance, it is estimated that communal cooking replaces the number of food shopping trips by 1,000 per year and that the use of private stoves is reduced by 2,500 use occasions (Vestbro, 2012).

Ordinary Swedish housing is all but sustainable. One reason is that the average size of households is lower than elsewhere in the world. Young people move from their parents at an early age and divorce rates are high. Long life expectancy is combined with independent partner loss at high age results in many single-person households among older people. The number of one-person households has more than doubled over the last 25 years, while households of more than four persons are much less common. Today, about 75 per cent of Swedish households are one or two-person households. In Cohousing spaces and facilities may be shared (Vestbro, 2012).

One may ask why Cohousing accounts for such a small part of the housing stock. A major explanation is the resistance from patriarchal society, including both the public and private sectors. Housing with communal facilities has often been conceived as a threat to the nuclear family. Another reason is the lack of public information about alternative ways of living and the prejudices about Cohousing, especially among men. The expansion of this supportive form of dwelling needs a new strong movement that is willing to fight for models on the neighbourhood level that are accessible to all social classes (Vestbro & Horelli, 2012).

AUTHOR: DICK URBAN VESTBRO

Dick Urban Vestbro is an architect and Prof Emeritus at the Royal Institute of Technology, Stockholm. His research comprises Cohousing, house and urban typologies, and slum upgrading in low-income cities. He has written several books and many papers on Cohousing. He was the chairman of the Swedish association Cohousing NOW, and lives in the Cohouse of Tullstugan, Stockholm.

e-mail: dickurba@gmail.com

LITERATUR /DE/ LITERATURE /EN/

// Berg, Elly et al (1982): *Det lilla kollektivhuset. En modell för praktisk tillämpning*. Stockholm: The Swedish Building Research Council T14

// Blomberg, Ingela, Irene Goodridge, Bertil Olsson, Gunilla Wiklund & Pelle Wistén (1986): *Levande kollektivhus. Att leva, bo och arbeta i Hässelby familjehotell*. Stockholm: The Swedish Building Research Council R19. 9

// Caldenby, Claes & Åsa Walldén (1979): *Kollektivhus: Sovjet och Sverige omkring 1930*. Stockholm: The Swedish Building Research Council T11.

// Caldenby, Claes & Åsa Walldén (1984): *Kollektivhuset Stacken*, Göteborg: Bokförlaget Korpen.

// Ekobyarnas Riksorganisation, http://ekobyar.se/ekobyar/ (Zugriff accessed 26 March 2014)

// Färdknäppen website, http://www.fardknappen.se/In_English.html (Zugriff accessed 25 March 2014)

// Föreningen för Byggemenskaper, http://www.byggemenskap.se/ (Zugriff accessed 25 March 2014).

// id 22 (2012): *Co-housing Cultures, Handbook for self-organized, community-oriented and sustainable housing*, Institute for Creative Sustainability, Berlin (http://www.co-housing-cultures.net/).

// Kollektivhus NU, website, http://www.kollektivhus.nu/english/index_eng.html (Zugriff accessed 25 March 2014).

// Markelius, Sven (1934): *Kollektivhus – en god bostad*, Stockholm: Victor Petterssons Bokindustri.

// Palm Lindén, Karin (1992a): *Kollektivhuset och mellanzonen. Om rumslig struktur och socialt liv*. Lund: Lunds universitet (PhD thesis).

// Palm Lindén, Karin (1992b): *Community and Privacy in the Swedish Collective House*. Lund: University of Lund (available at http://www.kollektivhus.nu/uppsatser.html).

// Pedersen, Britt (1991): *Kollektivhuset Stolplyckan. Från ide till verklighet*, Stockholm: Byggforskningsrådet T24:1991.

// Waagensen, Bent & Jenny Rubin (1949): *Kollektivhuset og dets forutsætninger*. Copenhagen: Nyt Nordisk Forlag.

// Vestbro, Dick Urban (1982): *Kollektivhus från enkökshus till bogemenskap*, Stockholm: Swedish Building Research Council T28.

// Vestbro, Dick Urban (ed. 2010): *Living Together – Cohousing Ideas and Realities Around the World*. Proceedings from the international collaborative housing conference in Stockholm May 5-9 2010. Stockholm: Royal Institute of Technology & Kollektivhus NU (www.kollektivhus.nu).

// Vestbo, Dick Urban & Liisa Horelli (2012): Design for gender equality – the history of cohousing ideas and realities, in Built Environment, Band vol 38, Nr. no 3, Sept 2012.

// Vestbro, Dick Urban (2012): Saving by Sharing – Collective Housing for Sustainable Lifestyles in the Swedish Context, paper presented at the 3rd International Conference on Degrowth for Ecological Sustainability and Social Equity, Venice, Sept. 2012 (http://www.venezia2012.it/?lang=en).

// Woodward, Alison, Dick Urban Vestbro, Maj-Britt Grossman (1989): *Den nya generationen kollektivhus. Experiment med social integration, förvaltning och rumsutformning*, Stockholm: The Swedish Building Research Council T16:1989.

// Woodward, Alison (1991): Communal Housing in Sweden: A Remedy for the Stress of Everyday Life?, p 71-94 in K.Franck & S.Ahrentzen (Hg. eds): *New Households, New Housing*. New York: Van Nostrand Reinhold.

WOHNPROJEKTE IN NORWEGEN /DE/

/EN/ COHOUSING IN NORWAY

BRITTA TORNOW, SUSANNE URBAN

Trotz steigender Nachfrage sind in Norwegen Gemeinschaftswohnprojekte nicht so verbreitet wie in Dänemark und Schweden. Traditionell ist die norwegische Gesellschaft weniger aufgeschlossen gegenüber alternativen Wohn- und Lebensformen. Außerdem sind – schon wegen der geografischen Verhältnisse – urbane und dichte Wohnformen in Norwegen weniger ausgeprägt (Schmidt 2002, 17).

Auffällig ist die starke Fokussierung auf Wohnungseigentum. Die norwegische Wohnungs- und Steuerpolitik zielt seit vielen Jahren darauf ab, möglichst vielen Bürgern Wohneigentum zu ermöglichen. Bekanntlich ist dank der norwegischen Ölförderung der Wohlstand im Land stark gestiegen und die privaten Investitionen in den Wohnungsbau haben stetig zugenommen. 63 Prozent des Wohnungsbestands sind heute Eigentumswohnungen. Dazu kommen 14 Prozent Genossenschaftswohnungen mit eigentumsähnlichen Rechten. Genossenschaftswohnungen wurden im Zuge einer Deregulierung des Wohnungsmarktes in den 1980er Jahren steuerlich den Eigentumswohnungen gleichgestellt. Auch sie können seitdem auf dem freien Markt verkauft werden. Die norwegischen Genossenschaften sind zweistufig organisiert: Wohnungsgenossenschaften sorgen für die Planung und den Bau neuer Wohnungen, die sie nach Fertigstellung in das gemeinsame Eigentum einer neu gegründeten Bewohnergenossenschaft überführen. Der öffentliche Wohnungssektor ist in Norwegen sehr klein, nur 4 Prozent sind kommunale Wohnungen und es gibt keine gemeinnützigen Wohnungsbaugesellschaften. Die Mehrheit der vermieteten Wohnungen befindet sich in der Hand von Einzeleigentümern.

- // Knapp 5,1 Mio. EinwohnerInnen (2014)
- // 9,1% der Bevölkerung wohnen in Stadtgebieten
- // Geburtenrate: 1,9 Kinder pro Frau
- // Kinder leben aber nur in etwa 25% der Haushalte
- // 90% der Kinder haben einen Tagespflege-/Kindergartenplatz
- // 60,2% der NorwegerInnen wohnen in Einfamilienhäusern (2,5 Personen/ Haushalt), 2,1% in Wohngemeinschaften und anderen Arten von Wohnungen (2011)
- // 40% der Haushalte sind Einpersonenhaushalte, 18% aller Menschen leben allein, mit steigender Tendenz
- // 69% der Bevölkerung ist erwerbstätig (2013)
- // 66% der Frauen (15 Jahre +) sind erwerbstätig (2013)
- // 15,7% der Bevölkerung beziehen Altersrente, 5% der RentnerInnen wohnen in Südeuropa.

In Norway, despite growing demand, Cohousing projects have not spread to the same extent as in Denmark and Sweden. Traditionally, Norwegian society has not been very open-minded towards alternative forms of housing and living. Furthermore, urban and dense forms of housing are less common in Norway (Schmidt 2002, 17).

A noteworthy fact is the strong focus on home ownership. For many years, Norwegian housing and fiscal policy have aimed at providing the opportunity to establish home ownership for as many citizens as possible. This development has been pushed by the strong economic growth that has resulted from oil and the accompanying affluence among the population. 63 per cent of existing residential units are privately owned. In addition, there are 14 per cent cooperative flats with similar rights to private ownership. As part of the deregulations in the housing market in the 1980s, cooperative flats were put on an equal tax basis as privately owned flats and can now be sold on the free market. Norwegian cooperatives are organised on two levels: housing cooperatives provide for the planning and building of new flats which, after completion, are then transferred to the joint ownership of a newly founded residents' cooperative. The public housing sector in Norway is very small, only 4 per cent of flats are communal flats and there are no non-profit housing associations as is the case in Denmark. The majority of rented flats are in the hands of individual owners.

- // Nearly 5.1 million inhabitants (2014)
- // 9.1% of the population lives in urban areas
- // Birth rate: 1.9 children per woman
- // However, only 25% of households have children
- // 90% of children attend a day-care centre/ kindergarten
- // 60.2% of Norwegians live in single-family houses (2.5 persons/ household), 2.1% in flat-share projects and other types of housing (2011)
- // 40% of households are single households, 18% of all people live on their own, with an increasing tendency in this direction
- // 69% of the population are gainfully employed (2013)
- // 66% of women (15 years +) are gainfully employed (2013)
- // 15.7% of the population obtain old-age pensions, 5% of retired persons live in Southern Europe

/ Norwegen in Zahlen (Quelle: www.ssb.no/befolkning)
Norway in figures (source: www.ssb.no/befolkning) /

HISTORISCHER HINTERGRUND

Wie in anderen Ländern Europas liegen die historischen Wurzeln für gemeinschaftliche Wohnformen in den Reformbewegungen des frühen 20. Jahrhunderts. Norwegische Frauenorganisationen forderten Entlastung berufstätiger Frauen von der Hausarbeit. Nicht das gemeinschaftliche Wohnen stand zunächst im Vordergrund, sondern die Nutzung gemeinsamer Serviceeinrichtungen. 1914–1920 wurde das erste *felleskjøkkenhus* („Gemeinschaftsküchenhaus", vergleichbar mit dem deutschen Einküchenhaus) in Oslo

HISTORIC BACKGROUND

Like in other European countries the historic roots for joint forms of living can be traced back to the reform movements of the early 20th century. Norwegian women's organisations demanded that working women be relieved from housework. Initially, the focus was not placed on Cohousing, but on the use of joint service facilities. From 1914-20 the first Felleskjøkkenhus ('Shared-kitchen house', comparable to the German One-kitchen house) was built in Oslo, further houses followed until the 1940s. From 1939 onwards, these

gebaut, weitere folgten bis in die 1940er Jahre. Ab 1939 wurden Servicehäuser nach dem Vorbild der schwedischen Kollektivhäuser zusätzlich auch mit familienorientierten Angeboten wie Kindergärten ausgestattet und richteten sich nun insbesondere an berufstätige Ehepaare und Alleinstehende mit Kindern. Als sich die Serviceleistungen in den 1960er Jahren aufgrund der steigenden Löhne nicht aufrechterhalten ließen, wurden sie eingestellt oder in veränderter Form weitergeführt. Einige Felleskjøkkenhuse pflegen den Servicegedanken bis heute. Das 1928 gebaute Felleskjøkkenhus in der Gabelsgate (Oslo) bietet neben 34 Ein- und Zweizimmerwohnungen eine Zentralküche im Keller, wo eine Cateringfirma heute Essen nicht nur für externe Kunden, sondern auch für die Bewohner liefert. In den 1980er Jahren wurde der Speisesaal eine zeitlang auch als Stadtteilcafe genutzt (Schmidt 1991, 62–67). Neue Konzepte für Wohnen mit Service knüpfen heute in Norwegen an die Tradition der Servicehäuser an.

Gemeinschaftliches Wohnen lässt sich noch auf eine weitere norwegische Tradition zurückführen: Die Nachbarschaftshilfe bei der Schaffung von Wohnraum, die mit den Begriffen *selvbyggervirksomheten* (Selbstbau) und *dugnad* (gemeinsame Freiwilligenarbeit) belegt ist. In diesem Geist wurde in den 1950er Jahren die Wohnungsgenossenschaft USBL (Ungdommens Selvbyggerlag) gegründet, die sich seitdem für nachbarschaftliches Wohnen und Gemeinschaftseinrichtungen im Wohnungsbau einsetzt (ebd., 78).

BOFELLESSKAPER

Die Idee gemeinschaftlichen Wohnens verbreitetete sich in Norwegen in den 1970er Jahren mit der Alternativbewegung, die Wohngemeinschaften und Kollektive gründete. In den 1980er Jahren entstanden die ersten Wohnprojekte, sie werden in Norwegen *bofellesskaper* (wörtlich übersetzt: Wohngemeinschaft) genannt. Wie im übrigen Skandinavien ist der gesellschaftliche Hintergrund in der zunehmenden Berufstätigkeit der Frauen und Veränderung der Familienstrukturen zu sehen. Die Bewohner einer Bofellesskap erhoffen sich sozialen Kontakt und Entlastung bei der Hausarbeit. Bei Frauen und Alleinerziehenden ist das Interesse an dieser Wohnform besonders hoch.

Es gibt keine genaue Übersicht über die aktuelle Anzahl realisierter Gemeinschaftswohnprojekte in Norwegen, da diese in den staatlichen Statistiken nicht als eigenständiger Wohnungstyp registriert oder in einem eigenen Portal zu finden sind. Seit den 1990er Jahren sind Bofellesskaper ein Thema des staatlichen norwegischen Institutes für Stadt- und Regionalentwicklung/NIBR (www.nibr.no). NIBR führte 1991 eine Bestandsaufnahme und Befragung der Bofellesskaper in Norwegen durch und verzeichnete 20 Projekte im gesamten Land (Schmidt 1991). NIBR definiert Bofellesskap als Wohnform mit selbstständigen Wohnungen, Gemeinschaftsräumen und gemeinsamen Aktivitäten und unterscheidet sie damit von den betreuten Wohngemeinschaften für bestimmte Zielgruppen (Studenten, Behinderte, Senioren und andere Menschen mit Betreuungsbedarf). Gemeinschaftliche Wohnformen für diese Zielgruppen sind in Norwegen allgemein üblich und werden von der öffentlichen Hand aktiv unterstützt, nicht zuletzt um Betreuungskosten einzusparen (ebd., 88). Der aktuelle Stand der im Jahr 1991 untersuchten Wohnprojekte sowie eine Beschreibung von sieben neuen Projekten, darunter drei Ökodörfern, sind in einem weiteren Forschungsbericht des NIBR zu finden (Schmidt 2002). Spätere Studien des NIBR greifen das Thema gemeinschaftliches Wohnen vor allem im Zusammenhang mit Wohnformen für Senioren auf (Schmidt et al. 2013). Dieser Artikel basiert unter anderem auf den Aussagen der genannten Forschungsberichte.

Norwegische Wohnprojekte sind eher klein. Die Mehrheit umfasst weniger als 15 Wohnungen, einige bestehen nur aus drei Haushalten. Die meisten sind Eigentumsprojekte und gehen auf eine private Initiative von Einzelpersonen oder befreundeten Familien zurück. Beispiele für genossenschaftliche Wohnprojekte sind die in diesem Artikel beschriebenen Wohnanlagen Borettslaget Kollektivet und Friis' gate 6 in Oslo, die von der Wohnungsgenossenschaft USBL verwaltet werden. Diese beiden Wohnanlagen unterscheiden sich auch in ihrer Größe und urbanen Bauform von den übrigen Bofellesskaper.

Bei den Eigentumsprojekten handelt es sich meist um kleine Siedlungen mit Reihenhäusern, die um ein Gemeinschaftshaus gruppiert sind. Über Gemeinschaftsraum und -küche hinaus gibt es vielfach auch Werkstätten, Waschküchen oder Gästewohnungen. Auffallend ist die enge räumliche Beziehung zwischen Wohnungen und Gemeinschaftsräumen: Diese befinden sich meist unter einem Dach, in einigen Fällen sind sie durch eine glasüberdachte „Straße" miteinander verbunden. Manchmal liegt der Gemeinschaftsraum auch zentral zwischen den Wohnungen, ist also von allen Wohnungen aus direkt zu erreichen. Einige Projekte haben einen Kindergarten integriert. Das Gemeinschaftsleben in norwegischen Wohnprojekten ist sehr unterschiedlich ausgeprägt, von einer guten Nachbarschaft bis zum engeren Zusammenleben mit Freunden. Wie auch in Dänemark und Schweden spielt das gemeinsame Kochen und Essen eine wichtige Rolle für das Gemeinschaftsleben der Bewohner, in einigen Bofellesskaper finden täglich, in anderen einmal oder mehrmals in der Woche gemeinsame Mahlzeiten statt. Die meisten Bewohner schätzen die sozialen Kontakte und die Entlastung im Alltag durch die gegenseitige Kinderbetreuung und das gemeinsame Essen. Interviews mit den Bewohnern der Bofellesskaper durch NIBR zehn Jahre nach einer ersten systematischen Befragung zeigten, dass das gemeinschaftliche Wohnen in den meisten Wohnprojekten nach wie vor gut funktioniert und sich problemlos an neue Bedarfe anpassen ließ (Schmidt 2002, 21–26).

In den größeren genossenschaftlichen Wohnprojekten (Borettslaget Kollektivet und Friis' gate 6) nimmt jedoch nur ein Teil der Bewohner an gemeinschaftlichen Aktivitäten wie den Mahlzeiten teil. Die Ursache liegt – laut Aussage des Vorstands von Borettslaget Kollektivet – darin, dass aufgrund des Verkaufs der Genossenschaftswohnungen auf dem freien Markt auch Menschen einziehen, die nicht an gemeinschaftlichem Wohnen interessiert sind. Im Fall von Borettslaget Kollektivet sorgen 141 Haushalte jedoch für eine ausreichende Grundlage, um zwei bis drei Mahlzeiten in der Woche anzubieten.

service houses additionally provided family-oriented facilities such as a kindergarten and were targeted, in particular, at working couples or single parents, following the model of the Swedish collective house. When rising salaries in the 1960s made it difficult to maintain the services, these were suspended or carried on in an altered form. However, some Felleskjøkkenhuse still maintain the service concept today. The Felleskjøkkenhus on Gabelsgate (Oslo) built in 1928, not only provides 34 one-room and two-room flats, but also a central kitchen in the basement where today a catering company delivers food both to external customers and residents. In the 1980s, the dining room was temporarily used as a neighbourhood café. (Schmidt 1991, 62-67) New concepts for housing with service facilities are in Norway nowadays linked to the tradition of service houses.

Cohousing can also be traced back to another Norwegian tradition: the neighbourly help when building residential properties, which is described as selvbyggervirksomheten (do-it-yourself construction) and dugnad (joint volunteer work). In this spirit the USBL (Ungdommens Selvbyggerlag) housing cooperative was established in the 1950s, which since then has advocated neighbourly housing and collective facilities in housing construction (Schmidt 1991, 78).

BOFELLESSKAPER

With the alternative movement in the 1970s, the concept of Cohousing spread in Norway, and flat-share projects and cooperatives were established. In the 1980s, the first Cohousing projects emerged which were called bofellesskaper (literally translated: flat-share project) in Norway. Like the rest of Scandinavia, the social background to these developments was the increasing occupation of women and changes to family structures. The residents of a bofellesskap expect social contacts and relief from house work. Women and single parents have a special interest in this form of housing.

There are no exact figures about the current number of Cohousing projects realised in Norway, since these are neither registered as a self-contained housing type in official statistics nor can they be found on an own internet portal. Since the 1990s, bofellesskaper have become an issue within the Norwegian State Institute for Urban and Regional Development/NIBR (www.nibr.no). In 1991, the NIBR carried out an inventory and an enquiry among the bofellesskaper in Norway, reporting a total of 20 projects in the entire country (Schmidt 1991). The NIBR defines a bofellesskap as a housing form with separate flats, collective space and joint activities, thus distinguishing them from assisted flat-share projects for determined target groups (students, the disabled, senior citizens and other people requiring assistance). Joint housing forms are customary in Norway for these target groups and are actively supported by the public administration, not least to save costs for assistance (Schmidt 1991: 88). Another research report by the NIBR shows the further development of the Cohousing projects investigated in 1991 and provides an overview of seven new projects (Schmidt 2002). Later NIBR studies took up the issue of Cohousing, above all, in connection with housing forms for senior citizens (Schmidt/Holm/Kvinge 2013). This article is based, among other things, on the information provided in the research reports mentioned.

Norwegian Cohousing projects are relatively small. The majority of them incorporate less than 15 flats; some consist of only three households. Most of them are ownership projects and came into being through private initiatives pursued by individuals or acquainted families. This article takes the Cohousing projects Borettslaget Kollektivet and Friis' gate 6 in Oslo, managed by the USBL housing cooperative, as examples for cooperative house projects. These two residential complexes also vary in size and in their urban building form from the other bofellesskaper.

Ownership projects are mostly small estates of terraced houses which are grouped around a community house. Often there are workshops, laundry rooms or guest apartments in addition to a common room and the shared kitchen. It is noteworthy that flats and the common space have a close spatial relationship. They are usually under one roof, in some cases they are linked to each other by a glass-roofed 'street'. Sometimes the community room is placed centrally and can be directly reached from all flats. Some projects have an integrated kindergarten. Community life in Norwegian Cohousing projects takes various forms, ranging from good neighbourliness to living closely together with friends. As in Denmark and Sweden, cooking and eating together plays an important role in the community life of the residents, in some bofellesskaper joint meals take place daily, in others once or several times a week. Most of the residents value social contacts and relief from daily tasks through mutual child care and joint meals. Interviews with residents of the bofellesskaper conducted by the NIBR 10 years after the first systematic enquiry showed that collective living is still working well in most Cohousing projects and that it was possible to easily adapt them to new requirements (Schmidt 2002, 21-26).

In the bigger cooperative Cohousing projects (Borettslaget Kollektivet and Friis' gate 6) only a minority of the residents participate in the communal activities and dining scheme. Those moving in aren't necessarily interested in collective living. The chairman of Boretttslaget Kollektivet regards this as a result of liberalization of the housing sector in the 80'ies, because flats are sold and bought on the open market even in these bofellesskaper. However, in the case of Borettslaget Kollektivet with its 141 flats, the basis is still sufficient to carry on with 2-3 meals a week.

Despite growing demand for common forms of housing, the number of mixed-age projects has not considerably increased in recent years and today stands at about 30. Cohousing projects have not been in the focus of housing policy so far and there are no special public subsidies. Many Cohousing initiatives encounter obstacles when they want to realise their project. Land prices are high in the cities and the groups have to compete with other developers when pieces of land are awarded. On the other hand, projects in rural areas often have problems finding enough interested people, because most of them live in cities and cannot readily abandon their job and social network. Taking into account the transport situation in Norway, commuting is not

Trotz der steigenden Nachfrage nach gemeinschaftlichen Wohnformen ist die Anzahl der altersgemischten Wohnprojekte in neuerer Zeit nicht wesentlich gestiegen; heute liegt sie bei rund 30. Wohnprojekte standen bisher nicht im Fokus der Wohnungsbaupolitik und erhalten keine besondere öffentliche Förderung. Viele Wohngruppeninitiativen stoßen bei der Realisierung ihres Vorhabens auf Hindernisse. In den Städten sind die Grundstückspreise hoch und die Gruppen stehen bei Grundstücksausschreibungen in Konkurrenz zu anderen Bauträgern. Projekte im ländlichen Raum haben dagegen oft Probleme, genügend Interessenten zu finden, denn diese wohnen meist in den Städten und können ihren Arbeitsplatz und ihre sozialen Netze nicht ohne Weiteres aufgeben. Auch die Möglichkeit des Pendelns ist angesichts der verkehrlichen Verhältnisse in Norwegen nicht unbedingt gegeben. Zudem sind in der Provinz die Vorbehalte der Bevölkerung gegenüber gemeinschaftlichen Wohnformen größer als in den Städten. Manche kleineren ländlichen Kommunen sehen gemeinschaftliche Wohnprojekte jedoch auch als Chance, der in den meisten norwegischen Regionen zunehmenden Landflucht entgegenzuwirken und neue junge Familien anzuziehen (ebd., 13).

ÖKOLOGISCHE DORFGESELLSCHAFTEN

Initiativen für Wohngruppen suchen meist zugleich nach einem ganzheitlichen Ansatz für ein nachhaltiges Leben. Ökologische Ziele spielen daher bei den meisten norwegischen Wohnprojekten eine Rolle. Im ländlichen Raum ist dies neben alternativen Energiekonzepten der ökologische Landbau. Es gibt in Norwegen eine Bewegung für ökologische Dorfgesellschaften, die seit 1998 in der Initiative Kilden økosamfunn organisiert sind. Kilden økosamfunn ist Mitglied im Global Ecovillage Network, einer weltweiten Dachorganisation für ökologische Dorfprojekte. Die Realisierung der Ökodörfer steht jedoch in Norwegen noch am Anfang. Oft geraten Vorhaben für Ökogemeinschaften mit den geltenden Planungsinstrumenten und Strukturen in Konflikt, wenn eine Mischung verschiedener Nutzungen eines Standortes angestrebt wird. Zum Beispiel führt die Kombination von landwirtschaftlicher und Wohnnutzung bei Wohnprojekten leicht zu Umsetzungsproblemen.

Hurdal Ecovillage (www.hurdalecovillage.no) ist eines der ersten ökologischen Dorfprojekte, das derzeit realisiert wird. Obwohl das Projekt von der Kommune unterstützt wurde, brauchte die Initiativgruppe 24 Jahre für die Konkretisierung und Realisierung ihres Ökodorfes. Ausgangspunkt sind ein Bauernhof mit 700 Hektar Ackerland und ein ehemaliges Pastorat, eine Autostunde von Oslo entfernt. Geplant sind 175 Wohnungen in freistehenden Häusern in sechs verschiedenen Aktivhaus-Modellen, außerdem ein Kindergarten, Café, Werkstätten und ein Ferienbauernhof. Das erste Haus des ersten Bauabschnitts mit 44 Wohnungen wurde 2014 bezogen.

Außerdem gibt es in Norwegen sechs Camphill-Dörfer, in denen – auf anthroposophischer Grundlage – geistig oder körperlich beeinträchtigte Menschen zusammen mit den Familien ihrer BetreuerInnen leben und biodynamische Landwirtschaft und Handwerk betreiben.

URBANE WOHNPROJEKTE

/ Borettslaget Kollektivet in Oslo, Norwegens erstes Wohnprojekt /

Die Bewohnergenossenschaft Kollektivet geht auf eine Initiative der norwegischen Frauenbewegung zurück. Im Jahr 1962 schlossen sich drei Frauenorganisationen zusammen, um gemeinsam mit der Wohnungsgenossenschaft USBL ein Kollektivhaus zu planen. Planung und Realisierung zogen sich bis 1975 hin. So mussten die BewohnerInnen das ursprüngliche Konzept, das Serviceleistungen auf der Basis von Personal vorsah, schon nach wenigen Jahren aufgeben und das tägliche Essensangebot in Eigenregie übernehmen. Borettslaget Kollektivet wurde damit zu einem großen Gruppenwohnprojekt mit 141 Wohnungen, 18 Appartements, zwei Gästezimmern, einer Großküche, einem Speisesaal, Werkstätten, Sauna und Fitnessgeräten sowie einem Kindergarten. Die Wohnanlage unterscheidet sich baulich nicht von der übrigen Bebauung der in den 1970er Jahren entstandenen Großsiedlung im Osloer Stadtteil Hovseter.

/ Borettslaget Kollektivet, Oslo /

Die Gemeinschaftseinrichtungen liegen fast ausschließlich im ersten Obergeschoss zweier durch einen überdachten Gang verbundener Hochhäuser. Auf diesen befinden sich gemeinschaftliche Dachterrassen – mit einem herrlichen Ausblick. Die Bewohner waren zunächst mehrheitlich Alleinstehende, mit der Zeit zogen jedoch immer mehr Familien ein. Auch heute verzeichnet Borettslaget Kollektivet eine lebendige Gemeinschaft: „Kochgruppen" gewährleisten das regelmäßige Essenangebot, viele Familien unterstützen einander bei der Kinderbetreuung und die Senioren haben ihre festen Treffpunkte (Schmidt 1991, 20–23, 74; 2002, 21).

/ Borettslaget Friis' gate 6, Oslo /

Borettslaget Friis' gate 6 (www.friisgate6.no) in Oslo ist das einzige norwegische Wohnprojekt seit den 1980er Jahren, das von einer Wohnungsgenossenschaft initiiert wurde. Das postmoderne fünfgeschossige Gebäude mit 27 Wohnungen wurde 1987 als Stadterneuerungsmaßnahme im Osloer Stadtteil Grönland errichtet. Eine Gruppe von

necessarily easy. In addition, reservations among the population towards collective forms of housing are higher in the countryside than in the cities. However, some smaller rural municipalities see Cohousing project as an opportunity to counteract growing migration from the land in Norway, and to attract new young families (Schmidt 2002, 13).

ECOLOGICAL VILLAGE COMMUNITIES

Initiatives for Cohousing projects are also often looking for a holistic approach to a sustainable lifestyle. Ecological aims play a role in most Norwegian Cohousing projects. In rural areas, this includes alternative energy concepts and ecological cultivation. There is a movement for ecological villages in Norway which has been organised in the Kilden økosamfunn initiative since 1998. Kilden økosamfunn is a member of the Global Ecovillage Network, a worldwide umbrella organisation of ecological village projects. However, the implementation of ecovillages is still in its initial stages in Norway. Eco-communities often come into conflict with existing planning instruments and structures, if they strive at a mixture of different uses on one site. The combination of agricultural and residential uses often leads to problems when implementing Cohousing projects, for example.

Hurdal Ecovillage (www.hurdalecovillage.no) is one of the first ecological village projects to be realised. Although the project is supported by the municipality, the initiative group needed 24 years before the plans became concrete and their ecovillage could be realised. Starting point is a farm with 700 ha of arable land and a former pastorate, one hour drive by car from Oslo. The plans provide for 175 flats in detached houses in six different Active House models, in addition to a kindergarten, a café, workshops and a holiday farm. The first building from the first construction phase with 44 flats was occupied in 2014.

Furthermore, there are six Camphill-Villages in Norway which accommodate – under an anthroposophic concept – mentally and physically disabled people who live together with the families of their attendants and pursue biodynamic agriculture and crafts.

URBAN COHOUSING PROJECTS

/ Borettslaget Kollektivet in Oslo, Norway's first Cohousing project /

The residents' cooperative Kollektivet traces back to an initiative of the Norwegian women's movement. In the year 1962, three women's organisations joined together to plan a collective house together with the USBL housing cooperative. Since the planning and implementation dragged on until 1975, the original concept intended services provided by personnel, had to be replaced by the resident's preparing the daily meals themselves after a few years. Thus, Borettslaget Kollektivet became a large group house project with 141 flats, 18 studio apartments, 2 guest rooms, a canteen kitchen, a dining-/meeting room, workshops, a sauna cum training facilities and a kindergarten. As far as the construction is concerned, this residential complex does not distinguish itself from the other buildings of the housing development which came into being in the Hovseter district of Oslo in the 1970s. The community facilities are almost exclusively located in the first floor of two high-rise buildings which are connected by a roofed walkway. There are roof terraces on top of the highrise blocks – with a wonderful view. Initially, most of the residents were single, but by and by an increasing number of families moved in. Still today, Borettslaget Kollektivet is a lively community: 'cooking groups' provide for regular catering, many families support each other in taking care of their children and the senior citizens have their established meeting points (Schmidt 1991, 20-23, 74; 2002, 21).

/ Friis' gate 6, Oslo /

/ Friis' gate 6, Oslo /

Bofellesskap Friis' gate 6 (www.friisgate6.no) in Oslo is the only Norwegian Cohousing project which has been initiated by a housing cooperative since the 1980s. The postmodernist five-storey building with its 27 flats was built as part of an urban redevelopment measure in the Oslo district of Grønland in 1987. A group of 25 interested persons was involved in the planning process, 10 of whom moved in subsequently. Back in 1987, most of them were young people, among them many single parents. Due to the low fluctuation rate, however, a higher average age can be assumed for today. The residential area was reduced by 15 per cent in favour of generous common facilities. This solution meets wide acceptance among the residents: 'If I had 15 per cent more space in my flat, I would lose a large living room, a gym room, a fireplace room, a photography darkroom and a lot more. I would not be happy about such a change.' (resident, quoted in: Schmidt 1991, 42). The common rooms are centrally located in an area in the corner building and reach over all floors. In addition to the rooms mentioned, there is a large kitchen, a playroom, a workshop, a laundry, a sauna and two guest rooms as well as a large roof terrace and a garden. Common meals are among the most popular offers. Twice a year cooking groups of 3-4 people are formed, which have to prepare the common meal. (Schmidt 1991, 20; 2002, 11)

/ Cort Piilsmauet 6, Bergen /

450 m² in two wooden buildings from the year 1865, divided into six flats and one joint rented flat. Nine young people in their mid-20s, among them four architects, bought the two dilapidated wooden houses in the centre of Bergen in 1986. Their motto was 'high life, low-budget', and they placed the focus on a healthy living climate and attractive community facilities. Back in the 1930s, the buildings were called 'Home of Thousands', because many poor families with many children used to live there. Today, 19 residents, among them 6 children and adolescents, share the garden, the roof terrace

25 InteressentInnen beteiligte sich am Planungsprozess, zehn der TeilnehmerInnen zogen anschließend ein. 1987 waren dies überwiegend junge Leute, darunter viele Alleinerziehende. Aufgrund der geringen Fluktuation ist heute jedoch von einem höheren Altersdurchschnitt auszugehen. Die Wohnflächen wurden zugunsten einer großzügigen Ausstattung mit Gemeinschafteinrichtungen um 15 Prozent reduziert. Diese Lösung trifft bei den Bewohnern auf große Akzeptanz: „Wenn ich 15 Prozent mehr Platz in meiner Wohnung hätte, würde ich dafür ein großes Wohnzimmer, einen Fitnessraum, ein Kaminzimmer, eine Dunkelkammer und vieles mehr verlieren. Ich wäre mit einer solchen Änderung nicht happy" (Bewohner, zitiert in: Schmidt 1991, 42). Die Gemeinschafträume liegen zentral im Winkel des Eckgebäudes und erstrecken sich über alle Geschosse: Es gibt über die oben genannten Räume hinaus noch eine große Küche, ein Spielzimmer, eine Werkstatt, eine Waschküche, eine Sauna und zwei Gästezimmer sowie eine große Dachterrasse und einen Garten. Das gemeinsame Essen ist eines der beliebtesten Angebote. Zweimal im Jahr werden Kochgruppen mit drei bis vier Personen eingeteilt, die abwechselnd für das gemeinsame Essen sorgen müssen (Schmidt 1991, 20; 2002, 11).

/ Cort Piilsmauet 6, Bergen /

/ Cort Piilsmauet 6, Bergen /

450 Quadratmeter in zwei Holzhäusern aus dem Jahr 1865, aufgeteilt in sechs Wohnungen und eine gemeinsame Mietwohnung. Neun junge Menschen Mitte 20, darunter vier Architektinnen und Architekten, kauften im Jahr 1986 die beiden baufälligen Holzhäuser im Zentrum von Bergen. Ihr Motto lautete „high life, low-budget" – und der Fokus lag auf gesundem Wohnklima und attraktiven Gemeinschaftseinrichtungen. In den 1930er Jahren wurde die Anlage „Heim der Tausenden" genannt, weil hier viele arme kinderreiche Familien wohnten. Heute teilen sich 19 BewohnerInnen, darunter sechs Kinder und Jugendliche den gemeinsamen Garten, die Dachterrasse und einen zu einem Partyraum umfunktionierten Stall mit Sauna und Werkstatt. Dank der flexiblen Grundrisse und gleich großen Zimmer (vorgegeben durch die Länge der Baumstämme in traditioneller Holzblockbauweise) ließen sich im Laufe der Jahre verschiedene Nutzungsänderungen vornehmen, sodass das Wohnprojekt immer wieder an neue Familiensituationen angepasst wurde. Die Anlage hat somit verschiedenste „Phasen" der Aufteilung von Privatleben und Gemeinschaft durchgemacht.

Ein verglastes Treppenhaus auf vier Ebenen, das die zwei alten Holzhäuser verbindet, bietet einen gemeinschaftlichen Eingangs- und Essbereich. Auch wenn nach fast 30 Jahren seit der Gründung nur noch eine der ursprünglichen BewohnerInnen in der Anlage wohnt, leben die meisten BewohnerInnen doch bereits seit vielen Jahren im Wohnprojekt, zum Teil schon in der zweiten Generation. In unmittelbarer Nähe befindet sich ein Stadtteilzentrum mit Chor, Zumba, Brettspielabenden, Café, Kindergarten, außerdem ein Nachbarschaftsgarten, den eine Gruppe von AnwohnerInnen gemeinsam erstanden hat, um eine Bebauung zu verhindern.

/ Cort Piilsmauet 6, Bergen /

SENIORENWOHNPROJEKTE

Gemeinschaftliche Wohnformen für ältere Menschen konnten sich in Norwegen stärker verbreiten als altersgemischte Wohnprojekte. Zum einen trifft gemeinschaftliches Wohnen im Alter in der norwegischen Gesellschaft auf eine größere Akzeptanz. Zum anderen werden Wohnprojekte als eine Möglichkeit angesehen, Lebensqualität und Selbstständigkeit im Alter zu fördern. Kommunen, Stiftungen, die Kirche und weitere private Träger bauen schon seit vielen Jahren kleine Siedlungen mit Altenwohnungen, die meist auch über Gemeinschaftshäuser verfügen. Träger, die sich auf gemeinschaftsorientierte Konzepte spezialisiert haben, sind DES-klubbene, örtliche Sparvereine zur Förderung preiswerter Altenwohnungen, die seit den 1970er Jahren in ganz Norwegen entstanden sind. DES-klubbene bauen genossenschaftliche Wohnsiedlungen von 20 bis 30 Wohnungen für Senioren, die oft mit Gemeinschaftsräumen ausgestattet und mit BewohnerInnenbeteiligung geplant werden. Bisher sind auf diese Weise rund 20 gemeinschaftsorientierte Siedlungen entstanden. Die dezentrale Struktur der Genossenschaften erweist sich dabei als Vorteil, denn die Verantwortung einer BewohnerInnengenossenschaft für eine kleinere Siedlungseinheit schafft eine gute Voraussetzung für die Entwicklung von Gemeinschaftsgeist und Identifikation (BMVBW 2004, 100).

Außerdem gibt es in Norwegen auch rund zehn Seniorbofellesskaper, die auf Initiative der BewohnerInnen entstanden sind. Diese sind mit den Seniorbofællesskaber in Dänemark zu vergleichen: kleinere, selbstverwaltete Siedlungen mit einem Gemeinschaftshaus, das für Gymnastik und kleine Kulturveranstaltungen genutzt wird sowie für gemeinsame Mahlzeiten, die mehrfach im Jahr stattfinden. Im Unterschied zu Dänemark handelt es sich meist um Eigentumsprojekte, die Gemeinschaftseinrichtungen sind als gemeinsames Eigentum organisiert. Ein Beispiel für ein solches von den BewohnernInnen initiiertes Seniorenwohnprojekt ist Skyttertunet in Kongsberg, gebaut 2002. Hier gruppieren sich 18 Einfamilienhäuser um ein großes Gemeinschaftshaus. Die gemeinsamen Aktivitäten der BewohnerInnen sind vielfältig: Festmahlzeiten, singen, schwimmen, Fitness, Reisen und Computerkurse.

AUTORINNEN: BRITTA TORNOW, SUSANNE URBAN

Britta Tornow, Dipl.-Ing. Stadtplanerin, Bauassessorin
Arbeitsschwerpunkte: Soziale Stadt, Organisation von Fachstudienreisen nach Dänemark und Schweden, Forschung und Veröffentlichungen über Wohnungsbau und Stadtentwicklung in Skandinavien, Jugendwohnen und nachbarschaftliches Wohnen.

E-Mail: britta-tornow@gmx.de

Susanne Urban, Architektin, Büro URBAN RABBE ARKITEKTER
– für gesundes Planen, Architektur und Design in Bergen/Norwegen

E-Mail: susanne@urbanrabbe.no

and stable which has been converted into a party room with sauna and workshop. Thanks to the flexible layout-plans and rooms of equal size (established by the length of the logs in traditional block house buildings) several changes of use could be applied over the years, adapting the house project to changing family situations now and again. Thus, the buildings went through different 'phases' of division between private life and community.

/ Cort Piilsmauet 6, Bergen /

A glazed staircase on four levels, which joins the two old wooden houses together, provides for a common entrance and eating area. And even if after almost 30 years from its foundation, only one of the original residents still lives in the project, most of the residents have lived in the Cohousing project for many years, some of them already in the second generation. In the close vicinity there is a neighbourhood centre with a choir, Zumba, board game evenings, a café and a kindergarten, and a neighbourhood garden which was jointly bought by a group of residents to avoid construction.

SENIOR COHOUSING PROJECTS

Collaborative forms of housing for senior citizens have managed to become more widespread in Norway than age-mixed projects. On the one hand, Cohousing for elderly people meets higher acceptance within Norwegian society. On the other hand, house projects are seen as an opportunity to improve the quality of life and independence of elderly people. Municipalities, foundations, churches and other private associations have been building small estates with flats for senior citizens for many years, most of them providing for community houses. One association that specialised in community-oriented concepts are the DES-klubbene, local savings associations for the promotion of reasonably priced flats for elderly people, which have come into being all over Norway since the 1970s. The DES-klubbene build cooperative residential estates consisting of 20 to 30 flats for elderly people, which often provide for community rooms and are planned with the participation of the residents. So far, around 20 community-oriented estates have been built.

The decentralised structure of a cooperative proved to be an advantage here, because the responsibility of a residents' cooperative for a small estate creates a good basis for the development of a common spirit and identification (BMVBW 2004, 100).

Furthermore, there are about 10 Seniorbofellesskaper in Norway which were initiated by the residents. They can be compared to the Seniorbofællesskaber in Denmark, i.e. they tend to be small, self-managed estates with a community house which is used as a gym and for small cultural events and joint meals taking place several times a year. In contrast to Denmark these are mostly ownership projects, and the common facilities are organised in joint ownership. One example of a senior Cohousing project initiated by residents is Skyttertunet in Kongsberg, which was built in 2002. It is made up of a group of 18 single-family homes surrounding a shared community house. The joint activities carried out by the residents are many and varied: meals together, singing, swimming, fitness, travelling and computer courses.

/ Seniorbofellesskap Skyttertunet, Kongsberg /

AUTHORS: BRITTA TORNOW, SUSANNE URBAN

Britta Tornow, urban planner
Focus of work: Social City, organizing of excursions to Denmark and Sweden, research and publications on housing and citydevelopment in Scandinavia, youth living and collaborative housing

e-mail: britta-tornow@gmx.de

Susanne Urban, Ing. Architect, Architectural Office URBAN RABBE ARKITEKTER – for healthy planning, architecture and design, Bergen/Norwegen

e-mail: susanne@urbanrabbe.no

LITERATUR /DE/ LITERATURE /EN/

// Bundesministerium für Verkehr, Bau- und Wohnungswesen: *Wohnungsgenossenschaften. Potenziale und Perspektiven*. Berlin 2004
// NABU: *Bygg for en ny tid*. Oslo 2000 (Cort Piilsmauet 6)
// Schmidt, Lene: *Boliger med nogo attåt – nye bofellesskap i et historisk perspektiv*. Husbanken 1991 (die Studie wurde 2002 ins Netz gestellt.)
// Schmidt, Lene: *Boliger med nogo attåt – Service, mangfold, fellesskap*. NIBR notat report 109. Oslo 2002.
// Schmidt, Lene et al.: *BOLIG+ Nye boligløsninger for eldre og folk flest*. NIBR-rapport report 19. Oslo 2013
// Statens Byggeforskningsinstitut: *Erfaringer fra England, Norge og Tyskland med mere privatiserede former for sociale boliger*. Hørsholm 2006

COHOUSING IN FINNLAND /DE/

/EN/ COHOUSING IN FINLAND

ANNA HELAMAA

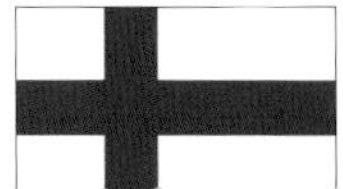

Heute ist in Finnland ein wachsendes Interesse an Cohousing-Initiativen zu beobachten. Die kürzlich fertiggestellten Projekte Loppukiri und Malta in Helsinki haben viel Medieninteresse auf sich gezogen und neue Gruppen ermutigt, Projekte zu initiieren. Trotz dieser neuen Gründungswelle gibt es noch keine ausgeprägte Tradition von Cohousing in Finnland. Es existieren einige wenige Dutzend Projekte und so ist Cohousing ein sehr marginales Phänomen unter den 2,6 Millionen finnischen Haushalten.

Dieser Artikel soll einen Überblick über die finnische Situation bieten. Er basiert nicht auf systematischer Recherche, sondern auf persönlichen Beobachtungen und Diskussionen mit BewohnerInnen. An drei Fallbeispielen möchte ich einige Charakteristika, Hintergrundphänomene und Entwicklungswege der letzten zehn Jahre beschreiben. Alle ausgewählten Beispiele sind mehr oder weniger im urbanen Umfeld angesiedelt. Aber es gibt auch gemeinschaftsorientierte Projekte in ländlichen Gegenden, viele davon mit ökologischen Zielen.

Den Begriff Cohousing fasse ich hier sehr weit und subsumiere darunter die verschiedensten Ausprägungen des gemeinschaftsorientierten Wohnens. In unserer letzten Studie (Helamaa & Pylvänen 2012) definierten wir Cohousing als eine bewusst gestaltete Form des Wohnens, die sich durch drei Charakteristiken auszeichnet: gemeinsame Aktivitäten, gemeinschaftlich genutzte Flächen und Räume sowie eine gemeinschaftsorientierte Form der Organisation. Das bedeutet, die Gemeinschaft setzt sich Ziele und gibt sich Organisationsstrukturen, mit denen Verantwortung und Verpflichtungen für die BewohnerInnen verbunden sind. Der Inhalt, die Art und Häufigkeit der Gemeinschaftsaktivitäten sowie die Räume können sehr unterschiedlich ausgeprägt sein. Wenn man diese Vielfalt und Unterschiedlichkeit akzeptiert, wird es schwer, die genaue Zahl der Projekte in Finnland zu ermitteln.

COHOUSING IN FINNLAND – DIE AKTUELLE SITUATION

Das Seniorenwohnprojekt Loppukiri, das im Jahr 2000 initiiert und 2006 fertiggestellt wurde, setzte eine neue Welle der Entwicklungen in Gang. Es umfasst 58 Wohnungen und fast 400 Quadratmeter Gemeinschaftsflächen; die BewohnerInnen sind 48 Jahre und älter. Die Gemeinschaftsaktivitäten reichen vom Kochen und Essen, Putzen und Hausmeisterei für die Gemeinschaftsflächen bis zu zahlreichen kulturellen und Freizeitaktivitäten, die alle von den BewohnerInnen selbst organisiert werden. Eine Reihe ähnlicher Projekte – manche nur für SeniorInnen, andere generationenübergreifend – befinden sich derzeit in Planung oder wurden kürzlich fertiggestellt. Diese Projekte sind eher urban in ihrer Ausprägung und ihrem Standort. Sie folgen damit dem schwedischen Modell. Es sind Wohnhäuser mit gemeinsamer Küche, Esszimmer und anderen Gemeinschaftsflächen im Erdgeschoss, dazu eine Sauna im obersten Stockwerk /1/.

At present, Finland is witnessing an increasing interest in co-housing initiatives. The recently completed projects, such as Loppukiri and Malta in Helsinki, have gained a lot of media attention and encouraged new groups to initiate projects. Despite this new wave of development, the tradition of co-housing in Finland is altogether still weak. There is a few dozen projects, making co-housing a very marginal phenomenon among the 2.6 million Finnish households.

This article aims to give an overview of the Finnish situation. It is based on personal observations and discussions with the residents instead of a systematic inquiry. Through three cases I illustrate some characteristic features, background phenomena and development paths during the last decades. All selected cases are more or less urban. However, there are community-oriented projects also in rural settings, many of them with ecological objectives.

Co-housing is here used as a wide term encompassing different kinds of housing with collaborative and community-oriented features. Our previous study (Helamaa & Pylvänen 2012) defined co-housing as being an intentionally communal form of housing that has three characteristics: common activity, shared space, and a community-oriented organisation, meaning that the aim for community is built in the physical and organisational structures thus creating responsibilities or obligations for the resident. The content, nature and amount of common activities as well as spaces may be very varied. When accepting this variety, the exact number of these projects is difficult to state.

CO-HOUSING IN FINLAND – THE CURRENT SITUATION

Loppukiri senior co-housing, initiated in 2000 and completed in 2006, triggered a new wave of development. It consists of 58 apartments and nearly 400 m² of common spaces for persons over 48 years old. The common activities include cooking and dining, cleaning and maintenance of common areas as well as plenty of cultural and recreational activities, all run by the residents themselves. A number of similar projects – some for seniors and others for mixed generations – are currently being planned or have recently been realised. These projects are rather urban in nature and location, and follow the Swedish typological model. They are apartment buildings with a common kitchen, dining hall and other common spaces in the ground floor, accompanied by a sauna in the top floor /1/.

/1/ Beispiele: Malta Cohousing (fertiggestellt 2013) und Kotisatama-Senioren-Cohousing (in Bau), beide in Helsinki

/1/ For example: Malta co-housing (completed in 2013) and Kotisatama senior co-housing (under construction), both in Helsinki

Als erstes Cohousing-Projekt für SeniorInnen hat Loppukiri einen herausragenden Beitrag zur Diskussion über Wohnen und Pflege für Ältere geleistet. Es belegt in sehr konkreter Weise wie Altwerden zu Hause realisiert werden kann. Die Gesellschaft, die hinter Loppukiri steht – gegründet von künftigen BewohnerInnen und weiteren UnterstützerInnen der Initiative – hat ein breiteres gesellschaftliches Konzept. Ihr Ziel ist es, Fürsorge und Unabhängigkeit der älter werdenden Bevölkerung zu fördern.

/ Loppukiri, Helsinki /

Die meisten Cohousing-Projekte entstehen im Neubau; das Projekt Annikki bildet daher eine Ausnahme. Es handelt sich um einen 100 Jahre alten Wohnblock in der Stadt Tampere, der ursprünglich als Arbeiterwohnungsbau erstellt und 2012 komplett saniert wurde. Eine lange Tradition des Teilens und der Nachbarschaftshilfe und ein Stück alternatives Wohnen wurden damit erhalten. Annikki umfasst 23 Wohnungen und Gemeinschaftsflächen. Dort wohnen Menschen aller Altersgruppen, von Studierenden bis zu RentnerInnen, zumeist aber Familien mit Kindern. Das Projekt ist bekannt für seine Kulturveranstaltungen wie das Dichterfestival und den Weihnachtsbasar, die im Hof stattfinden und öffentlich sind. Grundsätzlich sind kleine Kulturveranstaltungen, Flohmärkte und andere öffentlichen Ereignisse recht üblich in finnischen Cohousing-Projekten.

Eine erste wichtige Projektentwicklungswelle, in der zahlreiche Gemeinschaften gegründet wurden, gab es zwischen 1980–90. Sie bauten meist niedrige Wohngebäude mit einem seperaten Gemeinschaftshaus, das tagsüber als Kindergarten und an den Abenden und Wochenenden als Gemeinschaftsfläche von den BewohnerInnen genutzt wird. Ein gemeinsamer Hof und ein zentral gelegenes Gemeinschaftshaus sind die grundlegenden Elemente des räumlichen Siedlungskonzepts. Tuulenkylä in Jyväskylä, 1985 fertiggestellt, ist eine solche Gemeinschaft, bestehend aus 28 Haushalten unterschiedlicher Altersgruppen. Der Kindergarten war und ist weiterhin ein zentrales Element der Gemeinschaft, auch wenn die Kinder der ersten BewohnerInnen nun erwachsen sind und die Mehrzahl der Kinder heute von außerhalb der Gemeinschaft kommt. Ähnliche Gemeinschaften mit einem Kindergarten wurden in den 1980er bis 90er Jahren /2/ gebaut. Diese Kindergärten wurden in der Regel durch einen Verein betrieben, der von BewohnerInnen und Eltern geleitet wird.

Die Motive, sich heute für Cohousing zu entscheiden, sind im Wesentlichen praktischer Natur. Die BewohnerInnen suchen nach einem sozial aktiveren Umfeld, Erleichterungen im Alltag und guten Beziehungen zu den NachbarInnen. Ökologische Motive sind häufig vorhanden, aber selten das Hauptziel. Die Projekte sind heute größer angelegt und die Typologie hat sich eher zu urbanen Wohnblocks verschoben. Die Größe variiert von wenigen Haushalten bis zu mehr als 60 Wohnungen bei den neueren Projekten. Während in den 1980ern Cohousing eher für Familien mit Kindern interessant war, sind es heute die Älteren, die diese Wohnform und ihre Vorzüge entdecken. Das Berufsspektrum in den Gruppen ist breit, aber der durchschnittliche Bildungsgrad unter den Cohousing-BewohnerInnen scheint eher hoch zu sein.

In Finnland, speziell in städtischen Mehrfamilienhäusern, gibt es eine Tradition dafür, Räume und Ausstattung mit NachbarInnen zu teilen. Dennoch wurden in den letzten zehn Jahren gemeinsame Waschmaschinen, Saunen und ähnliche Merkmale, die früher gemeinsam genutzt wurden, durch private Anschaffungen ersetzt. Das ist auf den generellen Trend des Rückzugs ins Private zurückzuführen sowie auf den Anstieg des allgemeinen Lebensstandards. Vor diesem Hintergrund erscheinen die großen Gemeinschaftseinrichtungen der Cohousing-Projekte definitiv einmalig. Aber vielleicht sogar noch außerordentlicher sind die Gemeinschaftsaktivitäten und die Form der Entscheidungsprozesse, die in den Gemeinschaften praktiziert werden.

Cohousing-Projekte haben typischerweise neben den juristischen Ämtern und Gremien weitere, informelle Foren für Diskussionen und Entscheidungen, die alle Aspekte des Gemeinschaftslebens betreffen. Zum Beispiel werden in Annikki regelmäßig Haustreffen einberufen, zu denen alle BewohnerInnen – EigentümerInnen und MieterInnen – gleichermaßen eingeladen werden, auch um ihre Anliegen zur Diskussion zu stellen.

/2/ Zum Beispiel: Vastatuuli in Jyväskylä, Kotipehku in Tampere und Hiidenkiuas in Oulu

Being the first co-housing project for seniors, Loppukiri has made a significant contribution to the discussion on the housing and care for the elderly. It demonstrates in a concrete manner how ageing-in-place can be implemented. The association behind Loppukiri – founded by the future residents and others supporting the initiative – has a wider societal agenda. It aims to promote the welfare and independent initiative of the aged population.

While most co-housing projects are new constructions, Annikki makes an exception being an old building that was completely renovated in 2012. A long tradition of sharing, neighbourly help and slightly alternative way of housing is continued in 100-years-old workers housing block in Tampere. Annikki consist of 23 apartments and common spaces. The residents are of all ages, from students to pensioners, but mostly families with children. It is famous for cultural events, such as a poetry festival and Christmas bazaar that are organised in the courtyard and are open for the public. In general, small-scale cultural events, flea markets and other public events are rather common in Finnish co-housing.

/ Annikki, Tampere /

One relevant wave of previous development took place in the 1980–1990s when a number of communities were established. These were typically low-rise housing with a separate common house functioning as a kindergarten during the daytime and as common space for residents in the evenings and weekends. The central courtyard and centrally located common house are key elements of spatial design. Tuulenkylä in Jyväskylä, completed in 1985, is such community with 28 households of mixed ages. The kindergarten was, and still is, a key element of the community, although the children of the original residents have grown up and a majority of the children now come from outside the community. Similar communities with a kindergarten were built in the 1980–1990s / 2 /. These kindergartens are typically run by an association consisting of the residents and parents.

/ Tuulenkylä, Jyväskylä /

The motives for choosing co-housing today are mainly practical. The residents look for socially more active environment, easier everyday life and good relationships with neighbours. Ecological objectives are rather common, although seldom the main purpose. The projects have grown bigger in size as the typology has shifted from low-rise buildings to more urban apartment blocks. The sizes vary from a few households to more than 60 flats of the most recent projects. While in the 1980s co-housing attracted families with children, now also the elderly have found co-housing and its benefits. Occupations vary, but the average education level seems to be rather high among the co-housing residents.

In Finland, there is a tradition of sharing spaces and amenities with neighbours, especially in urban multifamily housing. However, shared laundries, saunas and similar amenities that were once very common have been widely replaced by private amenities in the last decades, due to the general privatization trend and increased standard of living. Against this background, the extensive common spaces of co-housing projects are definitely unique. However, perhaps more unique are the common actives and inclusive decision-making procedures practiced in the communities. Co-housing developments typically have, besides the legal administrative bodies, more informal and inclusive forums for discussing community life. For example in Annikki, house meetings are held regularly where all residents – home-owners and tenants alike – are welcome to participate and bring up issues for discussion.

/ 2 / For example: Vastatuuli in Jyväskylä, Kotipehku in Tampere and Hiidenkiuas in Oulu

BEWOHNER*INNEN* ALS HANDELNDE

Fast 70 Prozent der Haushalte in Finnland sind Haus- bzw. WohnungseigentümerInnen. Die starke Position der WohnungseigentümerInnen in der Gesellschaft, sowohl zahlenmäßig als auch ideologisch, verbunden mit einem starken privaten Wohnungsmarkt, ist charakteristisch für das finnische Wohnungssystem (Ruonavaara 2006, 219–220). Das trifft auch für Cohousing zu. Die meisten der kürzlich fertiggestellten Wohnprojekte werden von den EigentümerInnen bewohnt, Projekte im Mietwohnungsbau sind eher selten.

Die meisten Projektentwicklungen sind Gründungen, die von den BewohnerInnen selbst initiiert wurden. Das unterscheidet Cohousing vom typischen Wohnungsbau, der durch einen Investor geplant und betrieben wird. In vielen Fällen ist dieser dann auch der Bauunternehmer, der das Projekt erstellt. Der Markt wird von großen Akteuren dominiert, die BewohnerInnen sind im Wesentlichen KonsumentInnen, aber keine AkteurInnen in diesem Prozess.

Auch die beiden Projekte Loppukiri und Annikki wurden von den BewohnerInnen initiiert. Im Fall von Annikki, übernahmen die BewohnerInnen die Rolle des Projektentwicklers, mit voller finanzieller und juristischer Verantwortung. Dies gab ihnen die Autonomie, Entscheidungen zu treffen, die in einem Bauträgerprojekt kaum möglich gewesen wären. Dazu gehörte die Entscheidung über die Dimension der Gemeinschaftsflächen, über die Verwendung von Recyclingmaterial sowie den Ausstattungsstandard der einzelnen Wohnungen (ca. ein Viertel der Wohnungen haben kein privates Bad). Aber natürlich bedeutet die Übernahme der Entscheidung auch zugleich die Übernahme des vollen Risikos.

Manche finanziellen Risiken können vermieden werden, wenn die Gruppe mit einem professionellen Bauträger kooperiert, der die Verantwortung für die Bauphase übernimmt. So wurde es in Loppukiri gehandhabt. Hier gründeten die BewohnerInnen einen Verein, initiierten das Projekt, gaben die allgemeinen Ziele und Eckpunkte vor, kontrollierten die Planung und verhandelten die Pachtbedingungen. Der professionelle Bauträger übernahm dann in der Realisierungsphase. Nach Fertigstellung kauften die BewohnerInnen die Wohnungen vom Bauträger und konnten so größere finanzielle Risiken vermeiden.

Eine andere Art der Kooperation wurde in Tuulenkylä erprobt. Hier ging die Initiative vom Entwickler/Bauträger aus. Tuulenkylä nahm 1985 an der Bauausstellung in Jyväskylä teil. Ziel war die Entwicklung und Erprobung neuer Wohnformen sowie BewohnerInnenbeteiligung. BewohnerInnen wurden ab 1982 eingeladen, sich am Planungs- und Entwicklungsprozess zu beteiligen, wobei der Bauträger die leitende Rolle behielt. Die Stadt Jyväskylä war als Eigentümerin von 15 Mietwohnungen in Tuulenkylä ebenfalls eine Akteurin im Prozess. Dies macht Tuulenkylä und einige andere Kommunen zu einer Ausnahme unter den vielen Cohousing-Projekten von SelbstnutzerInnen in dieser Zeit.

KÜNFTIGE HERAUSFORDERUNGEN

Selbstgenutztes Eigentum und ein an den BewohnerInnen orientierter Bauprozess setzen natürlich Rahmenbedingungen für ein Projekt. Neben Eigenkapitaleinlagen ist der Einsatz weiterer Ressourcen und Verpflichtungen erforderlich. Die allgemein eher geringe Anzahl von Cohousing-Projekten und speziell die wenigen Projekte im Mietwohnungsbau erschweren den Zugang für viele Interessierte. Neue Kooperationen mit gemeinnützigen Bauträgern und anderen öffentlichen und privaten Akteuren wären erforderlich, um Cohousing für eine breitere Gruppe von Menschen zugänglich zu machen.

Ein Einfamilienhaus zu besitzen, ist der ultimative Traum der finnischen Wohnkultur. Selbstbestimmung, Unabhängigkeit und nach eigenem Gusto zu leben, haben einen hohen Wert (Puustinen 2010, 324–328). Einfamilienhäuser bieten diese Qualitäten und geben den BewohnerInnen die Möglichkeit, eine aktive Rolle zu übernehmen. Dies erklärt möglicherweise die Attraktivität des Einfamilienhauses. Eine der künftigen Herausforderungen liegt darin, auch im urbanen Umfeld und im Wohnungsbau Möglichkeiten für eine aktivere Beteiligung der BewohnerInnen zu schaffen. Cohousing hat seine Potenziale zur Erfüllung dieser Bedürfnisse unter Beweis gestellt.

AUTORIN: ANNA HELAMAA

Anna Helamaa ist Architektin, promoviert und unterrichtet Entwurf und Wohnungsbauplanung an der Architekturfakultät der Universität von Tampere, Finnland. Sie hat sowohl ein professionelles als auch ein persönliches Interesse am gemeinschaftsorientierten Wohnen.

In ihrer Dissertation konzentriert sie sich auf Studien über halbprivate, intermediäre und gemeinschaftliche Flächen im Wohnungsbau.

E-Mail: anna.helamaa@tut.fi

RESIDENTS AS ACTORS

Close to 70 per cent of the Finnish households are home-owners. The hegemonic position of owner-occupation – both numerically and ideologically – together with a strong private market, are characteristic features of the Finnish housing system (Ruonavaara 2006, 219-220). This applies also to co-housing. Most of the recent projects are private initiatives and owner-occupied. Rental projects are rather uncommon. Most developments are bottom-up processes with a strong initiative from the residents. This sets co-housing apart from a typical housing construction process, which is led by a developer company that is in many cases also the builder. The field is dominated by big actors, and the residents are primarily consumers, not actors in the process.

Both Loppukiri and Annikki were initiated by the residents. In the case of Annikki, the group of residents took the role of a developer including full financial and juridical responsibility. This role gave the residents the autonomy to make decision that would not have been easily made in a normal developer-led process, including plenty of common space, use of recycled materials as well as modest amenities in some apartments (approximately one-quarter of the apartments are without a private bathroom). However, when taking the lead, the residents take also the full risk.

Some of the financial risks are avoided when the group collaborates with a professional developer who takes responsibility in the realization phase. Loppukiri represents such case. In Loppukiri, the group of residents, organised as an association, initiated the project, set the common objectives, controlled the design and negotiated leasehold. The professional developer then took the lead in the realisation phase. The residents purchased the apartments from the developer thus avoiding major financial risks.

Another kind of collaboration was practiced in Tuulenkylä where the initiative came from the developer. Tuulenkylä was part of Housing Fair organised in Jyväskylä in 1985, and the objective was to showcase new models for housing and resident participation. Residents were invited to participate in the process as early as in 1982. The residents were involved in the design phase, although the developer led the process. The City of Jyväskylä was one of the actors as the owner of 15 rental apartments in Tuulenkylä. This makes Tuulenkylä, and some other communities of that period, an exception among the many owner-occupied co-housing projects.

FUTURE CHALLENGES

Owner-occupied properties and resident-managed construction processes naturally set conditions to the potential group of residents. Besides assets, these processes demand also other resources and commitment. The rather small number of co-housing in general, and especially the small number of rental and right-of-occupancy apartments makes co-housing difficult to access to many. New collaboration with non-profit developers and other public and private actors would be needed in order to make co-housing accessible for a wider group of people.

A single-family house is a long-lived dream in the Finnish housing culture. Self-determination, independent initiative and managing on one's own are valued (Puustinen 2010, 324-328). Single-family houses have offered these qualities and thus given the resident a possibility to take an active role, which perhaps partly explains the popularity of single-family housing. One of the future challenges lies in making room for more active roles for the residents also in urban environments and in multi-family housing. Co-housing has proved to be one answer to this demand.

AUTHOR: ANNA HELAMAA

Anna Helamaa is an architect, PhD student and lecturer in housing design in Tampere University School of Architecture, Finland, with both a professional and a personal interest in community oriented housing.

The focus of her PhD studies is on semi-private, intermediary and shared space in housing.

e-mail: anna.helamaa@tut.fi

LITERATUR /DE/ LITERATURE /EN/

// Helamaa A and Pylvänen R, 2012, *Askeleita kohti yhteisöasumista. Selvitys yhteisöasumisen muodoista ja toteuttamisesta* (TUT School of Architecture, Housing Design, Report 6, Tampere)

// Puustinen S, 2010, Asumisen arvot ja tavoitteet. In: *Asutaan Urbaanisti! Laadukkaaseen kaupunkiasumiseen yhteisellä kehittelyllä*. Hg. ed. M Norvasuo (Aalto Yliopisto, Teknillinen korkeakoulu, Yhdyskuntasuunnittelun tutkimus- ja koulutuskeskuksen julkaisuja B99. Espoo)

// Ruonavaara H, 2006, Finland – den dualistiska bostadsregimen ock jakten på det sociala. In: *Varför så olika? Nordisk bostadspolitik I jämförande historiskt ljus*. Hg. ed. B Bengtsson (Égalité, Malmö)

BILDNACHWEIS
PICTURE CREDITS

Titel
Title

→ Bruno Parasote
← Britta Tornow
↓ Stadt*Strategen*, Weimar

Rückseite
Back

↖ Bruno Parasote
→ Britta Tornow
↙ Katrin Simonett

Editorial
Editorial

4↖ Diwan, Montreuil – Bruno Parasote
4↗ Allmende Wulfsdorf, Ahrensburg – Britta Tornow
4↓ Waldsiedlung Tremmerup, Flensburg – Britta Tornow
7 Susanne Urban
8 Britta Tornow
9↑ Britta Tornow
9↓ Bruno Parasote
10 Norma Saugen
11 Britta Tornow

Gemeinschaftliches Wohnen in Deutschland
Cohousing in Germany

12 Mehrgenerationen-Wohnprojekt Amaryllis, Bonn
Multigenerational Cohousing project, Amaryllis, Bonn
– Gerd Hönscheid-Gross
14 Micha Fedrowitz
15 Britta Tornow
16↑ Wohnungsbaugenossenschaft Wagnis eG
16↓ WohnBund-Beratung NRW
17 Micha Fedrowitz
18↖ + ↑ Sabine Matzke
18↗ Anja Szypulski
18↙ + ↓ Micha Fedrowitz
18↘ Britta Tornow
19↑ Iris Neitmann
19↓ Stadt*Strategen*, Weimar
20–21 Britta Tornow

Gemeinsam Bauen und Wohnen in Österreich
Cohousing in Austria

22 Sargfabrik, Wien – Annabella Supper
23 Ernst Gruber
24 Nikolaus Korab
25← + ↑ Fritz Matzinger
25→ Archiv Werkgruppe Graz
26↖ + ↙ Annabella Supper
26→ M. Kittel
27 Annabella Supper
28← Hertha Hurnaus
28→ Ernst Gruber
29← Ernst Gruber
29↑ Klaus Habermann-Nieße
29↓ Phillip Naderer
29↗ Ernst Gruber
29↘ Phillip Naderer
30 Raimund Gutmann

Gemeinschaftswohnprojekte in der Schweiz
Cohousing projects in Switzerland

32 Kraftwerk1, Zürich – Katrin Simonett
34← Michael Eggloff
34→ Britta Tornow
35← Britta Tornow
35→ Katrin Simonett
36 Andreas Hofer
37 Andreas Courvoisier
38← Andreas Courvoisier
38→ L'Aubier SA
39↑ Leo Arnold
39↓ L'Aubier SA

Cohousing in den Niederlanden
Cohousing in the Netherlands

40 Ökodorf EVA Lanxmeer, Culemborg
Ecovillage EVA Lanxmeer, Culemborg
– Britta Tornow
46 Richard Matzinger
47 Tussen Ruimte
48 Britta Tornow
49↑ Lidewij Tummers
49↓ Tussen Ruimte
52 Lidewij Tummers
54 Els de Jong
55↖ + ↙ Britta Tornow
55↓ Els de Jong
56 Els de Jong
57↓ Els de Jong
57→ Britta Tornow

Bau- und Wohngruppen in Frankreich
Private Building Collectives and Living Communities in France

58 Diwan, Montreuil – Bruno Parasote
59 – 65 Bruno Parasote

Cohousing in Großbritannien im 21. Jahrhundert
Understanding Cohousing in the UK for the 21st century

66 Pub in Dorset Street, London – Milan Dau-Schmidt
68 Martin Field
69 ↗ + ↙ Martin Field
69 ↘ Threshold Centre
71 – 72 Martin Field
73 Treshold Centre

Cohousing in der Tschechischen Republik
Cohousing in the Czech Republic

74 Workshop „Gemeinschaftliches Wohnen“, Brno
– Archiv Heinrich Böll Foundation Prague,
the Center for Quality of Housing,
Healthy Cities of the Czech Republic
75 Veronika Bešťáková, Familie Chvilova
76 – 77 Petr Machek
78 Veronika Bešťáková / Familie Chvilova
79 Archiv Heinrich Böll Foundation Prague,
the Center for Quality of Housing,
Healthy Cities of the Czech Republic

Dänemark, Pionierland für Cohousing
Denmark, Pioneer Country for Cohousing

80 Bofællesskab Hesselløkke, Sønderborg – Britta Tornow
81 – 91 Britta Tornow

Cohousing in Schweden
Cohousing in Sweden

92 Dorf auf der Schäreninsel Harstena
Village on the island Harstena
– Britta Tornow
93 – 100 Dick Urban Vestbro
101 Karin Palm Lindén
102 Dick Urban Vestbro

Wohnprojekte in Norwegen
Cohousing in Norway

104 Bewohner der Seniorbofellesskap Skyttertunet, Kongsberg
Residents of the senior Cohousing project Skyttertunet, Kongsberg
– Norma Saugen
108 ↑ Borettslaget Kollektivet
108 ↓ Borettslaget Friis gate6
109 Borettslaget Friis gate6
110 Susanne Urban
111 ← Susanne Urban
111 Norma Saugen

Cohousing in Finnland
Cohousing in Finland

112 Gemeinschaftsraum Seniorenwohnprojekt Loppukiri, Helsinki
Common room Loppukiri senior Cohousing project, Helsinki
– Sirkka Minkkinen
114 Sirkka Minkkinen
115 Anna Helama

↑ oben
top

↓ unten
bottom

← links
left

→ rechts
right

↖ oben links
top left

↗ oben rechts
top right

↙ unten links
bottom left

↘ unten rechts
bottom right